哈尔滨商业大学应用经济学一级学科建设丛书

零售渠道整合的
信息共享机制研究

韩朝亮 / 著

经济管理出版社

ECONOMY & MANAGEMENT PUBLISHING HOUSE

图书在版编目（CIP）数据

零售渠道整合的信息共享机制研究／韩朝亮著. —北京：经济管理出版社，2021. 1

ISBN 978-7-5096-7705-6

Ⅰ. ①零… Ⅱ. ①韩… Ⅲ. ①零售商业—市场营销学 Ⅳ. ①F713. 32

中国版本图书馆 CIP 数据核字（2021）第 021999 号

组稿编辑：杨 雪
责任编辑：杨 雪 詹 静
责任印制：黄章平
责任校对：王淑卿

出版发行：经济管理出版社
　　　　　（北京市海淀区北蜂窝 8 号中雅大厦 A 座 11 层　100038）
网　　　址：www. E-mp. com. cn
电　　　话：（010）51915602
印　　　刷：唐山昊达印刷有限公司
经　　　销：新华书店
开　　　本：720mm×1000mm /16
印　　　张：14. 75
字　　　数：257 千字
版　　　次：2021 年 3 月第 1 版　　2021 年 3 月第 1 次印刷
书　　　号：ISBN 978-7-5096-7705-6
定　　　价：78. 00 元

前 言

　　随着信息技术的应用，消费者普遍采取多种渠道完成购买行为。为了适应消费者购买行为的变化，零售商必然采取渠道整合措施。零售渠道整合不是零售商单独的经营活动，其需要与制造商、物流服务商、金融机构等渠道成员协调一致。信息共享是实现零售渠道整合的必要条件，而信息是渠道成员的私有资源，信息共享的实现是渠道成员策略性行为博弈的结果。目前，零售渠道整合的信息共享问题研究，尚处于探索性研究阶段，在"横向渠道整合的动因""信息共享作用于横向渠道整合的机制""横向渠道整合的信息共享协调机制""纵向渠道整合的信息技术投资协调机制"研究领域仍存在局限与争议。因此，本书以零售渠道整合的信息共享机制为研究对象，从产业组织视角，将消费者纳入产业组织分析框架，研究渠道成员间信息共享的策略性行为，考察信息资源的配置效率，重点解决存在局限与争议的研究问题。

　　新古典经济学认为消费者是同质的，厂商面对的是标准的消费者，消费者则被动地接受渠道成员的产品与服务。由于同质化消费者是外生的，所以消费者被排除在产业组织分析框架之外。随着信息技术的发展，消费者行为发生改变，消费者之间有效联合、低成本获取信息与高效交换信息，使消费者"增权"成为现实。通过量表开发与结构方程模型，验证了消费者信息获取与信息处理行为的变化，使消费者有效联合成为现实。渠道成员必须将消费者纳入产业组织分析框架内，从消费者异质性与需求不确定性出发，采取相应的策略性行为，这意味着渠道成员的策略性行为实际上是内生于消费者的行为过程。零售渠道整合是渠道成员适应消费者需求不确定性的结果。通过零售渠道整合，渠道成员可以有效获取消费者信息，实现降低消费者信息熵，消除需求不确定性，从而节约交易成本。这从需求不确定性视角说明了"横向渠道整合的动因"。

面对消费者不断增强的需求不确定性，渠道成员必须建立协调一致的网络组织以缓解不确定性。网络组织的合作与收益不是天然形成的，也可能带来负效应，导致零售渠道冲突。渠道成员信息共享，通过网络组织的隐性知识显性化与共同学习过程，消除需求不确定性。渠道成员信息共享，从源头上解决了渠道成员间信息不对称以及信息不对称带来的机制设计成本，缓解零售渠道冲突；渠道成员信息共享，有助于优化渠道资源配置，实现零售渠道整合过程的报酬递增。通过构建零售信息集聚与交易模型表明，信息共享有助于增加渠道成员收益，降低渠道成员成本，实现报酬递增，从而验证了"信息共享作用于横向渠道整合的机制"。信息共享缓解渠道成员不确定性的同时，也可能产生新的不确定性，导致利益分配不均衡与机会主义行为的发生，因此信息共享需要协调机制设计才能实现。在零售渠道整合过程中，信息共享是渠道成员策略性行为的结果，需要满足参与约束与激励相容条件，才能实现渠道成员信息共享。

在理论模型基础上，通过对零售渠道整合过程中信息共享的内容、模式、成本约束实现机制的系统分析，理清了信息共享的实现基础。通过对信息的共享实现基础的数学表达，界定了渠道成员的参与约束与激励相容条件，说明渠道成员参与信息共享的理性边界。信息资源具有特殊性，信息共享的实现是在一定信息技术体系支撑下的结果，如缺乏相关信息技术的应用，信息共享则无法实现。信息技术具有强制共享的特点，而协调机制设计是自愿选择的结果，只要信息共享收益水平足够高，信息技术的作用要优于协调机制。本书重点讨论了中台技术、物联网技术、区块链技术、大数据技术、智能合约技术在信息共享过程中的应用，从经济学视角说明其作用于信息共享的机制，保证了零售渠道整合过程中信息共享的实现。

然后，讨论"横向渠道整合的信息共享协调机制""纵向渠道整合的信息技术投资协调机制"问题。消费者"搭便车"行为是典型的需求不确定性，消费者"搭便车"行为导致制造商与零售商之间横向渠道冲突。通过构建横向渠道冲突下需求信息共享决策模型，验证了需求信息共享有助于增加渠道成员收益，实现渠道资源配置的帕累托改进。横向渠道冲突的存在，使零售商缺乏信息共享的激励。通过收益共享契约协调，零售商需求信息共享得以实现，零售渠道冲突缓解，零售渠道整合深化。需求不确定性是消费者的能动因素造成的，只能通过技术手段（如大数据、人工智能）化解。大数据技术投资，可以有效识别消费者需求信息，消除需求不确定性，实现零售渠道整合，但在大数据技术投资过程中，大数据服务商、制造商、零售商之间存在有限理性与分散决策的限制。通过构建大数据服务商参与的三阶段供应链模型，对比分散决策与集中决策下大数据投资的收益，集中决策可以显著提高渠道收益，分散决策存在双重边际化效应。通过引入数量折扣——两部定价契约，可以有效协调零售商、制造商分散决策问题，实现大数据投资，缓解纵向渠道冲突。

韩朝亮

2020 年 11 月

目　录

第一章

绪　论

第一节　研究背景

根据《中国互联网络发展状况统计报告（第45次）》显示，截至2020年3月，中国网络购物用户规模达到7.10亿，占网民比例的78.6%，手机网络购物用户规模达7.07亿，占网络购物用户规模的99.58%，手机渠道已经成为消费者购买的主要选择。2018年，根据尼尔森、麦肯锡咨询公司联合发布的《消费者研究报告》显示，中国5%的消费者选择线上渠道购买商品，79%的消费者通过线上线下结合的方式进行购物，仅有16%的消费者进行单一的线下消费，线上线下结合的购物方式成为中国消费者的首选。随着信息技术的应用，消费者开始尝试利用即时通信、直播平台、公众号、社交网络等新渠道进行购买，并且根据时空特征与购买情境，选择最适合的零售渠道，消费者的渠道选择更加多样化、离散化。消费者渠道选择的变化，对于消费者而言只是购买行为的新途径、新体验，但对于零售企业而言，却意味着要打通消费者接触的前台，整合中后台业务，匹配商流、物流、信息流、资金流等零售活动，更需要协调制造商、物流服务商、金融机构等渠道成员的资源与利益。

随着消费者购买行为的变化，零售商普遍尝试渠道整合适应消费者变化。传统实体零售商开始探索线上经营，苏宁更名苏宁云商，探索"店商+电商+零售服务商"模式。国美宣布转型O2M（Offline to Mobile）全渠道零售商，通过"线下实体店+线上电商+移动终端"，全方位满足消费者离散化需求。传统线上零售企业也积极拓展线下实体渠道，阿里巴巴提出"新零售"概念，全面探索全渠道零售，战略入股线下零售企业三江购物、联华超市和新华都等，全资收购大润发超市，发展新兴业务如盒马鲜生、零售通、淘咖啡无人便利店，盒马鲜生的探索已经成为零售渠道整合的样本。京东商城通过"京东到家+沃尔玛"模式满足消费者即时需求，京东到家平台下单，沃尔玛门店作为前置仓即时配送，实现零售渠道整合。亚马逊收购全食超市，探索线上资源与线下资源整合，满足消费者购买行为变化。

在零售企业渠道整合实践中，由于消费者需求不确定水平提高，零售渠道整合难度不断提升。以即时需求为例，盒马鲜生要求全部品类30分钟送达，超级物种尝试最快15分钟送达。面对极致的消费者体验，要求零售商线上渠道与线下渠道业务高效协同,制造商、零售商、物流服务商、金融机构等渠道成员之间分工明确、协调一致。随着社交网络、直播平台、短视频、自媒体等渠道引入,进一步提高了零售商渠道整合的难度,同时增加了渠道成员间冲突的可能。随着零售渠道整合,在横向渠道间,制造商线上渠道与实体零售商渠道冲突严重,由于消费者信息能力的提升,策略性消费者越来越多地采取"搭便车"行为,即线下体验服务线上购买,导致线下零售渠道缺乏提高服务水平的激励。同时线上信息搜集、线下购买的反展厅现象也普遍存在。在纵向渠道间,消费者个性化、多样化需求使供应商、零售商、消费者之间供需错配明显,导致商品滞销、库存积压,同时传统积累的通道费、商业贿赂冲突问题依然存在。在零售渠道整合过程中既面临零售渠道内部业务整合与资源配置问题,又必须面对不断增多的零售渠道外部关系治理问题。

面对不断增加的内部业务整合和外部关系治理,部分零售商尝试建立长期合作伙伴关系与股权投资等诸多策略,通过制度和关系协调零售渠道整合过程中的冲突与利益。更为普遍的是,渠道成员通过信息技术投资,实现信息共享,共同应对消费者需求变化。阿里巴巴在零售渠道整合过程中率先提出信息共享战略,并于2015年12月宣布新的技术架构战略——"小前台、大中台",实施中台技术架构,推动企业内、外部信息共享。阿里巴巴通过"盒马鲜生"的探索,在制造商、供应商、物流服务商、金融机构间建立高效的信息共享机制,在保证高效业务衔接的同时,逐步解决了供需错配、商业贿赂、通道费用等渠道冲突,实现了零售渠道整合的深化。苏宁云商、永辉超市等国内零售企业纷纷效仿,国外亚马逊、沃尔玛等典型零售企业也采取相似手段,信息共享成为零售渠道整合过程中的典型实践。正如迈克尔·利维等在《零售管理》教材中重点强调的,对"零售业最重要的三大要素是什么"这一问题的经典回答曾经是"区位、区位、区位",而在全新的零售环境中,该答案变成"信息、信息、信息"。

因此,本书以零售渠道整合的信息共享机制为研究对象,重点探讨零售渠道整合过程中信息共享的作用机制与实现机制,解决零售渠道整合过程中"为什么信息共享"以及"如何实现信息共享"问题。零售渠道整合的信息共享机制研究,尚处于探索性研究阶段。现有研究成果主要讨论信息共享对于零售渠道整合的价值,将信息共享作为零售渠道整合的前因题项或必要条件进行研究,缺乏关于零售渠道整合过程中信息共享的作用机制与协调机制的研究。零售渠道整合围绕纵向渠道整合与横向渠道整合展开,纵向渠道整合是供应链资源优化配置的结果，横向渠道整合是渠道间协调一致的结果。关于纵向渠道整合过程中信息共享的作用机制与协调机制研究，供应链信息共享机制研究领域已经形成了相对完备的理论模型与实证结果。随着区块链技术、大数据技术等信息技术在供应链信息共享领域的应用，需要对信息技术在供应链信息共享领域的应用与投资决策进行研究，因此本书将重点讨论纵向渠道整合过程中信息技术投资的策略性行为与决策。关于横向渠道整合过程中信息共享的作用机制与协调机制研究，尚属于理论空白，因此本书将重点讨论"横向渠道整合的动因""信息共享作用于横向渠道整合的机制""横向渠道整合的信息共享协调机制"问题。

综上所述，本书重点针对"横向渠道整合的动因""信息共享作用于横向渠道整合的机制""横向渠道整合的信息共享协调机制""纵向渠道整合的信息技术投资协调机制"四个研究问题构建理论模型并进行实证检验。随着信息技术的应用，消费者不确定性显著增强，通过消费者间的有效联合、低成本获取信息与高效交换信息，消费者具有影响渠道成员决策的能力，渠道成员的策略性行为实际内生于消费者决策过程。本书尝试将消费者纳入产业组织分析框架，探讨渠道成员的零售渠道整合行为与信息共享行为，使上述四个问题研究更加贴近现实。

第二节　研究的目的和意义

一、研究目的

本书的基本目的是清晰信息共享在零售渠道整合中的基础性作用，并重点说明存在信息成本与机会主义行为的情况下如何通过机制设计（制度）实现信息共享。零售理论研究滞后于零售实践是理论界的普遍共识，零售实践普遍将信息共享与数字化转型作为主要手段，并通过多重契约形成长期合作伙伴关系，其背后的理论基础与逻辑是什么？本书的主要目的是通过归纳推理，深入剖析零售企业典型实践，实现由个体到一般的理论模型构建。在此基础上，基于演绎推理，利用现代信息科学理论与信息经济学理论，阐明信息共享在零售渠道整合中的基础性作用，信息共享有助于协调渠道冲突，实现零售渠道资源优化配置。借助治理机制理论、机制设计理论、不完全契约理论、博弈论理论综合框架，重点说明存在信息成本与机会主义行为的情况下，如何通过机制设计（制度）实现信息共享。本书的目的是将零售渠道整合与信息共享置于产业组织理论框架内，解释零售企业为什么将信息共享与数字化转型作为渠道整合的主要手段，增强对零售实践的解释能力，解决零售理论研究滞后于零售实践的窘境。必须说明，本书是初步的探索性研究，不能穷尽所有信息共享机制设计问题，但可以为渠道整合过程中信息共享问题研究提供一般性研究框架。

二、研究意义

本书的理论意义在于解释零售渠道整合过程中信息共享的作用机制与协调机制。典型零售企业普遍将信息共享作为零售渠道整合的主要手段，其背后的理论逻辑与理论基础是什么？长期以来，理论界主要关注零售渠道整合过程中信息共享的动机与价值，以此解释零售渠道整合过程中信息共享的作用机制，但零售渠道整合研究究竟应置于什么理论框架下进行研究，使理论的理论、方法的理论和实践的理论相一致，这成为了零售渠道整合研究的难点。本书认为在零售渠道整合过程中，制造商、零售商、服务提供商、消费者之间是典型的交易关系，在信息不对称与有限理性的影响下，交易主体存在松散决策与投机主义行为。信息共享具有基础性作用，可以从根本上解决信息不对称以及信息不对称机制设计带来的交易成本。利用现代信息科学理论与信息经济学理论，将解释其机制与价值。信息共享是存在成本的，信息成本是典型的交易成本，通过治理机制理论与机制设计理论，利用制度与契约进行经济规划，实现交易主体的帕累托改进与信息共享。信息经济学、治理机制理论、机制设计理论等在理论的理论上都坚持信息不完全与有限理性，在方法的理论上普遍依赖于博弈论，从而实现了理论的理论、方法的理论和实践的理论相一致。

本书的实践意义在于使零售渠道成员清晰信息共享存在交易成本，必要的机制设计才能使信息共享实现。典型零售企业在进行信息共享与数字化转型过程中，普遍存在两种倾向，一种倾向是忽视信息共享，认为信息共享与数字化转型价值低，不如回归零售本质，做好商品与用户体验；另一种倾向认可信息共享的价值，但忽视了交易成本与协调机制的存在，盲目信息共享与数字化转型。本书通过现代信息科学理论与信息经济学理论，阐释零售信息共享的作用机制与价值，说明信息共享的必要性与重要性，为第一种倾向主体提供借鉴。同时指出在信息共享过程存在实施成本与交易成本，必须通过契约与关系协调才能实现交易主体与零售渠道整体的收益增加（帕累托改进），从而实现信息共享，为第二种倾向提供机制设计参考。

第三节　国内外研究现状

本书围绕零售渠道整合过程中信息共享机制进行系统的文献梳理。研究发现，国内外研究文献普遍关注零售渠道整合过程中信息共享的价值，但缺乏关于信息共享实现机制的研究。零售渠道整合是供应链协同一致的过程，国内外关于供应链信息共享的价值、实现技术与协调机制研究已形成系统的研究框架与理论成果。本书通过对供应链信息共享机制的研究，将其基本理论模型与实证方法引入零售渠道整合的信息共享机制研究领域，确保其理论基础与方法论基础。但是必须清晰地认识到，零售渠道整合与供应链竞争合作存在差异性，仍需要在供应链信息共享研究的基础上进行修正与拓展，才能更好地解释零售渠道整合过程中的信息共享现象。

一、国外研究现状

关于零售渠道整合过程中信息共享机制的研究，国外文献主要将信息共享作为零售渠道整合的前因题项或必要条件进行研究，国外学者普遍认同信息共享在零售渠道整合过程中的价值，但缺乏关于零售渠道整合过程中信息共享的作用机制与协调机制的研究。

1. 零售渠道整合过程中信息共享的价值研究

Goersh（2002）较早提出跨渠道整合概念，其重点指出单一线上零售商的消亡与多渠道零售商普及的趋势，跨渠道整合增强零售商客户获取与保留的能力，同时指出消费者信息、物流信息共享是零售商跨渠道提供一致购物体验的基础。Berman 等（2004）指出跨渠道整合通过高度整合的促销、跨渠道产品一致性、跨渠道数据一致性实现，重点指出集成信息系统的重要性，其可以整合多个渠道共享客户、定价和库存数据，实现跨渠道信息搜集与共享。Pentina 等（2009）通过实证研究表明高效的渠道间协调会增加零售商的线上销售，信息处理外包的零售商在线销售绩效水平并不比那些内部开发的零售商高，信息处理外包与多渠道整合绩效不相关。Oh 等（2012）指出信息技术投资为零售企业增强客户关系和提升绩效提供可能，通过信息技术进行零售渠道整合，可以提高零售企业的效率和创新能力，同时其指出交易信息、促销信息、订单信息共享有助于实现零售渠道的协调一致。Verhoef 等（2015）指出全渠道零售的演化趋势，在线渠道和新的数字渠道的出现改变了零售商业模式、零售组合的实施和消费者行为，其重点关注零售渠道间信息传递不一致现象，信息传递不一致将影响消费者信息搜集与处理能力。Wu 等（2015）强调渠道整合关键在于如何实现虚拟渠道与物理渠道的集成，通过典型集成解决方案的研究，其指出销售信息、传播信息等购前信息整合将保证跨渠道整合的一致性。Bendoly 等（2016）通过向网上和店内特定商品购买者分发调查问卷，发现同时管理在线和实体渠道的零售企业不仅应重新评估产品可用性失败的影响，还应考虑通过信息共享提升渠道整合透明度的努力。Luo 等（2016）通过美国服装行业数据研究 IT 投资与渠道整合的关系表明，企业 IT 应用投资的数量和范围与跨渠道能力正相关。Saghiri 等（2017）重点指出渠道成员要实现高度的信息共享与一致性，防止各渠道提供产品与服务信息的差异，为消费者信息搜索、处理带来困惑。Cao 等（2018）研究表明零售商的信息技术能力和自有品牌供应推动了跨渠道整合，信息技术能力突出表现在后台系统集中化管理与信息获取水平，后台系统需要跨渠道信息共享支撑，才能实现消费者购买行为的无缝衔接。

2. 信息共享的价值研究

从国外对零售渠道整合过程中信息共享机制的研究现状看，只是说明了信息共享渠道整合的价值，其作用机制没有系统论述，更为关键的是渠道成员间应该共享哪些信息、如何共享信息以及信息共享机制如何设计都处于探索性研究阶段。Saghiri 等（2017）认为全渠道零售是零售业的一种新趋势，其目的是协调整个供应链的流程、技术和销售渠道，零售渠道整合的实质是供应链的协同。供应链信息共享机制的研究，已经形成了完备的理论模型与实证方法，零售渠道整合的信息共享机制研究可以借鉴供应链信息共享的理论与方法。关于信息共享的价值研究，国外研究普遍认为信息共享有助于缓解供应链牛鞭效应（Bullwhip Effect），有助于压缩交易时间、降低成本，从而提升供应链绩效。

（1）信息共享与牛鞭效应的关系。关于信息共享的价值，开始于信息共享缓解牛鞭效应的研究，牛鞭效应是在宝洁公司对一次性尿布供应链的分析过程中发现的，由于预测偏差导致消费者、零售商、制造商、供应商的库存数量沿供应链层层传导、递增。Sterman（1989）通过"啤酒游戏"实验，证明了牛鞭效应的存在，并且证明供应链节点的信息不对称与有限理性是导致牛鞭效应产生的主要原因。之后 Lee 等（1997）为信息共享与牛鞭效应相关关系研究奠定了基础，Lee 等（1997）证明供应链节点间的信息扭曲是牛鞭效应产生的根本原因，其后进一步证明销售信息共享可以缓解供应链中的牛鞭效应。Dominguez等（2014）研究表明需求信息共享可以有效降低供应链的不确定性，减轻或消除牛鞭效应。Jin 等（2018）探讨网络零售商需求信息共享对供应链牛鞭效应及供应商库存水平的影响，研究结果表明需求信息共享可以减轻供应链整体牛鞭效应，降低供应商的库存水平。

（2）信息共享与时间压缩的关系。Stalk（1998）关注了供应链时间价值以及信息共享对供应链获取时间价值的作用，其指出供应链竞争已由传统的成本竞争转向时间竞争，信息共享可以有效压缩时间，提高供应链反应能力。Towill等（1999）提出了信息提前期的概念，分析了信息提前期对供应链时间压缩的影响。

（3）信息共享与成本节约的关系。Troyer（1996）、Chen（1998）研究表明需求预测信息共享能够有效地平衡供给与需求关系，降低存储成本和缺货费用。Siddharth 等（2011）考察了在信息共享的情况下，零售商共享订单信息与需求信息时，随着信息共享水平提升，制造商成本呈逐渐下降趋势，随着时间的推移变得更加相关。Lotfi 等（2013）、Rached 等（2015）、Yan 等（2016）研究表明需求信息共享将有效降低供应链总体库存水平和总成本，提高供应链绩效。Khanm 等（2016）认为如果供应链信息共享是及时高效的，就可以消除消费者需求的不确定性，降低库存水平，缓解牛鞭效应。Zhou 等（2017）供应链成员信息共享有助于降低生产成本、环境成本与社会成本。

（4）信息共享与供应链绩效的关系。Fu 等（2004）实证表明库存信息和服务水平信息的共享能够改善供应链整体绩效、稳定性与服务水平。Chen 等（2009）指出当供应商缺乏市场需求函数与零售商订货策略信息时，零售商及时分享未来订单预测信息可以提高供应链绩效水平。Bray 等（2012）指出供应链纵向信息共享的程度与效率是决定供应链竞争力的核心条件，同时也是供应链协调一致的基础。Özer 等（2014）供应链信息共享程度提高有利于成员互信，加速产品、信息流通，提高供应链决策的效率与效果。Schlapp 等（2015）

论述了信息共享与要素配置效率的关系，其认为滞后的需求信息不仅影响供应链成员的绩效，更为关键的是限制渠道成员提高产品品质和新产品研发水平。Bangho 等（2017）在供应链关系中发现，信息不对称、不透明是普遍存在的，信息透明度对供应链绩效存在正向影响。Zhao 等（2018）认为消费者对产品的个性化、多样化的要求越来越高，经济环境的不确定性越来越大，信息共享有助于缓解不确定性、协调供应链成员关系。Liu 等（2020）研究了完整信息、生产能力、资源约束、基础信息四个重要信息共享的影响，实验结果表明，信息共享有助于分散供应链的协调性，基础信息的影响最大，资源约束信息的影响大于生产能力信息。

（5）信息共享与突发事件的关系。Thomas 等（2018）指出在上游供应商中断的情况下，供应链成员之间库存信息共享与信息透明度提高，直接影响供应链成员的绩效水平。Li 等（2017）认为全球互联社会中供应链结构越来越复杂，因此容易受到自然灾害和疾病等干扰，通过系统动力学软件建立了供应链模型，实验结果证明了存在冲击与干扰时供应链信息共享的价值。

3. 信息共享的制约因素

Feldman 等（2003）认为传统供应链内部系统都是中心化体系，导致成员信息共享难度增加，同时成员间彼此不信任，进一步影响信息共享实现。Li 等（2007）认为供应链成员利益不一致的存在，导致共享虚假信息的机会主义行为，共享信息的客观性、可靠性难以保障。David 等（2012）通过仿真研究了信息共享对供应链准时交货率和总成本的影响，在分析信息共享的主要效应和交互效应时，信息共享模式的表现非常显著，信息共享模式直接影响信息共享实现与供应链准时交货率和总成本。Montoya 等（2014）研究发现需求信息共享使供应链上游成员获益，供应链下游利益受损，零售商缺乏信息共享的激励，利益分配不均衡制约需求信息共享。Wui 等（2014）供应链信息共享的实现需要保证信息系统、组织结构与业务流程高度一致。Özer 等（2016）研究表明个人价值观和规范、市场环境、业务基础设施和业务流程设计是制约供应链信任的因素，供应链信任水平与信息共享程度正相关。Ajaya 等（2019）研究表明供应链成员重视在社交媒体上共享相关信息和协作内容，将促进信息共享的实现。Ki 等（2019）采用四级供应链仿真模型研究了信息共享对牛鞭效应的影响，各层次的信息贡献率对牛鞭效应的影响不尽相同；牛鞭效应降低程度不仅受各层次信息贡献率大小的影响，而且受各层次信息贡献率平衡的影响，高度不平衡的信息贡献率可能会引起反向牛鞭效应。

4. 信息共享的实现技术

Robert 等（2016）认为在消费者需求不确定性情形下，供应链下游应与供应商共享关键变量（如消费者需求数据）的信息，通过对组织间信息系统（IOS）和协作规划、预测和补充（CPFR）系统的投资，将有效实现信息共享。Kim 等（2016）研究了 RFID 技术应用对供应链信息共享的影响，以及信息共享对供应链绩效的影响，研究结果表明 RFID 技术投资通过信息共享的中介作用增强供应链绩效。Liu 等（2020）认为大数据时代的到来，为信息共享带来了新的机遇与挑战，利用先进的存储平台和大数据环境下的数据预测挖掘方法，可以构建基于身份和角色的信息共享模式，有助于解决数据存储和运行速度有限的问题。

5. 信息共享的协调机制

供应链成员间信息共享能带来收益的同时，由于信息共享成本的存在以及利益分配不均衡，经常导致信息共享失败。部分学者通过契约安排与协调机制的设计，实现供应链信息共享。由于供应链下游在信息共享中的不利地位，部分学者将研究的焦点转向如何激励供应链下游成员共享需求信息。Cachon（2003）设计了复杂契约，允许零售商自主选择库存数量和零售价格，并且零售商从供应商处获得一定的补货提前期，通过复杂契约安排可以实现零售商需求信息共享。Yao 等（2006）在考虑需求信息共享的情况下，引入收益共享契约作为利润再分配的手段，并分别分析了制造商主导型和零售商主导型供应链的均衡条件。Ha 和 Tong（2008）研究表明无论投资成本如何，线性价格契约都无法实现利益均衡，突出了契约类型作为信息共享价值驱动力的重要性。Ding 等（2011）探讨了在三级供应链情形下，上游合作伙伴通过共享利润来激励零售商信息共享的协调机制。Kong 等（2013）研究表明，供应商和零售商的利益在收入分享合同下比在批发价格合同下得到更好的协调，并且可以有效降低供应商泄密的动机。

Chengalu 等（2012）研究了信息共享和业务系统对供应链绩效的影响，结果表明信息共享和业务系统利用都可以带来收益，利益共享契约可以保证信息共享实现。Ha 等（2011）研究了在具有规模不经济的竞争供应链中，其考虑了两阶段供应链的 Cournot 竞争和 Bertrand 竞争情形下信息共享对供应链、制造商、零售商的作用，信息共享效果在两种竞争模型下是存在显著差异的，因此契约类型的选择是不同的。Mukhopadhyay 等（2011）刻画了生产互补品的双寡头企业进行需求预测信息共享的价值，结果表明，如果跟随企业无条件地共享信息，则信息共享对领导企业有利，但对跟随企业和整个系统都不利，通过设计一个"易于实施"的信息共享方案，企业和整个系统都会变得更好。Esmaeili 等（2010）采用 Stackelberg 模型揭示了供应商采购成本以及零售商市场需求为私有信息情况下的信息共享价值，发现只要有一方愿意进行信息共享就能够使双方都获得比非合作博弈更大的效益。Chen（2011）在 Stackelberg 博弈下，发现制造商向零售商提供回购政策能够激励零售商进行退货信息的共享以修正制造商的预期，同时讨论了是否存在回购政策下信息共享价值的变化。Chen 等（2009）研究了以 CVaR 为风险度量准则的风险规避零售商和风险中性的供应商组成的供应链协作问题，结果表明使用收益共享契约、回购契约、分段价格契约以及数量弹性契约时信息共享行为都可以被协调。

Yu 等（2012）研究多个零售商与单个制造商组成的两阶段供应链发现，在古诺竞争下歧视性的分配策略会鼓励零售商共享需求信息，避免零售商的总订单可能超过制造商的生产能力，此时社会福利和消费者剩余增加。Kim 等（2016）发现机密信息在供应链中的传递量增加，从而导致知识泄露和信息泄露的概率增加，其探讨了信息与知识外泄的触发因素，并建立一个缓解架构以缓和外泄对绩效的影响。Liu 等（2018）建立零售商与制造商两阶段供应链模型，当投资成本面临一定阈值时，零售商或制造商投资大数据信息（BDI）可以增加其收益，但其他供应链成员也存在"搭便车"现象，供应链成员共同投资 BDI 后，收益共享契约可以有效地协调供应链。

在此基础上，Liu 等（2018）进一步研究建立了制造商、零售商、大数据供应商构成的三阶段供应链模型，结果表明厂商是否适合投资 BDI，受成本改善系数的影响；当收益分享系数在一定范围内，收益分享契约可以使供应链实现协调。Mostafa 等（2018）研究发现制造商使用合作广告计划来激励零售商披露他们的私人信息，通过合作广告计划，供应链中的所有成员都能获得充分的信息共享，因此零售商有足够的动机向制造商披露其成本信息。

Emad 等（2019）考察了具有销售努力依赖需求的三级供应链，并研究了集中和分散情景下的供应链绩效，在信息不对称和对称的情况下，分析比较了供应链中两部制定价、成本分担和收益成本分担契约。在对称信息存在的情况下，两部制定价和收益成本共享契约下可以协调供应链，而在不对称信息下不能实现供应链协调。Asif 等（2020）研究由单一制造商和零售商组成的两级供应链，讨论了制造商在需求信息有限情况下的订货策略，并提出了一个生产承诺契约，该契约缓解了不完全信息下的双重边际化，通过该契约的协调，缺乏信息不会产生不利影响，信息优势不一定是供应链优势。表 1-1 从信息内容、研究模型、协调机制对国外部分学者关于供应链信息共享机制的研究进行了说明。

表 1-1　国外部分供应链信息共享协调机制的研究

信息类型	研究模型	协调机制	研究学者
需求信息	两阶段模型	自主定价、库存数量选择与订货提前的复杂契约	Cachon（2003）
	零售商主导与制造商主导模型两阶段模型	收益共享契约	Yao 等（2006）
信息泄露	单制造商两零售商两阶段模型	收入共享合同与批发价格合同	Kong 等（2013）
需求预测信息	两阶段模型	"易于实施"的信息共享方案	Samar 等（2009）
退货信息	两阶段模型	回购契约	Chen（2011）
需求信息共享	古诺竞争模型	歧视性的分配策略	Yu 等（2012）
大数据信息	二、三阶段的供应链	收益分享契约	Liu 等（2018）
成本信息	两阶段模型	合作广告计划	Mostafa 等（2018）
不对称信息	两阶段模型	生产承诺契约	Asif 等（2020）

二、国内研究现状

关于渠道整合过程中信息共享机制的研究，国内外研究趋势是动态一致的，普遍认同信息共享在渠道整合过程中的基础性作用，但往往是经验分析，缺乏实证研究。

1. 零售渠道整合过程中信息共享的价值研究

樊敏等（2006）基于零售商拥有高低精度市场信息，制造商分别设计两种激励机制，结果表明在不同的激励机制下零售商有分享信息和提高信息精度的动机和意愿。艾兴政等（2008）考虑制造商存在网络直营渠道与零售商渠道时，考虑市场风险程度对预测信息共享的影响，结果表明零售商只有在低风险时选择共享预测信息，制造商只有在高风险时选择获取零售渠道预测信息。李飞（2013）引入了全渠道零售的概念，在梳理国内外文献的基础上提出全渠道零售的含义、动因与对策，在论述全渠道零售"如何做"时，其重点指出全渠道零售商已经开始由商品传递向信息传递角色转变，信息传递与共享是实现全渠道零售的业务基础。齐永智等（2015）指出在单渠道、多渠道、跨渠道阶段，消费者在不同渠道的信息是碎片化的，每一条渠道都被定义为一个消费者，在全渠道阶段，需要将各渠道碎片化信息汇集起来，形成统一的消费者画像，才能真正实现消费者需求导向。吴锦峰等（2016）利用多属性态度模型，通过量表开发，研究多渠道整合对零售商权益的作用机理，研究结果表明，产品与价格信息、促销信息、价格信息整合通过线上渠道态度调节与零售商权益呈正相关，产品与价格信息、促销信息、价格信息整合通过线下渠道态度调节与消费者权益呈正相关，为零售渠道整合过程中信息共享的价值研究提供了直接依据。蒋侃等（2017）构建渠道整合对渠道互惠影响模型，渠道可达性、渠道信息、渠道服务构成全渠道零售整合的主要维度，结果表明渠道信息整合与渠道整合程度呈正相关。胡雯雯等（2019）认为信息一致性是线上线下渠道整合质量的核心变量，结果表明信息一致性与零售企业绩效呈正相关，并且信息一致性作为中间变量调节组织学习能力作用于企业绩效的实现效果。庄贵军等（2019）对国内外跨渠道整合文献进行了系统梳理，从跨渠道一致性、共享性、协作性、互补性给出了全渠道整合测度维度，并给出了跨渠道整合的四个维度的量表，重点指出跨渠道共享性主要从渠道库存信息、物流信息、用户订单信息共享进行量表开发。

2. 信息共享的价值研究

通过国内关于零售渠道整合信息共享机制研究的文献梳理，发现国内学者更多关注零售渠道整合过程中信息共享的价值研究，对信息共享机制缺乏实证研究成果，目前仍需要借鉴供应链信息共享机制研究的相关成果。国内关于供应链信息共享的研究形成了完善的理论体系与实证方法，国内关于供应链信息共享研究主要集中于信息共享价值、制约因素、实现技术、协调机制等领域。关于信息共享的价值研究，国内普遍认为信息共享有助于缓解供应链牛鞭效应，有助于压缩交易时间，有助于降低成本，从而提升了供应链绩效。

（1）信息共享与供应链绩效的关系。蔡淑琴等（2007）论证了供应链协同与信息共享的关系，认为信息共享是供应链协同的必要条件，但不能保证供应链协同的必然结果，机制设计可以实现其从必要条件向充要条件转化。曾敏刚等（2012）通过建立供应链设计、供应链整合、信息共享与供应链绩效的理论模型，以制造业企业为调查对象，结果表明低水平的信息共享与供应链绩效不相关。在此基础上，曾敏刚等（2013）以供应链设计、供应链整合为中介变量，结果表明信息共享通过中介变量作用可以实现供应链绩效提升。姜荣等（2013）通过信息共享、合作关系与企业绩效概念模型，验证信息共享与企业绩效没有直接关系，但通过服务质量中介变量可以提升企业绩效，信息共享与合作关系呈正相关。冯华等（2018）构建了信息技术水平、信息交流水平、社会控制和供应链能力之间的关系假设模型，结果表明信息技术水平和信息交流水平对供应链能力不仅具有显著的直接影响，还以社会控制为中介具有显著的间接影响。

（2）信息共享与时间压缩的关系。王迎军等（2001）提出了时间压缩战略中信息共享的价值，具体体现在信息价值的时间性和提取有用信息的能力两方面。马士华等（2005）发现信息共享可以支持自为信息的快速产生，从而实现时间压缩。韩丽萍等（2011）认为信息共享与物流时间压缩水平呈正相关，时间压缩水平越高，物流效率越高。陈畴镛等（2015）通过两阶段供应链模型，研究信息共享与时间的相关性，结果表明信息共享与时间压缩呈正相关。

（3）信息共享与成本节约的关系。汪寿阳等（2002）认为信息共享可以减少信息沿供应链垂直方向的扭曲，从而改善库存水平，降低缺货成本。刘三女牙等（2004）基于 Agent 建模与仿真的方法研究共享信息的价值，研究结果表明，共享的信息主要影响分销商的库存量和库存成本。卜琳华等（2006）分析了引起供应链牛鞭效应的主要原因包括需求预测、批量订货、价格波动、理性对策、时间延迟、缺乏协调、供应链结构七个方面，其实质是供应链分散决策下信息不对称的结果。代宏砚等（2014）认为共享实时需求信息比共享需求统计信息更有效降低供应商库存水平及成本，而额外共享市场信息，能增加供应链柔性，提高其应对市场不确定性的能力。石小法等（2015）研究结果表明信息共享可以减少供应商的存储水平，降低供应商的期望费用。程丽娟等（2015）利用系统动力学软件构建快速消费品行业供应链的系统流图并对其进行分析，通过模拟分析发现信息共享能够有效地减少供应链成员的库存及订单量波动，提高整个供应链响应市场的能力。戴国良（2017）认为供应链信息共享有助于改善决策、降低成本、实现差异化、加强供应链成员合作、降低交易成本，进而形成供应链竞争优势。

3. 信息共享的制约因素

周树华等（2011）认为开放网络的信息安全性差、抗风险能力弱，导致供应链成员产品信息、生产信息、资金信息、销售信息共享的安全性无法保障。嵇新浩（2012）认为供应链信息共享受短期利益、成员质量、共同参与度与边际投入产出的共同影响。陈松劲等（2013）认为信息共享是供应链协调的基础，技术、资金、个体、组织、管理、社会文化等因素限制信息共享。王先甲等（2014）通过建立包含"信任因子"的预测信息共享博弈模型，表明信任作为社会资本对供应链协调与信息共享具有积极作用，长期关系通过"信任"变量影响供应链成员间的合作。和征（2015）认为供应链成员信息的分散存储、共享程度低、交互速度慢等技术问题的存在，使信息共享欠缺真实性与可靠性。朱礼龙（2017）认为供应链信息系统缺乏过程监管体系与规范的运作流程，无法实现信息共享全流程控制，导致信息泄露，信息泄露是制约信息共享的关键因素。

4. 信息共享的实现技术

谢毅（2012）指出，整合的信息技术平台是渠道间协同实现的基础，有利于不同渠道间数据的传递、整合并进行分析处理。贺超等（2018）考察了信息共享的技术平台问题，由于大数据情境下数据类型的变化，导致必须改造传统信息共享模式，形成闭环供应链信息共享平台，适应产品、消费者全生命周期数据共享的需要。杨慧琴等（2018）建立以区块链技术为核心的供应链信息平台，能够有效连接供应链联盟、金融机构及政府监管部门，促使供应链中商流、物流、资金流、信息流四流合一，其分析了区块链技术在供应链信息共享过程中的适用性及优越性，为区块链技术在供应链成员信息共享中应用提供了新思路。

5. 信息共享的协调机制

申悦等（2005）讨论了零售商 Bertrand 竞争下的供应链成本信息共享价值，结果表明供应商总能从成本信息共享中获益，但成本信息共享使零售商的收益减少，通过供应商向零售商支付费用的机制设计可以实现完全的信息共享。张玉林等（2004）采用 Stackelberg 模型研究发现需求信息的共享并不总是对系统有益，若为了获取较小的需求波动信息而付出过多的成本，共享需求不确定信息可能存在共享决策不经济的问题。周雄伟等（2010）在张玉林模型的基础上设计了信息共享的激励模型，给出了供应链信息共享的实现条件。刘志硕等（2009）以复杂的三级供需链系统为例，分析了信息共享的作用，结果表明零售商在信息共享中处于不利地位，而分销商、制造商可以有效降低库存水平，供应链牛鞭效应得到缓解，通过建立协同分配方案，使信息共享利益在供应链上、中、下游实现再分配，提高了零售商信息共享的积极性。叶飞等（2012）认为需求信息共享价值与零售商的风险规避程度、市场不确定性大小以及市场不确定信息所预测的市场需求变化情况有关。零售商越害怕市场的不确定性风险，需求信息共享越有利于提升分散供应链的运作效率，但当市场信息反映出未来的市场需求是消极且零售商接近风险中性时，供应链的需求信息共享价值反而小于零，此时没有进行信息共享的必要。李翀等（2012）通过库存网络系统状态转移模型，证明信息共享水平决定供应链牛鞭效应的缓解程度，当信息共享受限时，合理的预测机制与订单补充量设计可以作为备选方案，同样可以保证牛鞭效应的缓解。郎艳怀（2014）在风险中性和信息共享的前提下，验证了数量折扣契约在协调供应链信息共享中失效，设计了数量折扣与经销商费用构成的联合决策协调机制，并求解相应取值范围。马丽娟（2014）认为信息共享利益分配是一个复杂问题，其证明通过 Shapley 值法进行信息共享利益分配是合理的。

李波等（2015）构建由拥有直销渠道制造商与提供增值服务零售商构成的二级供应链，考虑市场预测信息和产品增值服务成本信息共享情形，研究发现，信息共享总能使制造商获益，并给出了零售商自愿共享两种私有信息的条件。夏海洋（2017）基于信号博弈框架证明，当供应商与在位零售商之间的收益共享比例和供应商向进入零售商提供的批发价格满足一定条件时，供应商有动机不泄露在位零售商的订货量信息，即出现非泄露均衡。胡东波等（2017）基于多供应商供应链，通过建立多智能体仿真模型，研究全局需求信息共享对供应商的激励效应，结果表明，在多供应商供应链系统中，下游制造商可以通过共享全局需求信息以及供应商绩效评价规则来获取更多的利益。李晓翔等（2017）通过四级供应链模型，验证 POS 数据和库存信息共享的决策问题，结果表明，信息共享有效降低供应链成本均值，库存信息比 POS 信息效果更显著，同时指出信息共享不是越多越好，共享量应与供应链成员的信息处理能力相匹配，同时制造商是信息共享的主要受益者，其应承担激励机制设计的责任。伍星华等（2018）在低碳供应链前提下，考虑集中决策与分散决策下信息共享的作用，研究结果表明集中决策下信息共享可以实现供应链的总期望利润。在分散决策下，信息共享将导致制造商收益、零售商预期利润减少，通过信息共享补偿机制设计，可以实现信息共享与供应链总期望利润。周建亨等（2018）通过建立动态博弈模型，求解促进信息共享的收益共享契约的制定要素，以此来控制整个供应链的博弈态势，在产品具有互补性时，制造商通过设定一定的收益共享契约，在分享零售商一部分收入的前提下，可降低批发价格，激励零售商进行信息共享；互补效应会作用于零售商的最优收益共享率，使信息共享系统达到帕累托最优。

卢安文等（2019）构建两种不同的激励策略模型，相较于固定报酬激励，收益分享激励是占优的激励合同，集成商结合最优激励合同特征设计激励合同可实现与提供商长期稳定的信息共享关系。士明军等（2019）考察了预测信息对库存型生产方案和订货型生产方案的影响，同时研究绿色成本系数对信息共享的影响，研究结果表明，预测信息共享下制造商普遍获利，而零售商只有在绿色成本系数较低的情况下存在共享预测信息的动机，当绿色成本较高时，制造商通过一个讨价还价合同，可以实现零售商预测信息共享，库存型生产方案中信息共享带来的总收益增量要高于订货型生产方案，因此库存型生产方案信息共享的动机与机制设计的动机更强。周建亨等（2019）考察了信息优势企业与信息劣势企业的信息共享决策，分析了企业类型、市场类型、市场需求波动程度对信息优势、劣势企业信息共享决策的影响，同时给出了其信息共享的条件与范围。官子力等（2019）研究表明需求信息共享显著提升供应链效益，当制造商服务效率或者消费者服务敏感性较高时，零售商将主动共享需求信息实现共赢；当制造商服务效率或者消费者服务敏感性较低时，两部制补偿激励契约将实现零售商信息共享与利益补偿，契约实施难度与制造商服务效率或者消费者服务敏感性呈负相关。表1-2从信息类型、研究模型、协调机制对国内部分学者关于供应链信息共享协调机制研究进行说明。

表1-2 国内部分供应链信息共享协调机制研究

信息类型	研究模型	协调机制	研究学者
成本信息	Bertrand 竞争模型	付费机制	申悦等（2005）
零售商信息	三阶段模型	利益再分配机制	刘志硕等（2009）
市场预测信息和产品增值服务成本信息	两阶段模型	共享实现的条件区间	李波等（2015）
POS 数据和库存信息共享	四阶段供应链模型	制造商承担激励机制设计责任	李晓翔等（2017）
需求信息	两阶段供应链模型	收益分享激励	卢安文等（2019）
预测信息	两阶段供应链模型	两部补偿激励契约	士明军等（2019）
零售商信息	两阶段供应链模型	两部制补偿激励契约	官子力等（2019）

三、研究评述

通过对零售渠道整合的信息共享机制研究的国内外学术史梳理，清晰发现国内外学者普遍认同信息共享在渠道整合过程中的价值，但其仅仅是在零售渠道整合、全渠道零售、跨渠道整合问题研究过程中，通过部分章节、段落进行论述，缺乏专题研究零售渠道整合与信息共享互动机制的论文与专著。对零售渠道整合过程中信息共享的主体、内容、模式、实现技术也缺乏系统研究，更为关键的是由于信息共享过程会产生新的不确定性与机会主义行为，如需要怎样的协调机制才能抑制零售渠道成员的机会主义行为？不同协调机制适用于哪些特定的条件？不同的协调机制会产生什么样的协调效果？关于这些问题还没有一个系统性的理论分析框架，致使其理论存在诸多局限。本书尝试建立零售渠道整合信息共享的系统框架，回答上述疑问。

零售渠道整合是供应链资源优化配置的结果，因此可以借鉴供应链领域的理论模型与实证方法，对零售渠道整合的信息共享机制进行研究。通过国内外文献梳理发现，供应链信息共享机制研究已经形成了完备的理论模型与实证方法体系。从供应链信息共享的研究趋势看，其逐步由供应链信息共享的价值研究向供应链信息共享的协调机制研究转变。在大数据时代，其研究趋势又逐步转向供应链信息共享的实现技术研究，如重点研究大数据技术、物联网技术、区块链技术等信息技术在供应链信息共享中的作用机制与投资决策。研究供应链信息共享机制的目的是将其理论模型与实证方法引入零售渠道整合的信息共享研究领域。现阶段零售渠道整合信息共享的研究，恰恰停留在信息共享对零售渠道整合的价值研究阶段，研究方法主要是基于量表开发和结构方程模型对信息共享与零售渠道整合的变量关系进行测度。按照供应链信息共享机制的研究趋势，零售渠道整合的信息共享研究应逐渐向信息共享机制与实现技术研究转化，而且由于零售渠道整合与大数据技术、物联网技术、区块链技术等信息技术的应用是同步的，所以零售渠道整合过程中信息共享的实现机制与实现技术必须同步进行研究，才能契合技术演化与零售渠道整合同步的现实。所以，本书重点关注零售渠道整合过程中信息共享的价值、实现机制与实现技术，尝试建立初步的探索性框架。

虽然可以借鉴供应链信息共享机制领域的理论模型与研究方法，但零售渠道整合与供应链竞争合作还存在一定的差异。第一，传统供应链研究大多是制造商主导视角，而零售渠道整合的研究主体是零售商，研究主体的差异必然导致面临环境差异，更为关键的是其在博弈过程中地位、发起顺序、博弈规则都将有所改变。第二，传统供应链研究是基于价值链分工的结果，较少关注横向供应链与纵向供应链交互形成的供应链网络与供应链系统问题，而零售渠道整合是横向渠道间的整合，其研究的重点是供应链网络的信息共享与协调问题。第三，零售渠道整合信息共享的研究重点是缓解消费者需求的不确定性，而传统供应链信息共享的研究重点是供应链绩效和成员合作，这必然导致信息内容、模式与机制设计的差异。本书在借鉴供应链信息共享机制研究普遍性结论的同时，考虑零售渠道整合信息共享的特殊性，对供应链信息共享机制的理论模型与实证方法进行修正与扩展，使其理论模型、实证方法适应零售渠道整合信息共享机制研究的需要。

第四节 研究的思路与框架

一、研究思路

本书严格按照问题提出—文献综述—理论模型—实证检验—结论建议的研究思路展开（见图 1-1）。通过全球典型零售企业渠道整合实践，归纳推理得出"零售渠道整合的信息共享机制"的研究对象。在国内外文献系统梳理的基础上，进一步明确提出的研究问题仅仅处于探索性研究阶段，关于"信息共享作用于零售渠道整合的机制""零售渠道整合过程中信息共享的协调机制"的研究缺乏系统的理论模型与实证方法。产业组织理论主要考察厂商间的市场行为与市场绩效现象，解释这些经济现象发生的机制。从基本假设、研究对象、理论模型、实证方法看，产业组织理论可以为零售渠道整合的信息共享问题研究提供总体框架。零售渠道整合是供应链资源优化配置的结果，其借鉴供应链信息共享机制研究的前期成果，并对供应链信息共享机制研究的部分理论模型与实证方法进行修正、拓展，为本书提供理论基础。通过零售渠道整合与信息共享的互动机制分析，构建本书的理论模型。信息共享有助于消除消费者需求不确定性与渠道成员不确定性，可以实现渠道资源优化配置，带来信息资源自身

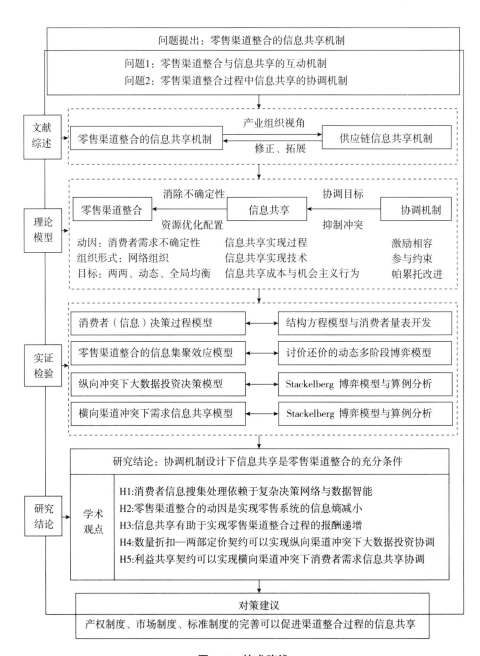

图 1-1　技术路线

增值与其他渠道资源增值。信息共享消除渠道不确定性的同时，还可能带来新的不确定性，分散决策与机会主义行为的存在，必须进行机制设计才能保证信息共享的实现。在零售渠道整合与信息共享互动机制研究的基础上，对部分理论模型进行实证检验，即验证理论模型的客观性。利用结构方程模型与量表开发，验证零售渠道整合的主要动因是满足消费者信息搜集、处理的需要，缓解消费者需求不确定性，实现信息熵递减。利用讨价还价的动态多阶段博弈模型，验证零售渠道整合过程中信息共享可以实现渠道成员交易成本降低与报酬递增，从整体上说明渠道整合过程中信息共享的价值。利用三阶段供应链博弈模型，验证大数据技术投资有助于产品差异化创新与渠道利润增加，但必须同步设计相关的协调机制，才能实现大数据技术投资的集中决策与帕累托改进。利用 Stackelberg 博弈模型，说明在消费者"搭便车"的横向渠道冲突下，如何实现零售商消费者需求信息共享，结果表明，利益共享契约的存在，可以满足信息共享的参与约束与激励相容，实现渠道整合过程中的帕累托改进，缓解横向渠道冲突。通过实证检验，验证了理论模型提出的主要观点，最终得出"在协调机制设计下信息共享是零售渠道整合的充分条件"的研究结论。

二、基本框架

零售渠道整合的信息共享机制研究，主要围绕以下几部分展开：

第一章绪论。重点说明本书的选题背景，提出"零售渠道整合的信息共享机制"研究问题，并说明研究的目的与意义，在此基础上系统梳理研究问题的共识观点与研究空白，为下文理论模型构建提供依据。本章还系统地说明了本书的基本思路、研究方法与创新点。

第二章相关概念界定与理论基础。对本书涉及的相关概念进行界定，为下文机制分析与机制设计提供依据。通过对产业组织理论的演化与新发展进行总结，为本书提供总体的研究视角与理论框架。同时，引入信息经济学理论、治理机制理论、机制设计理论、博弈论理论、不完全契约理论，为产业组织理论的具体应用提供理论模型与分析工具。

第三章零售渠道整合的动因与组织形式。重点说明零售渠道整合的动力来源，分析技术变革与消费者行为变化对零售渠道整合的影响。基于结构方程模型与量表的开发，检验消费者决策过程模型，进一步验证消费者行为变化特征。

构建零售渠道整合的动因与传导模型，从需求不确定角度解释零售渠道整合的动因。

第四章零售渠道整合与信息共享互动机制。通过信息经济学理论与现代信息科学理论，说明信息共享作用于零售渠道整合的机制。信息共享可以消除渠道成员不确定性，同时也带来新的不确定性。通过制约信息共享机制因素的分析，说明渠道成员间信息共享机制设计的必要性。

第五章零售渠道整合的信息共享实现基础。介绍零售渠道融合过程中信息共享主体、信息共享内容、信息共享模式、信息共享成本、信息共享协调机制，并通过对信息共享实现基础进行数学表述，求渠道成员参与的理性边界。

第六章零售渠道整合的信息共享实现技术。重点介绍中台技术、物联网技术、区块链技术、智能合约技术、大数据技术在信息共享过程中的应用，从经济学视角分析信息技术作用于信息共享的机制。

第七章零售渠道整合的信息共享实现机制。以大数据技术投资为例，讨论信息技术应用过程中渠道成员的策略性行为，重点考察机制设计的必要性以及市场效率变化情况。以需求信息共享为例，讨论具体信息共享过程中渠道成员的策略性行为，重点考察机制设计的必要性以及市场效率情况。

第八章结论与展望。零售渠道整合的信息共享机制研究是初步的探索性研究，不能穷尽所有零售渠道整合的信息共享问题，在下一步研究过程中，将继续研究消费者主动信息共享的机制设计与实证过程。

第五节　研究方法

本书使用了以下研究方法与手段：

（1）结构方程模型与量表开发。本书围绕消费者决策过程，形成消费者复杂决策网络、消费者数据智能、消费者信息搜集能力、消费者信息处理能力四个变量，通过四个变量之间的关系，说明消费者行为变化。结构方程模型是基于变量的协方差矩阵来分析变量之间关系的一种统计方法，其广泛应用于消费者行为分析领域，可以有效检验本书提出的四个变量间的因果关系。从数据来源看，结构方程模型所需的消费者行为数据可以通过数据挖掘与量表开发获取。数据挖掘技术可以采集消费者行为的全样本数据，虽然在企业实践中开始尝试使用，但在科学研究中还未能大范围使用，所以本书依然采取量表开发方法，成熟量表与抽样的科学性可以保证实证结果的有效性。

（2）讨价还价的动态多阶段博弈模型。在零售渠道整合过程中，渠道成员将信息作为私有产权并进行保密，因此在不存在协调机制的情形下，信息共享是通过不完全信息博弈实现的。在信息不完的交易中，由于渠道成员不清楚对方的交易策略，我们不能用收入约束下的效用最大化分析来确定交易策略。同时，在信息不完的情况下，渠道成员很难存在占优策略的博弈，因此这个交易是一个讨价—还价的动态多阶段博弈模型。各自的信息共享策略只能是在对方的选择（或策略）下尽量实现自己的利益目标，或是在对方能够接受自己的交易方案的情况下去达到交易目的。

（3）Stackelberg 博弈模型与算例分析。Stackelberg 博弈模型是在纳什均衡和古诺模型的基础上演化而来的，其在信息共享过程中大量使用的原因在于其主要用于地位不对称厂商之间的博弈。零售商、制造商、服务提供商、消费者等渠道成员在信息共享过程中，往往是地位不对称的，导致博弈发起顺序与谈判地位的差异，所以 Stackelberg 博弈模型解释能力更强。因为渠道成员信息共享的博弈过程相对复杂，尤其是在协调机制的作用下，渠道成员间的均衡解更加复杂，通过解析式的直观比较相对困难，所以需要通过运用 MATLAB 手段，根据实践数据与前期研究成果数据，对相关参数进行赋值，从而直观地比较均衡解的大小，直观地展现博弈的动态变化与渠道成员的收益变化，使实证过程获得较好的可视化体现。

（4）归纳推理与演绎推理。本书以零售渠道整合案例为基础，通过对个体案例进行分析、总结，将其在具体信息共享中的典型做法，上升为一般性原理、原则，由具体到一般的过程采用归纳推理方法。在具体研究中，借鉴了大量管理学文献，其目的是将具体研究进行总结，上升为普遍性原理，体现了归纳推理过程。同时利用已经得到普遍验证的一般原理，解释渠道成员在信息共享过程中出现的特定问题，将推导出的一般原理应用于特定问题研究的过程中采用了演绎推理方法。在具体研究中，在产业组织理论的框架内，引入博弈论与信息经济学、新制度经济学、经济机制设计等经济学基本原理，解释具体零售渠道整合与信息共享现象，体现了演绎推理过程。

第六节　创新点

（1）从需求不确定性视角说明零售渠道整合的动因。消费者需求不确定性是指消费者在购买行为过程中体现出的随机性本源行为和不可预期的变化。随着信息技术的应用，通过消费者间的有效联合、低成本获取信息与高效交换信息，使消费者具有影响渠道成员决策的能力。面对消费者需求不确定性，渠道成员需要根据消费者的个性化需求提供产品与服务组合，渠道成员策略性行为内生于消费者的决策行为过程，零售渠道整合是渠道成员适应消费者需求不确定性的结果。通过零售渠道整合，可以保证渠道成员获取消费者有效信息，实现消费者信息熵减小，降低消费者需求不确定性，节约交易成本。通过零售渠道整合，消费者可以获取渠道成员产品与服务的有效信息，实现渠道成员信息熵降低，缓解渠道成员供给不确定性，节约交易成本。零售渠道整合的基本动因是提供消费者与渠道成员双向匹配的信息传输通道，提升双向信息搜集、处理能力，实现零售系统信息熵降低，消除双向不确定性，提高零售系统的有序程度。零售渠道整合过程，是从消费者、渠道成员无序开始，通过信息交互，构建一种新的有序过程。

（2）明确零售渠道整合与信息共享的互动机制。消费者需求不确定性通过零售渠道在渠道成员间传导与扩散，渠道成员利用科层组织与市场组织相互渗透形成的网络组织形式，适应消费者需求不确定性。网络组织形式的合作与收益不是天然形成的，也可能带来负效应，从而导致零售渠道冲突。信息共享作用于网络组织形式，有助于渠道成员间隐性知识显性化与共同学习，消除消费者需求不确定性。信息共享从源头上解决了渠道成员间的信息不对称以及信息不对称带来的机制设计成本，缓解零售渠道冲突。信息共享以需求为导向，优化渠道资源配置，实现全局均衡与零售渠道整合深化。信息共享消除渠道成员不确定性的同时，有可能产生新的不确定性，增加渠道成员间利益分配不均衡与机会主义行为。渠道成员间非正式的可自我执行的协调机制，可以实现利益的再协调与机会主义行为的抑制。

（3）零售渠道整合的信息共享实现机制设计。信息共享与信息技术投资可能产生分散决策、利益分配不均衡与机会主义行为。实现机制作用，需要协调分散决策与利益分配不均衡，抑制机会主义行为，实现渠道成员的参与约束与激励相容，达成零售渠道整合。以大数据技术投资为例，讨论了大数据技术投资在零售渠道整合过程中的价值，投资大数据技术有助于渠道成员识别潜在消费者，实现渠道收益增加。对比分散决策与集中决策，发现集中决策收益明显高于分散决策。通过数量折扣——两部定价契约，有助于从分散决策到集中决策，实现大数据技术投资的帕累托改进与纵向渠道冲突缓解。考虑在存在横向渠道冲突下，零售商需求信息共享的决策。零售商需求信息共享可以提高零售渠道整体收益与制造商收益，但零售商收益甚微。横向渠道冲突的存在，进一步损害零售商利益，导致零售商回避需求信息共享。通过利益共享契约设计，可以实现信息共享收益的再分配，保证了渠道横向冲突下需求信息共享的实现。

第二章

相关概念界定与理论基础

第一节 零售渠道概念与分类

关于零售渠道的界定，理论界存在组织机构说与路径过程说的争论。组织机构说认为零售渠道是商品流通过程中经过的组织机构，路径过程说将零售渠道界定为商品流通过程中经过的路径，其争论的焦点在于没有经过组织机构的直销渠道是否属于零售渠道，如制造商线上直销渠道。随着信息技术的应用，直销渠道已成为必不可少的渠道选择，路径过程说获得了广泛认同。路径过程说认为渠道是产品从制造商向消费者转移过程中所经过的路径或过程（李飞等，2018），由于其没有经过组织与机构的直销渠道而被纳入了研究范围。路径过程说在营销渠道的研究过程中也得到了学者的普遍采纳，营销渠道是指产品或服务转移所经过的路径（Coughlan et al.，2001；庄贵军等，2004）。本书基于路径过程说，认为零售渠道是指商品从制造商向消费者转移过程中经过的路径，但需要进一步强调这种路径是为了满足消费者最终的消费需求，交易批量小，而非商品的再出售，与批发渠道相区别。

迈克尔·利维等认为零售商使用最常见的渠道是商店，同时零售商还利用各种无店面渠道，包括互联网、产品目录、电子直销、电视家庭购物以及自动售卖机等向消费者进行销售（Michael Levy et al.，2018），其重点强调零售渠道必须涉及独立完成一次交易的机会。零售渠道存在的目标是完成交易，而仅提供信息，不能完成商流、物流、资金流活动的信息渠道不能纳入零售渠道的分类。借鉴迈克尔·利维的分类，我们根据零售理论与实践普遍采取的做法，将零售渠道划分为线下渠道与线上渠道。线下渠道一般是以传统商店为接触点构成的实体渠道，包括由常见的超市、百货商店、便利店、专业店、专卖店等实体商店为接触点形成的零售渠道。线上渠道是指以依托互联网的在线商店为接触点构成的零售渠道，如互联网渠道、移动互联网渠道。随着移动互联网与智能手机的应用，社交媒体、直播平台、在线社区也同时满足商流、物流、资金流等零售活动的要求，成为消费者普遍采用的线上渠道。在此有必要对信息渠道与零售渠道进行区分，信息渠道主要用于向消费者传递信息，但不一定具备完整的商流、物流、资金流功能。零售渠道需要具备完整的渠道功能，其主要目标是完成交易。随着物流、资金流服务的社会化，信息渠道可以随时组合物流、资金流等，信息渠道也逐渐演化为零售渠道。

　　为了进一步区分线上渠道与线下渠道，从消费者获得的相对利益与相对约束角度对线上渠道与线下渠道进行区分（见表2-1）。线下渠道的相对利益在于消费体验，由于服务生产与消费同时进行的特征，无论网络配置机制如何高效，消费者仍然需要在线下接受服务厂商的具体服务，这是线上渠道无法解决的基本问题。线下购物环节可直接与消费者进行当面交互，用户可以实际触摸或体验商品，用户体验是无法替代的。但是线下渠道受地理位置及空间限制，覆盖范围有限制，缺乏消费者及经营的过程数据，缺乏商品详细介绍、评分、使用评价等维度的信息，缺乏系统化工具。线上渠道摆脱了消费者购买行为的时空限制，使消费者行为数据可以沉淀。线上渠道的相对约束是缺乏面对面直接交互、缺乏体验感。由于线上渠道与线下渠道在时空、场景、客群、数据等方面的互补性，随着线上渠道获客成本的不断提高以及线下渠道业绩的持续下滑，零售渠道整合成为渠道成员的首要选择。

表 2-1　零售渠道分类及其对比分析

类型	相对利益	相对约束
线下渠道	即到即买，即买即得； 线下购物环节可直接与消费者进行当面交互； 用户可以实际触摸或体验商品，对商品质量更为信赖	受地理位置及空间限制，覆盖范围有限制； 缺乏消费者及经营的过程数据； 缺乏商品详细介绍、评分、使用评价等维度的信息； 缺乏系统化工具
线上渠道	提供了一个潜在的、更大的产品选择范围，流量巨大； 不受地理位置及空间的限制； 积累庞大用户及消费数据； 拥有各类系统化工具及技术优势； 供应链技术及基础设施优势	缺少与用户之间的直接交互； 缺乏体验感； 不能保证所见即所得； 相较线下，信任感有所欠缺

第二节　零售渠道演化

　　国内外学者普遍以渠道宽度为依据研究零售渠道的演化。从演化视角看，零售渠道先后经历了单渠道、多渠道、交叉渠道、全渠道零售阶段（Thierry Burdin，2013），此后零售渠道演化阶段的划分大致沿用此标准。关于单渠道零售、多渠道零售的界定是不存在争议的，单渠道零售是指零售商拥有一条销售商品的路径，如线上直销渠道与线下实体渠道。多渠道指零售商利用尽可能多的不同销售渠道提供商品，每个渠道都可独立完成商品的转移过程，但渠道间不存在交叉融合行为。关于交叉渠道（Cross-Channel），国内部分学者也将其翻译为跨渠道，但其行为实质是一致的，本书采用跨渠道翻译形式，跨渠道零售由多渠道零售演变而来，它集成不同渠道的功能，整合不同渠道的作用，允许消费者在信息搜集、体验、支付、物流等环节跨渠道移动和协同（Chatterjee P.，2010；Schramm-Klein et al.，2011）。关于多渠道零售与跨渠道零售的区别在于多渠道零售的实质是由多条渠道独立完成零售行为过程的全部功能，渠道间不存在交叉，而跨渠道零售是由多条渠道协同完成零售活动的过程，每条渠道只履行部分功能（而非全部功能），如线上渠道只能进行信息搜集，社交渠道只能完成双向沟通，线下渠道完成购买与支付，消费者在购买的不同阶段可以采用不同的渠道，只有通过渠道协同才能完成整个零售活动（Berman et al.，2004）。

国际数据公司（International Data Corporation，IDC）最早开始关注全渠道零售现象，其发现消费者在渠道选择过程中逐步开始关注并使用全渠道。Helen Leggatt 在 2009 年指出全渠道零售是指消费者在其购买的整个过程中，与商家的"接触点"（Touch Point）不再局限于传统的、受时空约束的媒介，而是充分利用各种互联网、移动互联网"接触点"，从而可以利用"全渠道"获得交易信息，最终完成购物（Leggatt，2009），其关于接触点的论述在后续的研究中得到普遍应用。全渠道零售得到普遍关注开始于 Darrell Rigby 发表的"The Future of Shopping"，其根据未来购物场景的预想，通过数字化零售的现实实践，指出全渠道零售必然成为渠道成员的主流选择（Darrell Rigby，2011）。全渠道零售阶段的消费交易包含了实体商店、互联网商店和移动网络商店等多种渠道的灵活组合，目的是给消费者一个美好的购物体验（Verhoef et al.，2015）。全渠道零售是指企业采取适当多的渠道类型，通过渠道间的高度整合协同，满足消费者在购物各阶段随时随地购物、娱乐和社交的综合体验需求，提供渠道间穿梭的无缝购物体验（齐永智等，2014）。为了更好地满足消费者在任何时间、任何地方以任何方式购买产品的需求，企业采取实体渠道、电子商务渠道和移动电子商务渠道整合的方式销售产品和服务，这即是全渠道零售（王虹等，2018）。

"跨渠道零售"和"全渠道零售"的概念经常与"多渠道零售"的概念同

时出现，这三个概念都可用于零售商同时提供两个或两个以上零售渠道的情形（Beck et al.，2015）。跨渠道零售与全渠道零售都普遍存在渠道间交互行为，跨渠道零售中各渠道只完成部分渠道功能（而非全部功能），而全渠道零售中各渠道可以完成全部渠道功能，即可以根据消费者时间、空间、属性特点，在购买行为过程中实现渠道功能任意组合，任意渠道同时具备商流、物流、信息流、资金流等所有渠道功能。以图 2-1 为例，上半部分阐释了消费者的购买、零售商的销售过程，下半部分是为了衔接消费者购买与零售商销售过程所提供的零售渠道类型。具体而言，消费者通过微博、微信渠道产生购买需求与动机，通过社交渠道进行决策信息的搜集，通过社交网络提供的链接进入 PC 网店（如天猫商城、京东商城、亚马逊商城），在 PC 网店完成了价格、服务对比后，直接在 PC 网店下单，通过二维码直接利用手机支付完成付款，实体店通过前置仓完成物流配送，借助呼叫中心协助完成安装与初次使用，消费者在移动端进行评价、互动反馈。如果渠道仅提供阴影部分功能，不具有其他功能，我们将阴影部分链接形成的渠道交互定义为跨渠道零售。如果每种渠道类型具备客流导入、产品展示、说服购买、接受订单、收款、退货、支持服务、数字客户关系管理全部功能，我们将这种渠道交互定义为全渠道零售。

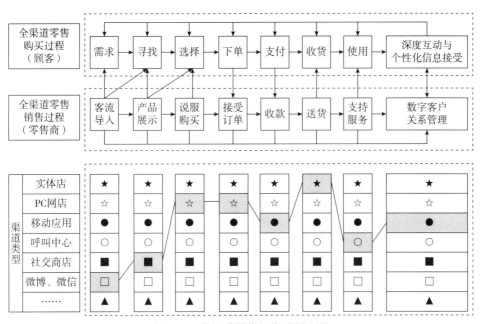

图 2-1　全渠道零售行为过程流程

资料来源：根据齐永智等《全渠道零售：演化、过程与实施》进一步绘制而得。

第三节　零售渠道整合

纵观零售渠道演化的过程，从单渠道零售向多渠道零售演化过程中，零售商开始采取多种渠道，但渠道间不存在交叉、整合，在多渠道零售向跨渠道零售演化过程中渠道间出现交叉、整合现象，在跨渠道零售向全渠道零售演化过程中渠道交叉、整合的程度逐渐提高，零售渠道演化过程实质是零售渠道整合过程。整合（Integration）一词最早出现在哲学领域，与差异化（Differentiation）相对应，其可以理解为系统中部分合为整体的过程（黄宏伟，1995）。营销与流通学者把"整合"一词引入多渠道、跨渠道或全渠道零售研究领域，用来描述零售商、制造商采取不同渠道协调整合满足消费者需求的行为，类似的概念还有跨渠道整合与营销渠道整合。跨渠道整合是指企业通过协调和管理不同渠道和传播媒介，实现渠道功能的有效衔接和相互赋能，发挥渠道协同效应，提升企业绩效和满足消费者需求（庄贵军等，2019），庄贵军等（2019）进一步指出跨渠道整合体现出渠道功能分散性与整合方式多样性的特征。关于营销渠道整合是指将制造商、零售商所拥有的营销渠道运用系统理论与方法整合为完整系统，形成协同统一的渠道界面，营销渠道整合包括渠道间整合与渠道内整合（张庚森等，2002）。

跨渠道整合与营销渠道整合的界定大多从企业管理视角出发，本书是从产业组织视角考察零售商、制造商等的渠道行为，因此本书将零售渠道整合界定为：面对消费者整个购买过程，零售渠道成员通过对渠道资源的优化配置，在消费者购买过程的每个阶段通过有效地进行商流、物流、信息流、资金流的组合，谋求渠道一致性与渠道间协同效应的发挥，满足消费者需求不确定性的要求。具体而言，从渠道整合的动因看，渠道整合是为了满足消费者行为变化需要，使消费者在服务中感觉不到渠道壁垒的存在，无缝穿越于渠道之间。从参与主体看，包括承担渠道功能的渠道成员，如零售商、制造商、金融机构、物流服务商等，渠道整合的实施主体可以是零售商，也可以是制造商。从渠道整合过程看，零售渠道整合依赖渠道资源，通过对渠道资源的优化配置，实现多种渠道类型的有效组合，满足产品创新与服务创新的需要。零售渠道整合的目的是实现渠道成员的一致性与"1+1>2"的协同效应，渠道成员通过多渠道整合会产生累加效应。由于渠道的多样性和丰富性所产生的累加效应，而使各条渠道的经营绩效得以提升（Lee et al.，2010），满足渠道成员利润最大化或者成本最小化的总体目标。

根据研究需要，零售渠道整合可以细分为横向渠道整合与纵向渠道整合，横向渠道整合又称跨渠道整合，主要指制造商、零售商在设立两个或两个以上零售渠道时，通过充分的渠道整合使渠道成员重建一个具有协同效应的渠道模式。纵向渠道整合是同一渠道上下游成员之间的合作，通过核心利益分配制度，构建协调一致、全面合作的渠道关系。在具体的零售渠道整合过程中，横向渠道整合与纵向渠道整合同时并存，零售渠道成员既要考虑横向渠道的一致与互补，又要考虑纵向渠道的共享与协作。横向渠道与纵向渠道相互交织，构成零售渠道整合的网络结构。

第四节　信息共享机制界定

一、信息

信息科学理论认为"信息是事物运动的状态和方式以及关于这种状态和方式的广义知识；它的作用是用来消除用户关于事物运动状态和方式的不确定性；它的数值可以用它所消除的不定性的多少来度量"。信息科学理论关于信息的界定，揭示了信息的价值。本书是从经济学视角研究信息共享，信息的本质是经济资源，其具有消除不确定的价值。从信息的范围看本书所涉及的信息是指广义的信息，其中包括数据、资料和经济主体需要的知识等。信息是可以消除不确定性的经济资源，相对于其他经济资源，具有共性与特殊性。第一，信息与其他经济资源一样是稀缺的，从表面看在信息冗余时代信息是无限存在的，但我们所指的信息主要是有效信息，有效信息隐含着投入产出的思想，信息不是免费经济物品，其产生是需要成本投入的，同时其通过消除不确定性带来收益，弥补成本投入。稀缺的信息资源，面对千差万别的用户需求，必然面临着一个如何合理配置的问题，即如何有效配置使有限的信息资源能够发挥最大的效用，是信息共享的决策的关键。第二，信息具有非排他性，与一般经济资源不同，信息资源还具有其独特的性质——非排他性，即在排除技术和人为约束的条件下，某些人对信息资源的控制和使用并不因其他人对信息资源的控制和使用而减少或损失。这种独特性，使传统的经济学理论面对信息资源配置问题时，无法做出完美的诠释，凸显出一定的局限性。第三，信息具有外部性，信息在共享的过程中，信息的交互和汇集会产生不同程度的外部性，这种外部性可以看作交互行为的溢出效应。当信息的交互行为产生外部性时，不仅要考虑相互影响，还会改变个人收益的产生机制。第四，信息具有增值性，信息增值性体现在自我增值与促进其他资源增值。信息资源作为一种生产要素，投入到经济活动中，可以替代其他有形资源与无形资源产生经济效应。也可以作为催化剂，提高其他有形资源与无形资源的产出效率。第五，信息具有时效性，信息资源比其他任何资源都更具时效性。对于大多数信息资源而言，随着时间的推移和社会的变迁，新的消费欲望和消费标准常常会导致原有的信息资源因过时而失效。此时，该信息资源虽然内容犹在，但其效用已经被"磨损"掉了。时效性的存在，使信息资源的效用常常得不到及时利用，从而引发许多不必要的资源浪费。

二、信息共享

关于信息共享的界定，现代信息科学理论认为信息由信源传输到信宿的过程就是信息共享。本书将信息共享界定为：在零售渠道整合过程中，渠道成员对信息的共同占有和使用，重点强调信息作为经济资源的共同配置过程。由于信息具有非排他性特征，渠道成员可以同时占有信息，并在具体领域进行使用，占有与使用构成了信息共享的基础与目的。渠道成员信息共享具体可划分为渠道成员内部信息共享和渠道成员间信息共享。渠道成员内部信息共享是指企业内不同部门间信息占有和使用的过程。渠道成员间信息共享是指跨企业的消费者、零售商、制造商与服务提供商等渠道成员信息占有和使用的过程，本书主要探讨渠道成员间信息共享的经济现象。信息共享实质是信息资源配置过程，即信息通过渠道成员共同占有与使用时，使信息资源配置到最优的领域与活动，带来收益增加或者成本降低。信息资源具有使用的非消耗性和非排他性，任何个人增加对信息资源的消费或占有并不会减少其他人的信息福利，因此整个社会最大限度的信息共享就是信息资源的最优配置，也是信息资源配置要实现的终极目标。

三、信息共享机制

顾名思义，信息共享机制即信息共享与机制的总称。机制一词，在不同研究领域具有不同的内涵。对于有机体而言，其主要指有机体的构造、功能与相互联系。用于经济管理领域主要指经济系统内各子系统、各要素之间的相互作用、相互制约的运行方式，除此之外经济学还将机制扩展到治理机制、激励机制、机制设计的研究中，在此机制主要指经济组织中用于调动成员积极性、规避机会主义行为的所有制度总和。威廉姆森与赫维茨等经济学家的观点是一致的，其认为机制即制度。机制作为本书的主要对象，我们同时研究其作为互动关系与制度安排的两方面。零售渠道整合的信息共享机制可以分为两个方面加以解释：一方面，信息共享机制指信息共享作用于零售渠道整合的机制，即信息共享与零售渠道整合的互动关系，重点说明零售渠道整合过程中信息共享的价值；另一方面，信息共享机制是协调零售渠道成员在信息共享过程中目标冲突的制度安排。通过经济契约联结所构成的信息共享利益相关者之间的制度安排，维护信息共享行为持续、稳定运行。

第五节 信息资源配置

信息共享的实质是利用制度安排，实现信息资源优化配置的过程。信息资源配置主要指信息在时间、空间、数量以及类型上的合理配置。狭义的信息资源配置是仅仅对信息资源本身进行分配、传递和重组。广义的信息资源配置是信息资源与其他相关资源之间进行分配、传递和重组的过程。本书主要从广义的视角，研究零售渠道整合过程中信息资源与其他渠道资源整体优化配置的过程。从社会角度看，可以从宏观、中观和微观层次理解信息资源配置。宏观上考量社会信息资源的总投入与总产出，调节信息的结构与数量，实现社会福利最大化。中观上主要分析产业组织内部的信息产生、共享与优化配置过程，实现合作收益的帕累托改进。微观上主要针对企业内部信息资源在时间、空间、数量、类型等维度的管理与应用。本书主要从中观层面考察渠道成员间信息资源优化配置的过程。总的来说，信息资源配置就是要通过安排、调整信息资源的分布，并指导其流向，用尽可能小的成本来获取尽可能大的收益。换而言之，就是使信息资源的投入产出比尽可能最大化，实现信息资源的高效配置。

信息资源在配置过程中要兼顾效率与公平。简单地说，信息资源就是在兼顾效率与公平的前提下，实现信息资源配置过程中的经济福利与社会福利最大化。兼顾效率是信息资源配置以需求为导向，而信息资源在时间配置、空间配置、数量配置、品种类型配置过程中，是以经济活动主体需求为导向。由于经济主体偏好存在差异，其产生经济效益的能力与水平也存在较大差异，以需求为导向可以确保信息资源配置过程中，在成本既定情况下收益最大化，或者在收益既定情况下成本最小化。在具体的信息资源配置过程中，假设存在 A 和 B 两个参与者，两个参与者拥有信息资源的边际替代率相等时，即 $MRS^A_{X,Y} = MRS^B_{X,Y}$，信息资源的配置达到了帕累托最优，相互之间不存在配置的可能性，A 和 B 效用达到了最大化，其中 X 和 Y 代表其信息资源的数量。信息资源配置活动是一个系统工程，涉及了多个利益主体，不同利益主体之间相互制约、相互影响。在满足效率的前提下，信息资源配置需要兼顾多个利益主体的公平。在信息资源配置中，需求者收益水平提高，而供给者或其他利益主体可能收效甚微，因此在信息资源配置过程中需要制度协调参与主体的收益，做到信息资源产权明晰、权责对等、收益均衡。

由于信息资源的共性与特性，导致信息资源配置常常出现供给不足、分配不均衡以及信息不对称等问题。由于信息具有非排他性特征，在产权不清晰的情况下，普遍存在供给不足的问题，并且信息供给不足随着参与主体的效用水平差距扩大而加剧，只有高效用的参与主体才会提供信息资源，低效用者一般采取"搭便车"行为。信息资源给参与主体带来效用水平差异，直接导致参与主体收益不同，从而导致收益分配不均衡普遍存在。由于信息资源配置通常是在信息不对称的情形下进行的，信息的供给者与需求者所掌握的信息是不同的，导致事前逆向选择与事后道德风险的普遍存在。在市场上的经济活动主体所做出的选择不一定是最优的，资源配置不一定是有效的。

信息资源配置问题的存在，使信息资源配置与制度安排成为一体，即在信息资源配置过程，必然伴随着制度安排。信息资源配置制度安排主要由三部分组成：一是产权制度安排，明确信息资源的权责；二是市场制度安排，激发信息资源的配置效率；三是内部协调制度，弱化"搭便车"行为和偷懒行为的意识形态。可以看出，前两种属于正式制度，后者属于非正式制度。信息资源的产权配置就是指通过调整和明晰信息资源产权归属，改善资源无产权或产权不明晰的状况，通过有效的产权设置可以克服信息资源在配置过程中存在的供给不足问题。按照科斯的观点，产权不清晰会导致外部性存在，外部性进一步导致市场失灵，使信息资源配置低效，此时政府可以通过有效的产权制度设计，弱化外部性的影响，实现信息资源配置的帕累托最优。市场制度是市场在信息共享过程中起主导作用的制度，其核心思想是将信息资源商品化，通过建立完善的信息要素市场体系，通过价格的调节来实现信息共享，从而改进信息资源配置效率。通过市场制度，可以有效实现资源配置过程中的收益分配不均衡问题，在讨价还价过程中实现了信息资源的优化配置。产权制度与市场制度主要是政府提供的正式制度安排，但在信息资源配置的过程中，经济主体对正式制度是无能为力的，更普遍的信息资源配置是通过内部协调完成的。通过内部协商形成契约，约定信息资源配置过程中的权利与义务，弱化"搭便车"行为、偷懒行为以及机会主义行为。

第六节　理论基础

一、产业组织理论

产业组织理论为本书提供了总体视角，产业组织理论发端于微观经济学厂商理论，其主要研究对象是市场经济中企业行为与组织制度（张维迎，1998）。产业组织理论考察厂商间展示的现实经济现象，解释了这些经济现象发生的机制（吴汉洪，2019）。产业组织理论大致经历了结构—行为—绩效范式、博弈论范式、网络产业组织理论、行为产业组织理论四个阶段。从研究内容看，结构—行为—绩效范式阶段研究的主要内容是市场结构—市场行为—市场绩效间的单向因果关系与相互影响的多重关系。哈佛学派以垄断竞争理论为基础，通过静态截面数据的回归分析方法，推导出市场结构、市场行为、市场绩效之间具有单向的因果关系。哈佛学派以市场结构为出发点，认为市场集中度提高，将产生提高价格、设置进入壁垒等市场行为，造成资源配置低效的绩效结果，提出了严格的反垄断"结构主义"政策主张。20 世纪 70 年代末期，芝加哥学派对哈佛学派的观点提出了质疑，芝加哥学派认为单纯依赖相关关系分析提出SCP范式过于武断，事实上市场结构、市场行为、市场绩效之间不是简单的单向因果关系，而是存在双向、多重的因果关系。芝加哥学派以"可竞争市场理论"为基础，重点考察市场绩效问题，提出了"绩效主义"政策主张。结构—行为—绩效范式阶段的研究更多的是对厂商间的结构、行为、绩效的直观经验分析，缺乏清晰的理论内核。

博弈论的引入，使产业组织理论发生了脱胎换骨的革命性变化。博弈论为产业组织理论提供了统一的方法论与标准的分析工具，使产业组织理论进入博弈论范式，其至今仍具有较强的解释能力。博弈论一方面引入了新古典经济学内核，产业组织理论开始建立在代表当事人的方法与理性经济学假设之上，是新古典经济学的延续；另一方面通过引入厂商间的策略性行为，构建了厂商间的互动机制，这是对新古典经济学的拓展。博弈论范式打破了在产业组织理论中居于主导地位的SCP范式研究，使市场结构与市场行为内生于厂商间的策略性行为之中，考察的核心转移到市场行为，提出了"行为主义"的反垄断政策主张。博弈论范式使产业组织理论具有较强的解释能力，拓展了其研究范围，且使其不仅仅局限于垄断问题的研究。凡是厂商间的行为与关系，都可以利用博弈论分析工具，纳入产业组织理论的研究范畴，考察其资源配置的效率情况。

博弈论范式虽然纳入了厂商间的策略性行为，但厂商的行为是独立的，厂商只是在给定其他厂商策略前提下决策，厂商间不需要考虑策略性行为的相互影响。博弈论范式假设个体是同质的，个体间不存在相互关系，而现实个体往往是异质的，普遍存在相互联系，个体之间的策略存在网络外部性。部分经济学家围绕个体间的网络外部性重构了产业组织理论模型，其被称为网络产业组织理论。个体之间不仅存在相互影响，而且相互影响且可以改变收益实现机制，从客观上产生了外部性。假设外部性是负的，个体收益减少，而当个体之间产生正的外部性，个体收益增加，由此产生报酬递增机制，报酬递增机制导致多重均衡，偏离博弈论范式下的单一均衡解。网络产业组织理论将研究对象拓展到消费者行为研究，考察消费者与消费者、消费者与厂商、厂商与厂商之间的行为关系与资源配置效率。消费者与消费者之间行为关系的研究开始于需求端规模经济现象的考察，消费者之间的互动行为将产生直接网络外部性与间接网络外部性。消费者之间的网络外部性不仅会对消费者收益产生影响，还会直接影响厂商的策略性行为。博弈论范式隐含着消费者是同质的，厂商面对的是标准的消费者，该消费者被动地接受厂商的产品与定价，即同质化消费者是外生的。因此，博弈论范式阶段通常将消费者排除在产业组织分析框架之外，仅仅考察厂商间的博弈行为。然而在现实中，随着信息技术的发展，信息技术降低了消费者信息搜索成本，同时使厂商销售差异化的长尾商品有利可图、消费者的需求特征更加离散化，使市场结构更加分散，从而直接影响厂商的市场行为、市场绩效。网络产业组织理论逐步将消费者异质性引入到产业组织分析框架内，从消费者异质性与互动关系出发，厂商采取相应的市场行为，进而对厂商利润、消费者剩余与社会福利产生影响。消费者与厂商之间行为关系研究的典型应用是双边市场领域，消费者与厂商之间存在交叉网络外部性，平台企业可以通过一系列策略性行为实现其市场绩效。随着网络社会的形成，个体策略相互影响具备了技术基础，策略性互动的外部性将普遍存在，并导致报酬递增机制普遍发生。网络产业组织理论肯定了互动关系的存在，并引入了网络外部性，解决了报酬递增这一难题，使其可以处理网络组织呈现出的新经济特征，是对博弈论范式的有效拓展。迄今为止，网络产业组织理论仍坚持新古典经济学理论内核，这使其仍然存在一个重大缺陷，没有给出网络外部性产生的内在机制。

行为产业组织理论引入行为经济学理论内核，替代了博弈论范式、网络产业组织理论的新古典经济学内核，将有限理性与社会偏好作为个体行为的基本假设，以此来讨论个体策略行为的多样性与复杂性。同时，其拓展了产业组织理论的实证研究方法，引入了多种实验经济学方法，更好地考察了个体策略行为及其结果。行为产业组织理论将传统产业组织理论当作标准化特例进行处理，假定参与人满足新古典经济学理性人假设，参与人面临信息约束，采取相应的最优策略，则市场均衡取决于参与人之间的策略互动。因此，在新古典范式下，策略均衡和信息约束有关，在信息不对称和不完全对称下每个参与人仅仅考虑自身的利益最大化。给定博弈的期限足够长，并且是固定参与人的重复博弈，就可能形成某种合作关系，由此演变出文化、习俗等非正式制度安排。行为产业组织理论认可传统产业组织理论观点，但仅仅将其认定为严格限制下的特例，行为产业组织理论可以解释更普遍的参与人行为。行为产业组织理论假设参与人是异质的、有限理性的，其行为与判断存在认知偏见，导致其行为结果具有多样性、复杂性。迄今为止，行为产业组织理论主要用于解释消费者与厂商之间的博弈行为，理性厂商必然将存在认知偏见的消费者纳入产业组织分析框架内，根据消费者的认知偏见类型提供差异化产品与服务，厂商的策略性行为实际上内生于消费者的认知系统。参与人不仅存在认知偏见，更为重要的是其存在社会偏好，社会偏好的存在使参与人之间更容易合作。一旦把社会偏好纳入进来，行为产业组织理论既可以分析传统的博弈论范式所分析的问题，又可以突破传统博弈论范式的局限，从而把理论分析推广到合作行为研究领域。

零售渠道整合的信息共享问题研究，实质是通过渠道成员（包括消费者在内）间的策略性行为博弈，优化信息资源配置，实现零售渠道整合与零售渠道帕累托改进。产业组织理论主要用于解释消费者与消费者、消费者与厂商、厂商与厂商之间的市场行为，所以"零售渠道整合的信息共享"问题，适合纳入产业组织理论研究框架。其主要原因在于：第一，从市场结构看，渠道成员间普遍存在信息不对称、地位不对称问题，契合产业组织理论研究的基本假设；第二，从研究对象看，零售渠道整合行为与信息共享行为属于渠道成员间的策略性行为，契合产业组织理论研究的出发点；第三，从行为结果看，渠道成员间信息共享的目的是为了实现信息资源的优化配置，改进资源配置效率，契合产业组织理论研究的结果；第四，从演化过程看，零售渠道整合的动因是消费者需求不确定性，从网络产业组织理论、行为产业组织理论中逐步认识到消费者异质性的客观存在，提供了与之动态匹配的研究框架。本书在产业组织理论框架内讨论渠道成员信息共享行为及其绩效，在具体决策过程中还需要引入博弈论与信息经济学、新制度经济学、经济机制设计等理论，提供理论模型与实现方法。

二、信息经济学理论

新古典经济学假设信息是完全的，即经济活动参与者知晓所有信息，因此可以通过理性人的精确计算得到收益最大化的均衡解。但现实是，任何经济活动参与者的信息都是不完全的，即经济活动的参与者之间掌握的信息量是不同的。在这种情形下，掌握信息较多的一方（信息优势方）可以利用信息优势获得额外收益，这种行为不仅会损害信息弱势方的利益，而且信息优势方获得的收益小于信息弱势方遭受的损失，经济活动总福利水平下降。信息经济学就是建立在信息不对称假设基础之上，通过机制设计，实现经济行为的甄别与激励。在一般情形下，信息弱势方通过机制设计弱化信息不对称行为带来的影响，但机制设计本身是需要成本的，非对称信息下市场必然存在效率损失。

如图 2-2 所示，按照信息不对称的类型不同，信息不对称主要划分为两种情形，在交易前存在隐藏知识的行为，即逆向选择问题；在交易后存在隐藏行为倾向，即道德风险问题。逆向选择问题开始于旧车市场的开创性研究（Akerlof，1970），其通过旧车市场的典型研究证明了逆向选择的存在，其后逆向选择分析框架扩展到其他研究领域。逆向选择可以通过机制设计解决，根据机制设计一方是否拥有信息，改进机制可以分为信号发送与信息甄别。无论哪种改进机制，其基本原理都是让信息优势方显示真实信息，使信息弱势方根据真实信息进行经济决策，减少资源配置损失。信号发送模型是信息优势方通过适当的契约主动传递私人信息，解决隐藏知识问题，信号发送典型的应用是教育信号模型（Spence，1973）。信息甄别是信息劣势方通过机制设计，实现对信息优势方不同类型的甄别，获取真实交易信息。信息甄别典型的应用是保险市场模型（Rothschild and Stiglitz，1976；Wilson，1977）。信息甄别机制设计是依据显示原理，通过契约诱导信息优势方说真话的过程，可以实现非对称信息下的帕累托改进。道德风险现象研究开始于保险问题，当被保险人获得对不利事件的保险后，对待不利事件的态度不再谨慎，可能不再努力规避不利事件的发生。道德风险揭示了一个普遍的经济现象，在信息不对称存在的情形下，交易行为发生后信息劣势方无法观察、监督信息优势方的行为，导致信息优势方获益而信息劣势方利益受损的机会主义行为发生。道德风险是典型的委托代理问题，其广泛应用于保险市场、公司治理、效率工资与内部审计等领域。道德风险可以通过机制设计解决，当代理人的行为与努力程度不可观察时，代理人会选择对自己最有利的行为与努力水平，同时代理人努力程度与其付出的成本、获得的收益呈正相关。委托人只关注代理人努力后的绩效结果，为了实现预期的绩效结果必须对代理人的努力程度进行补偿。一般情形下，当代理人是风险中性且不受财富约束时，委托人最好的选择是将代理人的努力程度与绩效水平相互关联，代理人对其努力结果拥有剩余索取权。当代理人是风险厌恶时，其努力程度与绩效水平并不一定是严格的正相关关系，绩效水平还可能受到其他不确定性因素影响，此时将代理人的努力程度与绩效水平相互关联的机制设计可能会导致激励失效，代理人的风险规避倾向使其不会选择对社会最优的努力水平。在零售渠道整合过程中，渠道成员的信息不对称是普遍存在的，其需要渠道成员通过机制设计弱化信息不对称带来的影响，但机制设计是需要成本的，在一定情形下还存在机制设计失效的可能。信息共享可以从源头上解决信息不对称问题，节约机制设计成本，消除机制设计失效的可能。

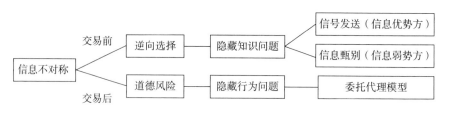

图 2-2　信息不对称分类与机制设计

三、治理机制理论

治理机制理论源于交易成本经济学，威廉姆森在其新制度经济学三部曲收官之作《治理机制》中系统论述了治理机制理论，他进一步分析了交易成本的决定因素及其对合同类型选择的影响，并提出资产专用性是决定治理结构与合同类型的关键因素。借鉴 Macnail 对合同的分类，将古典合同、新古典合同、关系合同与交易类型、治理结构相匹配。治理机制理论在信息共享行为中应用的突出作用在于其确立了一个整体框架，以信息共享行为的不确定性、交易频率、资产专用性确定了零售渠道整合过程中信息共享行为的类型，并以此确定了信息共享行为的治理结构与合同类型，为机制设计与契约理论提供了基础的框架结构。但是，由于交易成本经济学仅仅考虑了信息共享过程中的交易成本，没有将信息共享过程中的交易收益纳入考察范围，这也是交易成本经济学对零售渠道整合过程中信息共享解释能力局限的根本原因，但不妨碍其提供基础性的研究框架。

威廉姆森认为资产专用性、不确定性与交易频率是决定交易成本的三个关键因素。资产专用性是指一项资产可调配用于其他目的的程度。由于不完全契约的存在，导致事前专用资产投资不足与事后的机会主义行为的可能，最终导致交易主体不会在"第一最佳（First-best）"情况下做出最合意的专用资产投资决策。在信息共享过程中普遍存在资产专用性投资，如协同网络搭建与区块链技术应用等，制造商、零售商、服务提供商间相互的信息共享投资是很难用于其他用途，而且面对消费者需求不确定性，相互共享的信息类型、质量要求是不确定的，因而产生修正合同条款和再谈判的可能。同时在信息共享的利益分配方面，由于双方事后讨价还价的势力不同，也可能不能达成有效的协议。在零售渠道整合过程中，零售商拥有的消费者需求信息是最有价值的，但零售商信息共享的收益却往往是最低的，所以信息共享收益分配常常存在分歧，最终导致信息共享失败。对于这种信息共享事后成本的预期，又会产生重要的事前成本，那就是渠道成员都不愿在"第一最佳（First-best）"情况下做出最合意的专用资产投资，所以导致信息共享专用性资产投资不足。

威廉姆斯认为交易常常是在不确定性环境下发生的。不确定性包括交易前不能准确推测偶然事件的不确定性以及信息不对称（沟通欠缺）带来的不确定性。在一定情形下还包括虽然能预料到偶然事件的不确定性，但预测不确定性和订立合约的代价很高，带来事后不确定性。在零售渠道整合过程中，消费者需求不确定导致渠道成员信息共享的内容与状态是动态变化的，信息共享是依消费者情况而异的。由于渠道成员在信息共享前缺乏沟通，可能产生新的不确定性。渠道成员预测不确定性和订立合约的代价较高，导致渠道成员信息共享后还会存在策略性保密、隐瞒和扭曲，因此还会产生第三种不确定性，即行为性不确定性，它与不完全合约和资产专用性联系在一起，这种不确定性是信息共享后的不确定性。在零售渠道整合过程中，信息共享常常是在不确定性环境下进行的。

交易的频率并不影响交易成本的绝对值，而只影响进行交易的各种方式的相对成本。当双方间的交易经常发生时，他们可为交易构造一个专门的治理结构（即使成本很高），因为后者的成本可分摊于长期交易。在零售渠道整合过程中，由于零售商与制造商是趋向长期合作的，所以可以分摊信息共享的专用资本投资，如协同网络的搭建成本。但是，当信息共享是一次性的或不经常发生时，一般来说，为这种特殊信息共享建立专门治理结构的成本就非常高，而使用"一般用途"的治理结构成本相对较低。

威廉姆森假定交易的不确定性程度高，因此交易成本主要取决于资产专用性与交易频率。按照资产专用性划分，可以分为非专用性、中等专用性和高度专用性。按照交易频率可以划分为一次性交易、偶尔交易和重复交易。威廉姆森在排除一次性交易场景的基础上，将交易细分为六类，即经常发生的非专用性交易、经常发生的中等专用性交易、经常发生的高度专用性交易、偶尔发生的非专用性交易、偶尔发生的中等专用性交易、偶尔发生的高度专用性交易。现在问题的焦点是，如何将交易类型与合同类型进行匹配，降低交易成本。

威廉姆森借鉴 Macnail 对合约的分类，将合约分为古典合同、新古典合同和关系合同。麦克奈尔认为古典合同属于完全合同，其假设所有交易因素与未来事项都可以在合同中得到体现。新古典合同的主要特征是：①交易是复杂的。

②合同是不完全的。③交易主体相信某种协调解决机制。具体而言，新古典合同规定了明确的合同条款与未来事项，如果出现争议，需要中立第三方按照合同约定进行仲裁与调节。关系合同是对合同不完全的一种理性反应，既然不可能清晰所有交易因素与未来事项，那么其放弃了对初始协议内容的规定。关系合同对总体目标、广泛适用的原则和意外事件出现时的处理程序和准则，以及解决争议的机制达成协议。关系合同与新古典合同的区别是是否对初始协议内容的规定，关系合同不对初始协议进行规定，使其交易是在交易主体之间协调的结果。根据合同的分类，古典合同适用于所有标准化交易，即经常发生的非专用性交易及偶尔发生的非专用性交易；关系合同适用于重复进行的非标准交易，即经常发生的中等专用性交易、经常发生的高度专用性交易；新古典合同则适用于偶尔进行非标准交易，即偶尔发生的中等专用性交易及偶尔发生的高度专用性交易。

根据威廉姆森的假设，我们清晰发现，零售商信息共享行为的不确定性很大，这与威廉姆森的假设是完全吻合的，这里的不确定性包括消费者偏好的不确定性以及合作伙伴信息不对称带来的不确定性。那么问题的关键是考虑渠道成员在资产专用性与交易频率上的划分，从交易频率看，渠道成员存在偶尔进行的交易和重复发生的交易两种类型，但绝大多数是重复发生的交易。从资产专用性看，在零售渠道演化的过程中，早期趋向于非专用，制造商提供的商品是同质的，零售商与制造商不需要进行频繁高效的信息共享，相应渠道成员间的信息投资也是非专用的。然而随着消费者需求不确定性的增加，零售商采取差异化竞争，自有品牌的增加以及精简 SKU，需要进行频繁高效的信息共享，相应的渠道成员间信息投资也逐步趋向专用性。零售商必然要求制造商（或供应商）增加专用资产投资，所以从资产专用性看，渠道成员间趋向中等专用性交易和高度专用性交易。那么从基本假设看，渠道成员间信息共享的交易特征是经常发生的中等专用性交易和经常发生的高度专用性交易。现在的问题是上述的合同分类如何与这些经常发生的中等专用性交易和经常发生的高度专用性交易相匹配，以使交易成本最小化。显然经常发生的中等专用性交易和经常发生的高度专用性交易的信息共享特征适用于关系合同。

虽然治理机制理论为分析零售渠道整合过程中信息共享行为提供了框架结构，并且其在资产专用性方面存在较强的解释能力，但其理论框架不是完全的，因为其仅仅考虑了交易成本的节约，忽视了交易收益的存在，缺乏对零售渠道整合过程中信息共享行为的收益与成本进行的经济规划。虽然威廉姆森在《治理机制》一书中反复提及经济规划一词，但其经济规划的核心是对交易成本的经济规划，而不是涵盖了交易收益与交易成本的全面经济规划。机制设计理论在一定程度上弥补了治理机制的缺陷，是涵盖了交易收益与交易成本的全面经济规划。

四、机制设计理论

传统新兴古典经济学坚持完全竞争、信息完全等严苛的经济假设，并在此基础上进行资源配置。那么在一般情形下，如何进行资源的优化配置呢？赫维茨将经济活动置于一般情形下，提出经济机制设计理论主要研究给定的交易目标，在自由交易、信息不完全与分散决策假设下，能否实现交易主体的资源配置。具体而言，在既定的交易目标下，通过机制设计，使得交易主体的个人利益与总体目标达成一致，完成交易活动。

在探讨机制设计时，赫维茨重点关注了信息与协调问题。1960 年，赫维茨发表《资源配置最优化与信息效率》，重点分析了交易过程中信息的问题，并开创了经济机制设计理论的研究。1972 年，赫维茨发表了奠定机制设计理论基础的《论信息分散系统》，提出激励相容理论。激励相容（Incentive Compatibility）是指在信息不完全情形下，交易主体普遍追求个人利益最大化，按照私利行事。在具体的交易过程中，除非让交易主体获得利益，否则其不会真实显示个人交易信息。机制设计必须掌握的一个原则是所有参与主体个人利益得到满足的同时，达成既定的交易目标，这就是激励相容问题。一种好的"机制"能使交易主体相互促进，最后达成双赢局面，完成资源的优化配置。随后其提出的显示原理和执行理论对经济机制设计也起到了关键作用，经济机制设计理论逐渐趋于成熟，开始广泛应用于经济活动的协调过程。1973 年，赫维茨发表了《资源分配的机制设计理论》，形成了完备的经济机制设计理论框架，解决了私人信息与激励机制问题。赫维茨机制设计理论框架的基础是满足参与约束与激励相容条件，私人信息得到充分显示，社会目标同时达成。参与约束，个人理性约束（Individual Rationality Constraint）参与约束条件描述在个人理性决策条件下，是否愿意参与交易过程的条件，即参与交易能否获得正的剩余或效用。

在零售渠道整合过程中，渠道成员信息共享的假设前提是信息不完全与分散决策。在此过程中，信息共享的实现转变为如何通过直接显示机制设计，实现激励相容与参与约束的过程。具体而言，渠道成员在具体信息共享决策时，信息共享后其收益必须有所增加，满足参与约束的条件。同时零售渠道整体存在帕累托改进，零售渠道成员在信息共享后总收益增加，满足激励相容条件。在零售渠道整合过程中，信息共享的参与约束与激励相容约束不是天然满足的，往往需要通过机制设计进行利益的再协调，才能达成信息共享的约束条件。

五、博弈论

无论产业组织理论、治理机制理论还是机制设计理论，都尝试解释在交易过程中，交易主体如何通过博弈实现个人利益与交易目标，机制是交易主体博弈的结果。博弈论作为治理机制理论、机制设计理论的方法论基础，治理机制与机制设计过程可看作是博弈论的综合运用。以机制设计理论为例，假设人们的行为是按照博弈论所刻画的方式，并且按照社会选择理论对各种情形都设定一个社会目标，那么机制设计就是考虑构造什么样的博弈形式，使这个博弈的均衡解最接近那个社会目标。博弈论是研究理性决策者的行为相互作用时的策略选择与决策过程，以及这种策略的均衡问题。在现实交易过程中，参与者的数量是有限的，其并非完全竞争市场。参与者的行为是相互影响的，参与主体在进行决策过程中必须考虑交易对手的反应。在具体博弈过程中，参与者的个人效用函数不仅仅依赖于自己的决策，而且还要依赖于其他人的反应，参与者最优选择是交易对手选择的函数，博弈论实质是研究在存在相互作用的外部条件下的个人选择问题。经济学在研究过程中，普遍采取数学极值方法。在考察消费者决策时，消费者决策是在预算约束下效用最大化问题。在考察企业决策时，其生产决策是在资源约束下利润最大化的结果。在考察政府决策时，其公共决策是在预算约束下社会福利最大化的问题，而博弈论的进步，仍是在数学极值的方法内，将静态极值方法发展为动态极值方法，将考虑单个主体最大化问题发展为考虑多个主体的最大化问题，从确定性约束条件下利润最大化问题发展到不确定性约束条件下利润最大化问题。

在零售渠道整合过程中，渠道成员信息共享是多元主体之间博弈的过程，通过博弈实现整体目标与成员收益目标，正是多个决策主体之间的决策均衡问题。渠道成员之间信息共享决策都是在考虑其他成员的反应做出的，是不同主体按照一定的博弈顺序采取不同策略后的最佳收益，这正是经典的博弈过程。同时零售渠道成员信息共享仍然是在不确定性约束条件下利润最大化问题，即从静态极值发展为动态极值的方法。因此博弈论为渠道整合过程中信息共享研究提供了理论基础，同时保证了治理机制与机制设计通过博弈论方法得以实现。

六、不完全契约理论

治理机制与机制设计是通过交易主体自我执行的契约完成的，在确定性环境下，契约可能是完全的。现实中交易活动往往是在不确定性环境下进行的，导致契约往往是不完全的。契约不完全的原因包括：一是交易主体的有限理性，难以明确的契约条款与未来事项，导致契约权利与义务不明确；二是不确定性的存在，限制交易主体缔结确定状态的契约；三是由于语言描述的局面，很难描述所有的契约条款，并且很难写得让中立第三方在仲裁过程中可以很容易地理解并有效地执行。不完全契约为交易过程带来直接影响：一是事前关系型专用投资不足，由于契约的不完全，交易主体担心在重新谈判过程中自身处于"敲竹杠"的不利地位，而理性交易主体趋向减少专用性投资；二是事后讨价还价的成本，由于环境的不确定性，导致事后交易主体需要对契约进行修正，增加了进一步讨价还价的成本；三是事后无效率的成本，由于事后信息不对称以及决策权安排不合理，事后的讨价还价过程可能无法达成协议，导致交易中断。由于不完全契约的存在，部分学者认为关系型契约是应对契约不完全的有效选择，其主要通过对交易后再谈判的框架进行约定，确保事后可缔约与交易效率的实现。

以不完全契约影响为基础，再结合关于交易前决策和交易后决策（或行动）的缔约能力以及关于交易信息状况的假设，不完全契约模型可以分为：交易前不可缔约而交易后可缔约的事前效率模型、交易前交易后都不可缔约的事前效率模型与事后效率模型、可部分缔约的事前效率模型与事后效率模型、收益不可证实的事前效率模型与事后效率模型等。不完全契约的经典模型是 GHM模型（Grossman and Hart，1986；Hart and Moore，1990），其属于典型的交易前不可缔约而交易后可缔约的事前效率模型，其结论是产权的合理配置可以改善事前效率，为产权制度提供了直接理论来源。尽管 GHM 模型在解释实际问题过程中具有较强的解释能力，但其仍然存在缺陷（Hart and Moore，2008）：一是其过分强调事前投资在纵向一体化中的作用；二是契约不完全假设缺乏稳健的基础；三是交易后可以无成本谈判不适用于所用情境，解决事后效率问题必须放弃交易后可缔约的假设。关于交易前交易后都不可缔约事后效率模型的一个典型应用是风险融资的金融契约问题（Aghion and Bolton，1992），其描述了企业家通过金融契约向投资者融资的场景。

在零售渠道整合过程中信息共享机制设计是依赖于契约，解决分散决策与有限理性带来的目标冲突与有限理性，但由于渠道成员不可能预料信息共享后的所有情形与结果，同时也不可能用语言准确描述界定所有情形和结果，第三方机构如法院与仲裁机构也无法完全理解并执行，因此导致信息共享过程出现资产专用性投资不足、讨价还价成本、事后无效率的成本。通常在此情形下，普遍采取关系合约对双方的关系做出总体框定。对总的目标、广泛适用的原则和意外事件出现时的处理程序和准则，以及解决争议的机制达成协议，不完全契约经典模型通常是关系契约的一个应用，约定不同情形发生后的处理程序与原则。在零售渠道成员信息共享过程中，由于信息分享的内容、模式以及价值是不同的，并且处在动态调整的过程中，只能通过关系契约对信息共享框架做一个整体描述，在信息共享过程中依据此框架解决争议，实现信息共享。

本章小结

本章重点介绍了零售渠道的概念，在零售渠道演化过程中，体现出显著的渠道整合趋势。从经济学角度，界定了信息、信息共享、信息共享机制概念，信息共享实质是信息资源优化配置的过程。通过对产业组织理论的演化与新发展进行总结，为本书提供总体的研究视角与理论框架。信息经济学理论、治理机制理论、机制设计理论、博弈论理论、不完全契约理论为具体信息共享问题研究提供了理论模型与分析工具。

第三章

零售渠道整合的动因与组织形式

随着信息技术发展，消费者行为发生改变，消费者需求不确定性显著增强。理性渠道成员会根据消费者的需求不确定性提供相应的产品与服务，这意味着渠道成员的渠道整合行为实际上内生于消费者的决策过程。

第一节　零售渠道整合的动因

关于零售渠道整合的动因，学术界的观点是一致的，普遍认为在技术变革下，消费者行为产生了变化，致使零售渠道整合相适应（Pauwels et al.，2015；Rabinovich et al.，2004；Wang et al.，2015），具体表现为技术变革导致消费者变化，消费者变化导致零售变革，零售变革最终又导致生产变革。传统零售渠道整合沿着"技术变革—生产变革—零售变革—顾客变化"轨迹展开，而现阶段开始沿着"技术变革—顾客变化—零售变革—生产变革"路径展开（李飞，2013；刘向东，2014）。

一、技术变革

从信息技术看，互联网技术、移动互联网技术、物联网技术为零售渠道整合提供了直接渠道来源，信息技术的迅速发展极大地增加了消费者在任何时间、任何地点选择商品与服务的机会（Arvind et al.，2005）。在传统线上渠道得益于互联网技术发展，而移动互联网技术的应用产生了即时通信、社交网络、视频直播等，物联网技术为无人零售渠道的产生提供了即时的数据采集与通信技术。大数据、算法、云计算、人工智能等信息技术在零售领域的应用，为零售渠道细分与差异化匹配提供可能，通过对商品（服务）与消费者的数据分析与应用，可以实现在线上渠道、线下渠道提供差异化商品，满足不同消费者在不同时空对商品与服务的需要，实现零售渠道整合目的。同时，大数据、算法、云计算、人工智能等信息技术提供了渠道资源优化配置的可能，基于零售渠道整合，可以实现商流、物流、资金流的动态优化，降低零售渠道整合过程中的时间成本与空间成本。

从零售基础设施看，零售领域的技术变革充分体现在零售基础设施不断完备。零售基础设施是围绕零售活动需要而建立的社会化的服务设施，其具有准公共物品的经济学属性，可以降低零售企业平均经营成本与交易成本。阿里巴巴、京东、亚马逊等平台零售商都将其自身定位为零售基础设施服务商，其提供平台、物流、金融、信用、大数据和云计算服务，服务于零售活动的商流、物流、信息流、资金流活动的需要。不断社会化、专业化的零售基础设施，可以为零售渠道整合过程提供"即插即用"的物流服务、金融服务、数据处理服务，确保了线下渠道、线上渠道、社交网络渠道、即时通信渠道等具备完整的渠道功能，从而实现从跨渠道零售向全渠道零售的演化。零售基础设施使零售企业不断突破零售生产率边界，跨越企业的边界，让资金、商品和信息流动在整个零售系统中能够不断优化。正是中国不断完善的物流、支付、平台等零售基础设施，使部分零售活动的服务效率甚至超过了欧美等发达国家，成为零售渠道整合的推动引擎（翁怡诺，2018）。

二、消费者变化

从消费者需求特征看，消费者需求从排浪式需求向个性化、多样化需求转化。传统消费者需求热点比较集中，一段时间内以一种商品为主，符合新古典经济学同质化消费者的假设。随着信息技术发展，消费者多样化、个性化需求趋势明显，线上渠道开始提供长尾商品满足消费者个性化需求，由于线上渠道打破了空间限制，使其经营长尾商品有利可图。随着信息技术发展，制造商与消费者的双向互动成为可能，交易成本逐渐降低，厂商提供大规模定制与个性化定制成为了具备的技术基础。

从消费者购买行为发生的时间和空间看，其购买行为离散程度增加。在数学概念上离散主要指不连续，消费者购买行为离散主要体现在购买行为发生的时间、空间不连续的特征。传统消费者购买行为受固定时间、固定地点的时空约束，所以消费者的消费需求主要集中于固定的线下渠道，零售商客户关系管理的重点是建立用户忠诚计划。同时，其购买时间也相对集中，零售商可以在周末、节假日进行促销增加销量。然而随着移动互联网技术、智能手机、购物平台的普及与应用，消费者购买行为逐渐摆脱时空约束，实现了随时随地购买的可能。消费者购物时间碎片化、空间碎片化、购物需求碎片化，与商家的"接触点"已经不再仅局限于传统上受时空约束的媒介，消费者希望通过尽可能多的渠道获得交易信息并完成购物过程。

从消费者信息获取看，长期以来，消费者信息获取的渠道主要是电视、报纸、门户网站等媒体，被动接受厂商的广告。随着信息技术在零售领域的应用，消费者开始关注消费者评价，客观的消费者评价成为消费者信息搜集的主要来源。随着社交网络、即时通信等技术的普及与应用，消费者开始从微信、微博、论坛获取可靠信息。进入全渠道阶段，网络社区、网络社群、自媒体、直播平台、短视频等信息获取渠道普遍应用，消费者信息获取离散化程度进一步提高。从消费者信息处理看，在传统购买过程中，消费者一般依赖于个体认知（大脑）进行信息的处理，并完成备选方案的评估。随着大数据、云计算、算法等技术在零售领域的普遍应用，智能推荐逐步辅助消费者完成信息处理过程，价格比较、智能推荐等应用降低了消费者利用大脑进行备选方案评估的风险。可以看出信息技术应用为消费者信息搜集、处理提供了来源与便利，提升了消费者信息能力。消费者充分利用零售商提供的接触点，渠道使用能力逐渐增强，他们可以更高效地完成购买决策过程以及选择最适合特定场景需求的接触点（Hansern et al.，2015）。消费者渠道运用能力增强，意味着全渠道时代的来临（施蕾，2014）。

从消费者权利看，消费者"增权"成为不可逆转的趋势。消费者权利表达的是渠道成员相互关系，在传统零售活动中，零售商是供应链的起点与终点，订单与物流的起点与终点都是零售商，零售商处于主导地位。现阶段，订单的主体从零售商变为消费者，物流配送的对象也由零售商变为消费者，消费者成为供应链的起点和终点，渠道权利逐步由零售商转移到消费者。消费者间的有效联合、低成本地获取信息与高效地交换信息是消费者实现"增权"的三个关键因素，消费者对其他渠道成员决策的影响力逐步增加。传统消费者存在宏观上存在权利（Macro-Power）和微观上无法行权（Micro-Impotence）之间的矛盾，即消费者从理论上看存在影响渠道成员的权利，但在实际运行过程中缺乏运用权利的可能。信息技术的应用使消费者有效联合，改变了消费者个体与企业间地位不对等的劣势，消费者成为整体面对企业，他们行使奖惩权不再是无能为力，企业无法忽视消费者有效联合带来的增权。信息是增权的基础，消费者搜集信息、处理信息能力的增强，从而导致消费者与企业间信息不对称程度降低，提升了消费者专家权与信息权。消费者"增权"不仅仅是一种趋势，更已成为一种现实，这恰恰是消费者主体性地位的一种回归，也是作为"消费者主权经济"的市场经济发展的应有之义。在消费主权时代，零售渠道整合逐步由面向渠道成员向面向消费者转变（罗宾·刘易斯等，2012）。

第二节　消费者变化的实证检验

在技术变革的影响下，消费者行为发生了深刻的变化。消费者需求特征的改变对于零售商的影响是间接的，零售商最终将影响传导到制造商，消费者需求特征改变的不确定性承担者是制造商。消费者需求的时空特征与信息搜集、处理特征的改变，给零售商带来了直接影响，尤其是消费者信息搜集、处理特征的改变，直接促使渠道成员进行零售渠道整合。零售渠道其基本职能演变为信息通道，匹配消费者与制造商的信息载体。基于此，本节重点对消费者信息搜集、处理行为的变化进行实证分析。

一、研究模型

上文已经说明消费在信息搜集、处理环节的变化，消费者决策过程的核心是信息搜集、信息处理过程。借鉴 Engle 等（1993）模型，其将消费者购买决策过程划分为五部分，包括认知需求、搜集信息、方案评估、购买决策、购后行为，也是目前消费者行为研究主流的框架。消费者作为购买者，其购买过程如图 3-1 所示。消费者在实际购买行为中，先产生消费需求，对商品与服务产生认知，此时需要通过内部信息搜索，根据以往的购买经验，得出结论。由于消费者对个性化、多样化商品的追求，绝大部分情况下，其内部信息是不充分的，需要进一步进行外部信息搜索，对备选方案进行评估，进而完成购买行为，接受售后服务，并进行客观评价。

通过消费者购买决策过程分析，消费者信息搜集、消费者信息处理是消费者购买决策过程的基础。基于此进行核心概念的提炼，将消费者决策过程细分为四个维度，包括消费者复杂决策网络、消费者决策数据智能、消费者信息搜集能力、消费者信息处理能力，具体如图 3-2 所示。消费者决策过程的核心是

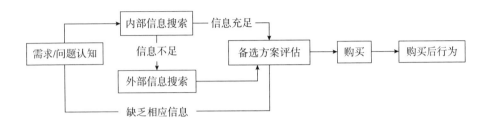

图 3-1 消费者购买决策过程

信息搜集、信息处理过程，上述分析已经清晰发现，与以往消费者信息来源于厂商的主动营销不同，随着网络信息技术的普及与应用，消费者信息来源越来越依赖于客观信息渠道，社会网络、社交网络、计算机网络在消费者信息来源方面扮演着重要角色。过去消费者容易受到厂商营销活动的影响，也愿意听取专家意见，而近年来的研究结果表明，相比于厂商营销活动，消费者更愿意相信"F"因素，即朋友、家人、脸书粉丝等，通过社交网络分享购买体验，较少依赖于广告与专家建议（菲利普·科特勒等，2017）。我们借鉴现有研究成果将消费者在信息搜集环节依赖于社会网络、社交网络、计算机网络特征定义为消费者复杂决策网络。借助图论视角，通过将消费者视为节点，将消费者在特定产品或服务决策过程中与能够影响其决策的个体所产生的，所有能对其决策产生影响的关联关系视为连边，消费者决策问题可以抽象为一个"围绕特定商品（例如，产品与服务）"，由决策者即消费者，决策对象即特定商品以及在消费决策过程中产生的所有相互依赖、相互影响的关联关系所构成的复杂图定义为消费者复杂决策网络。

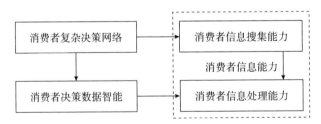

图 3-2 消费者决策过程模型

借助邻接矩阵，消费者复杂网络 A 可以表示为：

$$A = \left(a_{ij}\right)_{N \times N}, \quad a_{ij} = \begin{cases} 1 & \text{如果节点 } v_i \text{ 到 } v_j \text{ 有连边} \\ 0 & \text{如果节点 } v_i \text{ 到 } v_j \text{ 没有连边} \end{cases} \tag{3-1}$$

在式（3-1）中，v_i、v_j 是网络中的节点，即消费者；N 是网络中节点的数目；a_{ij} 是由节点 v_i 到节点 v_j 的连边，表示消费者 i 与消费者 j 之间是否存在围绕某一特定决策问题的相互依赖与相互影响的关联关系。

在信息搜集的基础上，传统消费者决策过程中主要依赖于个体认知（大脑）进行备选方案的评估，最终实现效用最大化的选择。由于信息不对称的长期存在，消费者在备选方案评估时存在节约认知资源的情况，比如从众心理，而且随着信息贫乏向冗余转变，人脑在一定程度上难以应对复杂决策网络的海量信息来源，节约认知资源的激励会进一步增强。在现实生活中，随着大数据技术、云计算技术在辅助消费者决策领域的应用，产生了诸多数据智能应用，如信息中介、个人信息助手。信息中介具体到消费者购买决策过程中主要指线上平台，如淘宝平台、天猫平台、亚马逊平台、京东平台，其沉淀消费者口碑信息与评价，并通过数据可视化技术，直观地展示产品与服务的好评、差评比例等。个人信息助手是指经过消费者的全部访问授权，通过智能终端对消费者所有行为数据进行采集，辅助、替代消费者进行信息处理的个人应用。具体到消费者决策过程中主要应用是智能推荐，如亚马逊、阿里巴巴普遍应用的商品推荐系统，通过对个人数据的采集，其实现"千人千面"，替代消费者进行信息处理，为消费者推荐最有可能购买的商品。消费者在决策过程中依赖信息中介与个人信息助手，信息中介与个人信息助手的来源都是消费者行为数据，通过行为数据进行智能推荐。信息中介与个人信息助手是典型的数据智能应用，数据智能是指利用大数据引擎，通过大规模机器学习和深度学习等技术，对海量数据进行处理、分析和挖掘，提取数据中所包含的有价值的信息和知识，使数据具有"智能"。

至此，本书的消费者决策过程模型基本形成，消费者复杂决策网络是消费者决策信息的主要来源，其有助于消费者信息搜集能力的提升，消费者决策数据智能将辅助、替代消费者进行信息处理，提升消费者信息处理能力。为了方便研究，我们将消费者信息搜集、处理细分为两个阶段，在消费者信息搜集的基础上，将搜集的信息输入消费者人脑与数据智能辅助，输出消费者最终评估方案，但现实中，在很多场景消费者信息搜集、处理是统一的，即信息搜集与处理是同时的，因此我们将消费者信息搜集能力与消费者信息处理能力定义为消费者信息能力。消费者信息能力来源于西蒙的有限认知与认知局限，基于本书以上的分析，不难发现有限认知主要来源于信息约束，在西蒙的基础上进一步深化提出有限信息能力，具体而言，消费者信息能力是指消费者在具体决策过程中信息搜集、处理能力的高低。

二、基本假设

在不同的发展阶段，消费者决策信息来源存在较大差异，但其普遍具有依赖于客观信息渠道的倾向（Blodgett et al.，1997），在生产厂商占主导的阶段，厂商的基于利润刺激广告宣传成为消费者获取信息的主要来源，但由于其在一定程度追求销量与利润，缺乏客观性。随着信息技术的应用，消费者信息来源依赖于消费者相互关系以及消费者互动形成的消费者复杂决策网络，消费者复杂决策网络的规模、交互速度、关系强度等特征直接影响消费者信息搜集能力，消费者复杂决策网络的完备程度有助于消费者信息搜集能力的提升，从统计变量看消费者复杂决策网络与消费者信息搜集能力呈正相关。由此，本书提出第一个假设。

H1：消费者复杂决策网络有助于消费者信息搜集能力提升。

在消费者搜集信息的基础上，消费者对备选方案进行评估，其实质是经过信息处理输出结果的过程。在此过程中，长期以来消费者存在节约认知资源的激励，尤其是在信息冲突与信息冗余的信息社会，消费者普遍存在借助信息中介、个人信息助手辅助信息处理的激励，信息中介与个人信息助手是典型借助大数据、算法、云计算技术形成的数据智能应用，在发展初期，消费者决策数据智能将辅助消费者进行信息处理，经过消费者的全面授权，消费者决策数据智能将实时采集消费者数据，逐步替代消费者进行信息处理，做出备选方案的评估，实现效用最大化。因此，消费者决策数据智能有助于消费者信息处理能力的提升，从统计变量看消费者决策数据智能与消费者信息处理能力呈正相关。由此，本书提出第二个假设。

H2：消费者决策数据智能有助于消费者信息处理能力提升。

消费者复杂决策网络主要体现消费者之间的关联关系与交互行为，由于信息技术的普及与应用，消费者之间的关联关系与交互行为将沉淀于移动网络、社交网络与计算机网络，消费者复杂决策网络将形成基于消费者决策的关系数据与行为数据，由于全面的关系数据与行为数据的获取，直接为消费者决策数据智能提供数据来源。更为关键的是随着覆盖全社会协同网络的搭建，消费者决策全过程将实现全面在线化，消费者复杂决策网络将逐渐为消费者决策提供全面数据，消费者决策数据智能在全面数据的基础上，将在更大范围内应用，进一步节省了消费者认知资源。因此，消费者复杂决策网络有助于消费者决策数据智能应用，从统计变量看消费者复杂决策网络与消费者决策数据智能呈正相关。由此，本书提出第三个假设。

H3：消费者复杂决策网络有助于消费者决策数据智能应用。

消费者信息搜集能力体现在消费者信息搜集过程中获取完备信息的效率情况，主要体现在信息搜集过程中能否确定信息搜集的可能范围、明确所需的信息要点、知晓信息的主要来源、合理运用信息搜集手段、理解复杂信息、快速高效地完成信息搜集任务。信息搜集作为信息处理的直接信息来源，消费者信息搜集能力的强弱直接关系到经过输入、处理得出评估方案的有效程度以及消费者效用最大化水平的实现，信息搜集能力是信息处理能力的基础。因此，消费者信息搜集能力有助于消费者信息处理能力提升，从统计变量看消费者信息搜集能力与信息处理能力呈正相关。由此，本书提出第四个假设。

H4：消费者信息搜集能力有助于消费者信息处理能力提升。

三、初始测量题项与维度确定

1. 问卷设计

本书系统梳理了国内外关于消费者复杂决策网络与消费者数据智能的相关文献，搜集相关变量的测量题项。由于消费者复杂决策网络与消费者数据智能在国内研究领域刚起步，可供使用的量表有限，本书在阅读、梳理现有文献的基础上确定消费者复杂决策网络、消费者数据智能、消费者信息搜集能力、消费者信息处理能力等概念与基本内涵。

在此基础上，召集两次专家意见讨论会，专家主要是本书研究领域中具有博士学位的教师，对测量题项的内容效度进行了两轮讨论，对前期 44 个基本题项进行专家打分，最后确定 22 个题项。在此基础上，邀请 10 位本书领域中硕士研究生进行题项阅读，对题项是否表述准确、是否存在重复、是否能准确体现测度变量进行了讨论，对 22 个题项进行了最终修正。

（1）消费者复杂决策网络。对于消费者复杂决策网络的研究，前期主要集中在社会网络领域（周彦莉，2014；王丽丽，2017），缺乏关于对社交网络与计算机网络综合考察，在前期研究成果的基础上，关于消费者复杂决策网络的初始题项由六项构成（见表 3-1）。

表 3-1　消费者复杂决策网络题项

测量维度	题项	题项编号	量表文献
消费者复杂决策网络	我喜欢与朋友分享商品或者服务的消费信息	B1	Tichy（1979）；Antia 和 Fraizer（2001）；周彦莉（2014）；王丽丽（2017）；陈华（2016）
	我经常在微信朋友圈分享体验过的商品与服务	B2	
	我与朋友经常对共同感兴趣的商品或服务进行讨论	B3	
	我的微信朋友圈能提供给我很多消费信息	B4	
	我在消费决策过程中经常浏览购物评价，如淘宝、京东平台	B5	
	我的微信群能给我提供很多消费信息来源	B6	

（2）消费者决策数据智能。消费者决策数据智能是全新的研究领域，主要是基于消费者复杂决策网络沉淀消费者行为数据后，通过云计算技术与算法支撑形成智能决策，节约消费者认知资源，辅助、替代消费者进行决策（见表 3-2）。

表 3-2　消费者决策数据智能题项

测量维度	题项	题项编号	量表文献
消费者决策数据智能	我在生活中经常关注手机情景智能与智能推荐	C1	张翼成等（2017）；杨一翁等（2016）；Haubl 等（2000）；霍春辉等（2016）
	我在消费者决策过程中依赖可视化数据，如淘宝、京东、大众点评的评价统计	C2	
	我在消费者决策过程中依赖智能推荐系统，如京东、淘宝个性化商品推荐	C3	
	我经常体验线下智能应用，如皮肤检测、健康检测、智能试衣镜等	C4	
	我在消费者决策过程中依赖智能评分排名，如亚马逊图书排行榜、手机跑分软件等	C5	
	我在购买电影票过程中经常购买推荐的最佳观影区域座位	C6	

（3）消费者信息搜集能力。消费者信息搜集能力主要体现消费者信息搜集过程中获取完备信息的效率情况，主要体现在信息搜集过程中能否确定信息搜集的可能范围、明确所需的信息要点、知晓信息的主要来源、合理运用信息搜集手段、理解复杂信息、快速高效地完成信息搜集任务（见表3-3）。

表3-3　消费者信息搜集能力题项

测量维度	题项	题项编号	量表文献
消费者信息搜集能力	我愿意主动地搜寻信息支撑消费决策	D1	胡玮玮（2003）；张翼成等（2017）
	我在信息搜集过程中能够明确所需的信息要点	D2	
	我在信息搜集过程中能确定信息搜寻的可能范围	D3	
	我在信息搜集过程中能运用合理的信息搜集手段	D4	
	我在信息搜集过程中能判断信息的真伪	D5	

（4）消费者信息处理能力。消费者信息处理对应着信息输入、信息处理、有效信息输出三个环节，传统消费者信息处理主要依赖于个体认知（大脑），所以消费者信息处理被认为是黑箱，其具体流程与运行机制不为人所知（见表3-4）。

表3-4　消费者信息处理能力题项

测量维度	题项	题项编号	量表文献
消费者信息处理能力	我能快速进行信息整理筛选	E1	卢艳峰等（2016）；张莹等（2009）
	我能对线上线下渠道商品的价格进行对比	E2	
	我能够对不同购物平台的价格进行比较	E3	
	我在"双十一"购物过程中能较好地运用各种满减、跨店优惠活动	E4	
	我能快速处理固定金额包邮商品的筛选和组合	E5	

2. 信度分析与结构确定

在初始题项确定后，为了保证预测试对象与正式测试对象的一致性，选择在校学生作为主要调研对象，共发放问卷115份，其中研究者全程参与问卷填写搜集过程，回收有效问卷113分，问卷回收率达98.26%，测量题项和基本的描述性统计分析如表3-5所示。

表3-5　测量题项

编号	初始题项	均值	标准差
B1	我喜欢与朋友分享商品或者服务的消费信息	3.72	1.271
B2	我经常在微信朋友圈分享体验过的商品与服务	3.53	1.127
B3	我与朋友经常对共同感兴趣的商品或服务进行讨论	4.37	0.997
B4	我的微信朋友圈能提供给我很多消费信息	3.85	0.935
B5	我在消费决策过程中经常浏览购物评价，如淘宝、京东	3.68	0.872
B6	我的微信群能给我提供很多消费信息来源	3.50	0.946
C1	我在生活中经常关注手机情景智能与智能推荐	3.93	0.878
C2	我在消费者决策过程中依赖可视化数据，如淘宝、京东、大众点评的评价统计	3.77	1.027
C3	我在消费者决策过程中依赖智能推荐系统，如京东、淘宝个性化商品推荐	3.31	0.967
C4	我经常体验线下智能应用，如皮肤检测、健康检测、智能试衣镜等	3.50	1.150
C5	我在消费者决策过程中依赖智能评分排名，如亚马逊图书排行榜、手机跑分软件等	3.25	0.897
C6	我在购买电影票过程中经常购买推荐的最佳观影区域座位	3.96	0.930
D1	我愿意主动地搜寻信息支撑消费决策	3.22	0.953
D2	我在信息搜集过程中能够明确所需的信息要点	4.13	0.901
D3	我在信息搜集过程中能确定信息搜寻的可能范围	3.34	0.963
D4	我在信息搜集过程中能运用合理的信息搜集手段	3.98	0.955
D5	我在信息搜集过程中能判断信息的真伪	3.91	1.048
E1	我能快速进行信息整理筛选	3.31	1.203
E2	我能对线上线下渠道商品的价格进行对比	3.35	1.026
E3	我能够对不同购物平台的价格进行比较	3.45	0.996
E4	我在"双十一"购物过程中能较好地运用各种满减、跨店优惠活动	3.35	1.216
E5	我能快速处理固定金额包邮商品的筛选和组合	2.87	0.991

通过探索性因子分析和信度分析删除题项，删除因子载荷小于 0.5 的题项以及总体相关系数小于 0.3 的题项。最终题项如表 3-6 所示。

表 3-6　因子分析与信度分析结果

变量	题项	因子载荷	Cronbach's Alpha
消费者复杂决策网络	我喜欢与朋友分享商品或者服务的消费信息	0.815	0.727
	我与朋友经常对共同感兴趣的商品或服务进行讨论	0.832	
	我在消费决策过程中经常浏览购物评价，如淘宝、京东平台	0.549	
消费者决策数据智能	我在消费者决策过程中依赖可视化数量，如淘宝、京东、大众点评的评价统计	0.735	0.729
	我在消费者决策过程中依赖智能推荐系统，如京东、淘宝个性化商品推荐	0.655	
	我经常体验线下智能应用，如皮肤检测、健康检测、智能试衣镜等	0.704	
消费者信息搜集能力	我在信息搜集过程中能够明确所需的信息要点	0.771	0.714
	我在信息搜集过程中能确定信息搜寻的可能范围	0.829	
	我在信息搜集过程中能运用合理的信息搜集手段	0.735	
消费者信息处理能力	我能够对不同购物平台的价格进行比较	0.648	0.754
	我在"双十一"购物过程中能较好地运用各种满减、跨店优惠活动	0.780	
	我能快速处理固定金额包邮商品的筛选和组合	0.781	

四、假设检验

通过上文的分析，最终形成的问卷由四部分构成，分别是消费者复杂决策网络、消费者决策数据智能、消费者信息搜集能力、消费者信息处理能力四个维度，共 12 个题项，本部分将基于这些测量题项进行问卷设计、数据收集和假设检验。

（1）问卷设计。在基于探索性因子分析和信度分析删除部分题项的基础上，对每个测度变量保留 3 个题项，重新设计问卷，进行正式问卷发放。问卷全部采取纸质问卷形式发放，并且在问卷发放过程中，研究者全程参与并现场监督使问卷客观性较强，在正式调研环节发放纸质问卷 347 份，回收有效问卷 345 份，超过了问卷题项 10 倍以上，理论上满足分析的要求。

（2）样本分析。在样本的描述性统计方面，主要考察性别与购物频率情况。在性别方面，男性占 31.014%，女性占 68.406%。从购物频次看，网络购物频次主要集中于 1~2 次，占 35.362%；3~4 次占 36.522%。从线下购物频次看，线下购物频次主要集中在 1~2 次，占 29.855% 和 7 次以上占 29.855%。从调查主体看，主要以在校大学生为主。大学生已熟练掌握网络科技，追求时尚，空闲时间多，在购物人群中具有一定的代表性。为了保证调查研究的科学性、有效性，虽然我们调查的主体是高校学生，但也涉及部分其他领域的消费者，具体样本分析结果如表 3-7 所示。

表 3-7　样本分析情况

变量	频次	占比（%）
✍性别		
男	107	31.014
女	236	68.406
缺失值	2	0.580
✍每月网络购物次数		
0 次	6	1.739
1~2 次	122	35.362
3~4 次	126	36.522
5~6 次	50	14.493
7 次及以上	41	11.884
✍平均每月线下购物次数		
0 次	13	3.768
1~2 次	103	29.855
3~4 次	72	20.870
5~6 次	54	15.652
7 次及以上	103	29.855

（3）信度效度检验。为了检验关键变量消费者复杂决策网络、消费者决策数据智能、消费者信息搜集能力、消费者信息处理能力之间的信度效度，本书利用 AMOS 对各概念进行了验证性因子分析。如表 3-8 所示，各概念的 Cronbach's α 系数均大于 0.6，信度基本得到数据支持。

表 3-8　有效样本的信度分析

变量	编号	题项	Cronbach's α 系数
消费者复杂决策网络	B1	我喜欢与朋友分享商品或者服务的消费信息	0.630
	B3	我与朋友经常对共同感兴趣的商品或服务进行讨论	
	B5	我在消费决策过程中经常浏览购物评价，如淘宝、京东	
消费者决策数据智能	C2	我在生活中经常关注手机情景智能与智能推荐	0.627
	C3	我在消费者决策过程中依赖可视化数量，如淘宝、京东、大众点评的评价统计	
	C5	我在消费者决策过程中依赖智能评分排名，如亚马逊图书排行榜、手机跑分软件等	
消费者信息搜集能力	D2	我在信息搜集过程中能够明确所需的信息要点	0.711
	D3	我在信息搜集过程中能确定信息搜寻的可能范围	
	D4	我在信息搜集过程中能运用合理的信息搜集手段	
消费者信息处理能力	E4	我能够对不同购物平台的价格进行比较	0.645
	E5	我在"双十一"购物过程中能较好地运用各种满减、跨店优惠活动	
	E6	我能快速处理固定金额包邮商品的筛选和组合	

在效度方面，各变量的平均变异萃取量（AVE）均大于 0.4，组合信度均大于 0.6（CR），大部分标准化因子均大于 0.6，各构念的收敛程度基本得到检验，如表 3-9 所示。

表 3-9　有效样本的效度分析

编号	变量	Estimate	T 值	AVE 值	CR 值
B1	消费者复杂决策网络	0.620			
B3	消费者复杂决策网络	0.900	5.552	0.436	0.671
B5	消费者复杂决策网络	0.338	5.474		
C2	消费者决策数据智能	0.704			
C3	消费者决策数据智能	0.583	4.041	0.408	0.672
C5	消费者决策数据智能	0.622	4.011		
D2	消费者信息搜集能力	0.667			
D3	消费者信息搜集能力	0.809	8.518	0.470	0.722
D4	消费者信息搜集能力	0.558	8.172		
E4	消费者信息处理能力	0.433			
E5	消费者信息处理能力	0.589	6.384	0.420	0.668
E6	消费者信息处理能力	0.851	5.717		

如果变量自身 AVE 的平均根大于其与其他概念的相关系数，那么我们认为测量具有较好的区别效度（Fornell and Larcker，1981），从表 3-10 的数值来看，消费者复杂决策网络、消费者决策数据智能、消费者信息搜集能力、消费者信息处理能力的 AVE 平均根分别是 0.660、0.521、0.686、0.648，均大于其与其他变量间的相关系数，表明各构念具有较好的区分效度。

表 3-10　有效样本的区别效度

变量	消费者复杂决策网络	消费者决策数据智能	消费者信息搜集能力	消费者信息处理能力
消费者复杂决策网络	0.660	—	—	—
消费者决策数据智能	0.213	0.521	—	—
消费者信息搜集能力	0.195	0.126	0.686	—
消费者信息处理能力	0.201	0.191	0.350	0.648

（4）假设检验。利用结构方程模型检验假设，模型拟合度：$\chi^2/df = 1.909$，

df = 50，*GFI* = 0.956，*CFI* = 0.932，*IFI* = 0.933，*NFI* = 0.869，*RMSEA* = 0.051。模拟拟合良好。表 3-11 结果显示了本书提出的假设均得到数据支持，消费者复杂决策网络对信息搜集能力、消费者决策数据智能具有显著正向影响作用，消费者决策数据智能有助于提升消费者信息处理能力，消费者信息搜集能力有助于消费者信息处理能力提升。

表 3-11　假设检验情况

假设检验	Estimate	S. E.	C. R.	P	结果
H1 消费者信息搜集能力←消费者复杂决策网络	0.200	0.051	2.848	0.004	通过
H2 消费者信息处理能力←消费者决策数据智能	0.172	0.080	1.952	0.051	通过
H3 消费者决策数据智能←消费者复杂决策网络	0.222	0.058	2.664	0.008	通过
H4 消费者信息处理能力←消费者信息搜集能力	0.335	0.075	3.820	***	通过

注：*** 表示 P 值小于 0.001。

第三节　基于需求不确定性的零售渠道整合动因分析

在技术变革下，消费者行为发生了显著变化。考虑消费者异质性及其相互作用，零售渠道成员需要将消费者纳入决策范围，采取渠道整合行为。

一、需求不确定性

1. 需求不确定性与风险

在微观经济学中，消费者需求函数是一系列受预算硬约束与商品价格约束的连续函数，不同消费者需求函数没有本质区别。然而在现实生活中，不同消费者的需求函数截然不同，消费需求是零散无序的，他选择一个商品不仅受到其预算约束，而且受消费习惯、时尚流行、商家活动、时间空间、便利性等因素影响，消费需求往往具有随机性与偶然性。加之其需求特征、时空属性、信息获取的随机性本源行为和不可预期的变化，消费者需求不确定性程度显著提高。消费者考虑产品、偏好、便利性等因素，考量不同的需求接触点和品牌，选择不同的渠道类型沟通，通过不同渠道接触点的使用，表现出更复杂的需求行为（Fulgoni et al.，2015）。这里我们将消费者在购买行为过程中体现出的随机性本源行为和不可预期的变化定义为消费者需求不确定性，具体指消费者的需求特征、需求发生时空属性的剧烈变化程度以及组织对于消费者需求进行预测的困难程度，属于一级不确定性。库普斯曼将经济组织核心问题描述为处理不确定性，其将不确定性划分为一级不确定性与二级不确定性，一级不确定性来源于消费者偏好随机性本源行为和不可预期的变化，二级不确定性是由缺乏沟通导致的，某个决策者无法知晓其他人所做出的决策与计划（库普斯曼，1957）。

为了进一步理解消费者需求不确定性，我们对风险与不确定性进行对比。经济学研究往往混淆风险与不确定性，奈特（2011）在《风险、不确定性与利润》中开始有意对风险与不确定性进行区分，其区分风险与不确定性的目的是阐释企业存在的目的。奈特认为风险与不确定性的本质区别在于是否可以度量，风险是可以通过概率估计得出结果的，是可以度量的，而不确定性是难以进行概率估计的，是不可以度量的。因此，人们往往对不确定性是无能为力的，即奈特所指的前者是"事先可以合理预见的变化"，后者对应的是"事先不可合理预见的变化"。凯恩斯在奈特的基础上认为经济决策都是在不确定性的条件下做出的，其批评新古典经济学将不确定性转化为风险，赋予一个确定的和可以计算的简单形式，其在1921年《论可能性》中指出风险是可以预测的，可保险的，而不确定性则不可以，其中风险被描述成：概率分布是可知的，在数量上是可确定的、封闭的和完备的，而不确定性则是没有已知的概率分布，是不可确定的，易受新事物的影响。哈耶克对不确定性和风险的区分是清晰的，其认为在不确定性条件下，预测在最好的情况下也是不确定的，而在最坏的情况下则是不可能的，不确定性是不能被消除的，它是自由市场的根本特征，将经济现象数学模型化是不切实际的幻想。新制度学派对不确定性研究的贡献是承认不确定性的客观存在，但正是交易活动的不确定性，才可以通过制度安排来降低不确定性，诺斯认为制度恰好能够设计一系列规则来降低环境的不确定性。

风险与不确定性的表面差异在于是否可以度量，但其背后的差异主要体现在三个方面：第一，经济活动主体的同质性与异质性假设，风险可度量的前提是认为经济活动主体是同质的，是可以分类的，是通过概率进行估计的；不确定性不可度量的前提是经济活动主体是异质的，不存在分类的可能。从概率角度讲，所谓可度量的是同质之量，不可度量的是异质之量（姜奇平，2019），即奈特所指的"对事例进行任何分类的可靠基础都不存在"。第二，风险、不确定性对应着人的物性（理性）与能动性（自由），前者的风险是非能动因素造成的，可以通过理性计算化解；后者的不确定性是能动因素造成的，只能通过技术手段（如大数据、人工智能）来化解。第三，奈特分析风险与不确定性是为了说明企业与利润的来源，其与熊彼特关于资本家与企业家的区分在内在上是一致的。熊彼特通过是否创造新价值，区分了资本家与企业家，资本家不创造新价值，是"物质循环流转"的承担者；企业家创造新价值，是创新的承担者。经过新熊彼特学派的数学表述，进一步辨析出前者的均衡点在 $P = MC$（新古典经济学的零利润均衡点），后者的均衡点在 $P = AC$（张伯伦理论正的经济利润点），$AC - MC$ 的利润差，被称作熊彼特剩余，是差异化创新的回报。对应于奈特的研究，资本家承担风险，资本家不创造新价值，其仅仅是物质"循环流转"的承担者，其对应着新古典经济学的零利润点。企业家为了满足异质性需求与人的能动性需求，产生差异化创新行为，获得熊彼特"剩余"，即奈特所指的利润来源。

　　传统零售商面对的消费者是同质的，其可以分类，可以在同质化假定这个大原则下找到规律，从概率论角度看其购买行为（商品、时空等）是可以预见的，因此可以由理性的因果逻辑化解，此时零售商面对的可度量的不确定性——风险，零售商仅仅负责物质的"循环流转"，零售商不创造新价值，其仅在 $P = MC$ 点实现均衡，没有经济利润可言。随着消费者行为变化，零售商面对的消费者是异质的，由于其不存在同质性基础，难以分类并合并同类，按照奈特的解释"对事例进行任何分类的可靠基础都不存在"，因此在理性层面是不可解的，只能通过相关技术（如大数据、人工智能）来化解，此时零售商面对的是不可度量的不确定性。零售商一方面要进行产品创新，另一方面要进行服务体验创新，满足消费者不确定的新价值，其在 $P = AC$ 点实现均衡，实现正的经济利润。确定与不确定，是一个相对概念，是相对人的主观判断而言的，如果人们能够对事物未来可能产生的结果或结局作出准确的判断，其结果就是确定的，否则就是不确定的（陈克文，1998）。

　　通过对风险与不确定性的辨析，现阶段零售商同时面对风险与不确定性，只是风险与不确定的比重与过去不同。毫无疑问，相对于人的有限理性与信息不对称，不确定性的确存在两种情况，一种是人们知晓结果发生的概率，另一种是人们无法知晓结果发生的概率。实际上我们可以将前者称为概率型不确定性，后者称之为非概率型不确定性。非概率型不确定性在理性层面是不可解的，但由于信息技术的变革（相较于奈特所处时代），通过相关技术（如大数据、人工智能）是可以化解的。所以，随着信息技术变革，人们对非概率型不确定性也并非无能为力。

2. 需求不确定性的产生

风险、不确定性都是非确定性的存在，即前者是概率型不确定性，后者称之为非概率型不确定性。不确定性的产生既与客体密切相关，又与主体密不可分。客体本身的运动是无规律的，它可能产生这一结果，也可能产生另一结果，客体产生何种结果是不确定的，因此我们对结果具有不可准确预测的性质。消费者是客观经济主体，其运动变化是无规律的，相对于主体零售商而言，消费者客体产生何种结果，是难以准确预测的。对于主体而言，其缺乏关于客体的知识和信息，经济活动主体决策受到信息不完全的制约，实际上人们对客观事物完全无知或完全清楚的情况都很少，大多略有所知，知之不详。主体获得知识越少，越难以预测客体的经济行为，其不确定性越强。对于零售商而言，其普遍缺乏关于消费者的知识，难以准确预知客体消费者的需求特征，其不确定性增强。由于主体认知能力的差异与局限，导致其对客体的认知水平因人而异。面对同样的客体，同时拥有等量的客体知识和信息，一部分主体可立即做出肯定或否定的结论，准确预测结果，而另一部分主体可能无法做出结果的判定，完全无法预测结果。为什么面对同样的客体、同样的知识拥有水平，主体对客体的认识会存在如此大的差异呢？显然是主体认知能力的差异与局限在于主体本身素质的差异。对于零售商而言，其信息技术使用的差异与局限导致其对消费者的预测会出现截然不同的结果。对应于库普斯曼关于不确定性的划分，客体本身的运动是无规律的，其产生了一级不确定性，而主体的有限理性与信息不完全，导致了二级不确定性。

具体到零售渠道整合过程中，为了简化研究，我们将零售活动的主要参与者限定于零售商与消费者，零售商、消费者互为主体与客体。在售卖过程中，消费者是客体，零售商为主体。根据上述分析，消费者作为客体，其变化过程是无规律的，受随机因素影响，其购买行为是异质性的，所以零售商在提供渠道与商品过程中的结果是不确定性的。零售商作为主体其缺乏关于消费者的知识，而且其受到技术的局限，其素质与判断能力是有限的。同样在购买过程中，消费者是主体，零售商的渠道与商品是客体。零售商作为客体其渠道与商品是无规律的，而且存在差异化创新的可能，异质性普遍存在。消费者作为主体其缺乏关于渠道与商品的知识，而且其信息搜集与处理的能力是有限的。无论在售卖过程中还是购买过程中，普遍存在客体的无规律性，以及主体的知识局限与技术局限。售卖过程与购买过程是一体的（见图2-1），所以消费者、零售商互为主体与客体。

二、需求不确定性的度量

1. 信息与不确定性

现代信息科学告诉我们，消除不确定性的主要途径是获取足够的信息。因此，现在要讨论的问题是，为什么只有获得足够的信息才能减少和消除不确定性？对应于不确定性产生的原因，从客体角度而言，客体本身的运动是无规律的，是不以主体的意志为转移的独立存在。对于客体本身运动的无规律，从根本上来说，是无法消除的，不确定性总是存在。但是如果我们掌握关于客体本身运动的信息，通过先验推断或统计推断，仍可在一定程度上提高预测的准确性，降低不确定性。特别是信息技术的使用，在一定程度上可以准确知晓其未来某一时刻可能的结果，消除不确定性。对于消费者客体变化无常的不确定性，我们必须掌握消费者更多信息。大数据技术的使用，使消费者数据挖掘成为可能，通过海量消费者行为数据、交易数据的挖掘，逐步清晰消费者购买行为的预期结果，消费者不确定性程度降低。对于客体知识不足及认知水平局限导致的不确定性，只要我们了解事物的变化规律以及引起变化的各种因素，即掌握有关该事物本身的信息，我们就有可能作出准确预测，并采取相应的措施，使不确定性降到最低限度，或最终消除不确定性。对于主体认知水平的局限，要减少这类不确定性，必须提高个人自身的素质。在这里，除了决定于遗传基因的个人天赋无法改变外，其他因素也大多同输入头脑中的信息有关，如提高受教育的程度，进行职业培训，重视思维方式的锻炼与实践，创造有益于提高人素质的社会环境等，但所有这些，实际上是在改变输入信息的内容和输入的方式，提高输入信息的效率。所以，无论从哪方面说，掌握足够的信息，都有利于降低不确定性。广泛搜集和掌握足够的信息，始终不失为减少或消除不确定的一条重要途径。

对应零售渠道整合过程，零售商与消费者互为主体与客体。在购买过程中，零售商作为客体，消费者只有掌握更多关于零售商渠道、商品与服务的信息才能消除不确定性，消费者信息获取主要取决于信息量与信息处理技术（Lindsay et al.，1987）。对应于消费者决策过程模型，消费者通过复杂决策网络获取口碑、评价等信息，增加了信息量；通过消费者决策数据智能，利用智能推荐、信息中介提高了信息处理能力，从而缓解了关于零售商渠道、商品与服务的不确定性。在售卖过程中，零售商作为主体，其知识与技能欠缺，导致零售商对消费者客观变化了解较少。同时，消费者需求不确定性程度越来越高，也增加了其了解消费者客观变化的难度。此时，通过零售渠道整合，搭建消费者可能使用的所有渠道（接触点），实现对消费者购买行为过程中的交易数据、行为数据与传感器数据的收集，增加关于消费者的信息量。同时通过人工智能、算法技术，改变输入信息的内容和输入的方式，提高信息处理的效率，在一定程度上降低了消费者需求不确定性。

2. 信息熵与需求不确定性

关于消除不确定性的度量，现代信息科学理论提供了直接的理论来源。现代信息科学理论认为信息的作用是用来消除经济主体关于事物运动状态和方式的不确定性；其数值可以用它所消除的不确定性的多少来度量。现代信息科学理论认为在信息通信过程中，信源、信道、信宿、编码、译码、反馈、噪声是通信过程中的构成要素，其中信源、信道、信宿是必不可少的，信源（发信端）经过信道（信息传输通道）到达信宿（收信端），因而任何一个通信系统都由信源、信道、信宿组成，缺一不可。噪声是通信过程中的干扰项，通过编码、译码、反馈手段可以消除噪声带来的失真。

不确定性的量在信息论中用信息熵（H）表示，信息熵代表信源整体的不确定性程度，对于信源，不管它是否输出符号，只要这些符号具有某些概率特性，必有信源的 H 值，H 值在总体平均上才有意义。从申农的信息熵公式来看，申农在其代表作《通讯的数学理论》中，曾谈到选择、不确定性和熵之间的关系（Shannonce，1948）。他说：假设有一可能事件集，它们出现的概率分别为 P_1，P_2，$\cdots$，P_n，这些概率是已知的，但是至于哪一个事件将会出现，我们就没有比这更进一步的资料了。现在我们能否找到一种测度来量度事件选择中含有多少"选择的可能性"，或者找到一种测度，来度量选择的结果具有多大的不确定性呢？他认为，最适当的测度，就是用 H 表示的熵函数：

$$H = - K \sum_{i=1}^{n} p_i \log p_i \qquad (3-2)$$

式中，K 是常数，p_i 是某一可能出现的概率，如果令 K 为一度量单位，则 $H = - \sum_{i=1}^{n} p_i \log p_i$ 值代表信源不确定性程度。信息熵表示系统中某一组随机事件集合可能出现的程度，可能出现的程度越大，则概率越大，熵就越小；可能出现的程度越小，则概率越小，熵就越大。当获得更多关于信源的信息时，对信源某一随机事件出现的情况越清晰，其可能出现的概率越大，信息熵越小，信源平均的不确定性程度越低，客体越有序，从而将减少主体的决策的不确定性。

具体到零售渠道整合过程中，根据研究需要经济行为可以分为售卖行为与购买行为。在售卖活动中，零售商作为主体，消费者作为客体。消费者所需的商品与服务组合是可能事件集，它们出现的概率分别为 P_1，P_2，…，P_n，消费者具体会购买哪种商品与服务组合是随机的，H 代表某一组随机购买组合可能出现的程度，H 值越小，消费者购买某种商品与服务组合的概率越高。零售商的动机是获取更多信息实现对消费者的信息完全，在理想的状态下信息熵 H 会逐步趋向于 0，消费者购买行为是确定的。零售商进行渠道整合，将消费者所有行为数据、交易数据沉淀于零售渠道，通过数据挖掘、处理，其目的是为了实现对消费者可能出现概率的精准预测，实现消费者信息熵 H 减小。此时从售卖行为看，零售商、消费者构成的零售系统无序程度降低，有序程度增加。在购买过程中，消费者作为主体，零售商作为客体，此时消费者依赖复杂决策网络与数据智能，完成信息搜集、处理过程，不断提高其信息能力，消除零售商不确定性。但是在此过程中消除不确定性如何度量，从客体零售商看，通过信息搜集、处理，零售商的信息熵 H 减小。此时从购买行为看，零售商、消费者构成的零售系统无序程度减低，有序程度增加。当消费者、零售商互为主体与客体时，零售渠道整合的作用是提高双向信息搜集与信息处理能力，实现双向信息熵 H 降低，即消费者与零售商构成的零售系统熵值 H 降低，消除双向不确定性。

三、基于需求不确定性的零售渠道整合动因模型

综上所述，根据消费者决策过程与零售渠道整合过程体现出的特征，借助现代信息科学理论，建立零售渠道整合的动因模型，明确零售渠道整合基本动因。由于消费者需求不确定性程度提高，零售商会根据消费者需求不确定性进行商品、服务差异化创新（这里的服务是指品类服务、区位服务、交付服务、环境服务、信息服务、金融服务等，而商品包括搜索商品与经验商品），获得熊彼特"租金"，而不是仅仅作为物质的"循环流转"提供者，分享其他渠道成员的微薄利润。在消费者不确定性需求与零售商差异化供给之间，需要零售渠道提供双向匹配。消费者可以借助零售渠道进行信息搜集、处理，找到零售商

提供的差异化商品与服务组合。在双向匹配过程中，零售渠道除了是商品与服务的载体之外，被另外赋予了信息传输通道的作用。在购买过程中，零售商作为客体，消费者作为主体，零售商（信源）要将商品与服务信息，通过零售渠道传输给消费者（信宿）。线上渠道通过沉淀消费者口碑、评价，线下渠道通过面对面交流，实现了信息传输的作用，满足了消费者信息搜集要求。对应于售卖过程，零售商作为主体，消费者作为客体。零售商需要了解消费者信息，消费者在购买过程中会在零售渠道主动沉淀行为数据、交易数据与传感器数据，实现从消费者（信源）到零售商（信宿）的信息传输过程。零售渠道整合的首要动因是提供信息传输通道，零售过程的本质就是信息传递沟通的过程，没有信息的传递和沟通就不会有零售。

随着消费者需求不确定性程度提高以及零售商差异化创新进程加快，零售商与消费者都需要通过零售渠道获取有效信息，消除不确定性，提高零售系统的有序程度。在售卖过程中，零售商为了消除消费者需求不确定性，实现消费者信息熵 H 减小，其需要搜集消费者所有行为数据、交易数据与传感器数据，建立完备的消费者数据库，因此其必然进行全渠道布局，并实现跨渠道整合。在此基础上其通过大数据技术、人工智能技术，可以实现对消费者需求不确定性的概率测算，实现消费者信息熵 H 不断降低。对应于购买过程，由于零售商差异化创新进程加快，消费者为了消除零售商供给不确定性，实现零售商信息熵 H 减少，其需要获取有效信息，提高信息处理水平。零售渠道整合为消费者信息搜集提供了完备的口碑、评价等信息，消费者利用复杂决策网络增加了有效信息的搜集能力。零售渠道整合提供的智能推荐、数据可视化，提高了消费者信息处理能力。消费者借助零售渠道整合提供的复杂决策网络与数据智能，可以实现零售商信息熵 H 减少。将消费者购买行为与零售商售卖行为过程统一时，此时消费者、零售商互为主体与客体，零售渠道的作用是提高双向的信息搜集与信息处理能力，实现双向熵值 H 降低，即消费者与零售商构成的零售系统熵值 H 降低，消除双向不确定性。综上所述，零售渠道整合根本动因是提供消费者与零售商双向匹配的信息传输通道，同时提升双向信息搜集、处理能力，实现零售系统信息熵 H 降低，消除双向不确定性，提高零售系统有序程度。零售渠道整合过程是从消费者和零售商无序开始的，通过信息交互，构建一种新的有序过程。伴随零售系统信息熵 H 降低，零售商与消费者之间的交易费用普遍降低。围绕商品与服务交易，消费者可以随时随地搜集信息，完成交易评估，降低交易费用。零售商可以通过数据沉淀，高效识别潜在消费者，提供差异化产品与服务，降低交易费用。零售渠道整合的动因模型如图3-3所示。

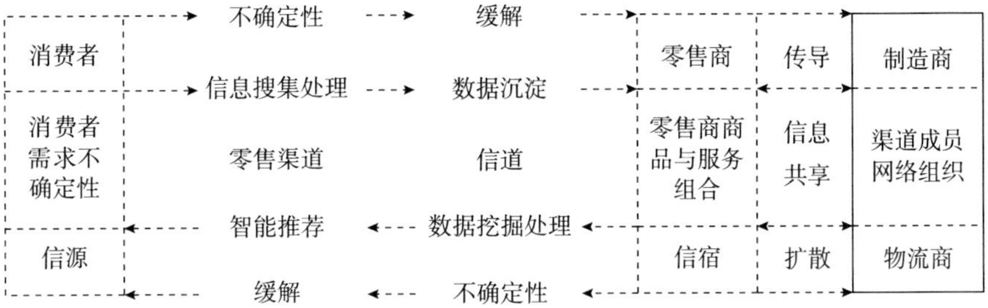

图3-3　零售渠道整合的动因模型

四、需求不确定性的传导

零售渠道整合是零售商缓解消费者需求不确定性的适应性行为。除了零售商之外，渠道成员也直接面对消费者需求不确定性，消费者需求不确定性将通过渠道成员内部与渠道成员间传导，渠道成员间沿着社会网络中的利益链在关联的制造商、金融机构、物流服务商等企业间转移，渠道成员内部沿着企业内业务部门实现转移。以需求不确定性传导为基础，将实现需求不确定性在更大范围的扩散。

上文分析了消费者需求不确定性经过零售渠道传导到渠道成员的过程。除零售商之外，制造商直接面对消费者个性化、多样化需求特征的变化。随着消费者需求不确定性增强，将驱动制造商生产新产品，从而提升产品的多样性。实际上，一个多世纪之前，新古典经济学创始人马歇尔就说过，产品的多样化趋势是经济增长的一个主要原因。企业可建立"抗衡力（Counter Vailing Power）"来对抗消费者增权，最传统的建立抗衡力的方式是差异化战略，产品差异化会导致市场信息不透明，从而建立了一种抗衡力。由于制造商主动进行大规模定制、个性化定制，产品生命周期越来越短，在手机、服装、汽车等传统制造行业，产品迭代速度显著加快，每年推出一款显著性迭代产品已经成为惯例，消费者需求不确定—制造商差异化创新—产品生命周期缩短成为普遍趋势。

面对消费者需求不确定性，服务提供商也需要差异化创新，满足消费者物流服务、消费信贷服务、大数据服务的需求。从需求特征看，消费者个性化、碎片化的需求明显，从时空特征看，消费者购买行为发生的时间、空间离散，导致物流服务发生了根本改变。物流服务商需要在接触点、物流体系与退换货体系等领域相适应，直接导致物流服务商面对的不确定性增加。随着渠道整合深化，物流服务商可能成为与消费者直接接触的唯一实体接触点，其服务水平影响渠道整合的质量，对物流服务商的服务水平提出了更高的要求。从物流体系建设看，消费者个性化、碎片化物流服务需求特征明显，要求零售商与物流服务商对终端配送中心、线下实体门店、共同配送中心等进行重新优化配置，满足消费者越来越高的物流效率与用户体验要求。从退换货体系看，退换货体系在处理退货产品时，可允许顾客通过不同渠道退回它们在另外一个渠道中购买的产品，物流服务不仅要做到交叉销售，还要做到交叉退换货和交叉售后服务。消费者需求不确定性要求金融机构提供多元化的支付选择与消费金融解决方案，同时面对渠道成员开发更多金融选择。消费者需求是不确定的，其数据离散于各个渠道、接触点与场景，同时产生行为数据、交易数据、时空数据等不同属性数据，大数据服务商构建单个消费者"全样本"数据库的难度提高。物流服务、消费信贷服务、大数据服务不仅仅局限于一次购买过程，由于消费者需求随时间变化，要求服务体系不断迭代，后续每次购物过程所获得的支持和服务都要求比上一次更加完善和周到。

第四节　零售渠道整合的组织形式

随着消费者需求不确定性的提高，需求的变化更加频繁，此时零售渠道成员必须保持良好的合作态度和积极的共同改进行为，从而适应消费者需求不确定性。网络组织是科层组织与市场组织渗透的结果，可以有效缓解消费者偏好不确定性，是零售渠道整合过程中主要的组织形式。

一、需求不确定性与网络组织

零售渠道整合过程中交易条件发生了显著变化。在消费者需求不确定性下，采取纵向一体化具有较高的风险，并且企业难以掌握全部的资源（能力），而完全采取市场组织形式又无法满足产品与服务差异化的要求。企业需要结合科层组织与市场组织，通过紧密合作的外包网络，既解决资源（能力）束缚，同时又满足了差异化要求，快速应对消费者需求不确定性的变化。网络组织是科层组织与市场组织相互渗透的结果，网络组织的存在就是为了应对不确定性。在经济发展早期，产品同质、市场需求稳定，社会经济系统不确定程度低，市场组织通过价格机制能够实现均衡。随着经济发展，市场交易环境被更复杂、更不确定的情形所取代，由于交易不确定性与机会主义行为的增加，导致科层组织逐渐成为市场主导模式。自 20 世纪 80 年代以来，需求、技术、产品、市场的不确定性显著增加，具体表现在消费者需求不确定性增强，市场的竞争转变为对消费者需求的准确预测与快速响应。由于新技术的创新与应用，导致产品生命周期缩短，技术创新与产品创新的不确定性增强。此时科层组织的弊端显现：一是企业无法获得应对市场不确定性的全部异质性资源；二是组织规模越大，组织协调成本越高；三是组织效率低下，组织摩擦程度提高，使科层组织已经不具备柔性和快速反应能力的要求；四是委托代理层级的增加，导致信息不对称带来的道德风险与机会主义盛行。此时为了应对不确定性，经济组织开始探索介于市场组织与科层组织之间的中间组织形式，兼顾灵活性与稳定性，从而使网络组织得到广泛应用。

　　网络组织在应对不确定性方面的突出优势在于：一是由于重复交易的存在，使交易参与者可以有效积累公共知识，如果交易成员是一次性交易结构，参与者获得对手提供的关于技术和复杂产品的性质、资源和潜在能力以及其他信息的可能性较小，积累公共信息的机会就不存在。公共信息的增加必然使交易成员理性程度增强，从而缓解外部不确定性。二是增加了隐性知识显性化的可能，因为它保证了交易者的互动沟通，加强隐性知识在交易主体间的转移。从经济学角度看，隐性知识包括生产中的技术和能力、市场全景的判断、消费者需求的把握、企业的经营理念、营销技巧等。显然，如果隐含知识多，则有限理性的程度增强，不确定性也会提高，而一旦隐性知识转变为显性知识，有限理性得到缓解，自然会使确定性增强。网络组织通过异质企业之间的长期交易和合作关系，将企业间的资源、能力整合为一个价值网络或整体，形成共有的知识、技术、经营理念、品牌、声誉等，从而把隐性知识转化为能够被组织所共享的显性知识。因而，网络组织"创新的起点是个体的隐性知识，只有显性化后的个体隐性知识，才能构成组织的核心知识和能力"（野中郁次郎，1991）。三是网络中的交易频率还能够使交易者经常见面的机会增加，从而使信任机制深化，增强组织间制度安排的稳定性，使企业能够将这种互信关系纳入到其治理结构的设计当中，这将有利于交易的诚实进行，降低了机会主义行为发生的可能性，进一步保证了公共信息积累与隐性知识显性化。四是组织学习增强，组织学习表现为组织实现知识的获取、信息传递、信息转换、新知识产生的过程。网络组织成员之间的合作互动将诱发组织的学习，网络组织成员之间的重复交易特征和资源的动态整合特征为组织的学习创造了条件。通过重复交易与长期沟通，在公共信息与显性知识增加的基础上，可以针对消费者需求不确定性、市场环境的动态变化以及未来的预期，形成特定的技巧、经验与惯例，在网络组织成员间相互交互，进一步产生新知识，强化了网络组织的学习功能和学习轨迹。网络组织成员学习能力增强，有助于进一步实现产品创新与服务创新，适应消费者需求不确定性要求。

二、网络组织界定与特征

随着消费者需求不确定性程度的增强，消费者需求不确定性通过渠道成员的业务链、利益链形成的社会网络转移并蔓延至各个业务功能节点甚至整个利益链上的合作伙伴，如果渠道成员形成紧密合作的经济组织，可以将不确定性转化为收益，否则通过不确定性的传导、扩散，渠道成员的经济利益会受到损害。关于紧密合作的经济组织研究，学者通过不同的术语概括这一组织类型，如混合组织（Williamson，1991）、网络组织（Mile and Snow，1986）、组织的网络形式（Powell，1990）、组织网络（Uzzi，1997）等，但国内在具体应用时普遍采用了网络组织的概念（贾根良，1998；罗仲伟，2000；林润辉、李维安，2000；孙国强，2001；卢福财、胡平波，2005）。关于网络组织的界定存在差异，一部分学者认为网络组织是一种经济组织（Gulati，1998；卢福财、胡平波，2005），另一部分学者认为网络组织实质是制度安排（贾根良，1998；孙国强，2001；杨瑞龙，2003）。虽然网络组织在概念界定上存在差异，但国内外学者普遍认为其实质是介于科层组织与市场组织之间的一种中间组织形态与制度安排，不同概念的界定是处于不同研究的角度需要。从合作成员角度看，其是一种典型的经济组织，是制度安排的载体。从制度安排看，其是介于企业与市场之间的一种配置资源的经济组织，具有降低交易成本的制度优势。网络组织具有五个特征：第一，网络组织具有灵活的组织形式，相对于科层组织具备更强的柔性与适应能力；第二，网络组织超越科层组织边界，组织成员具有更强的动态性与弹性；第三，网络组织成员可以高效分享知识、信息；第四，成员间具有动态性、互补性，节点与局部网络具有自相似、自组织、自学习与动态演化的特征，容易搭建超组织学习模式，有利于增强组织学习能力；第五，网络组织不同于科层组织，它不再是科层组织中的命令执行者，而是具有学习创新能力的企业家（薛求知、阎海峰，2001）。

三、网络组织与渠道资源配置

网络组织除了可以有效应对消费者需求不确定性外，相对于市场组织与科层组织，其还可以有效配置渠道资源。市场组织依靠市场机制配置资源，市场机制可以保证渠道成员通过价格、供求竞争带来成本节约与效率提升，但由于标准化交易与单次交易的特征，不利于渠道成员围绕消费者需求不确定性进行商品服务创新与长期合作。科层是典型的集权式组织结构，其演化动力来源于对上级或前一级生产工序命令的执行，组织内存在显著的等级差。关于科层组织的讨论源于企业的性质与边界的讨论，企业的边界就在于企业内部管理协调成本与市场交易费用相等的那一点上（Caose，1937）。企业的出现，不是以非市场方式来替代市场方式，而是以要素市场来取代产品市场，以一种形式的契约安排取代另一种形式的契约安排（张五常，1983）。在零售渠道整合过程中，科层组织有利于识别消费者需求不确定性水平，实施差异化商品与服务创新，提供一致的商品与服务组合，实现零售渠道整合的深化。但是其相较于市场组织缺乏灵活性，对市场响应缓慢，并且由于异质性资源（能力）的限制以及不断增加的内部管理协调成本，导致零售商开始考虑结合市场组织形式，解决资源限制与灵活性限制。网络组织是市场组织与科层组织渗透的结果，其兼具了科层组织与市场组织的优势，企业与市场相互融合，产生了市场型企业和企业型市场（李海舰，2005）。网络组织在资源配置中的优势在于其利用市场组织获得资源与灵活性，通过科层组织获得稳定的合作关系与组织目标、高效配置资源，快速建立动态网络组织，从而满足消费者需求不确定性。

第五节　零售渠道冲突

零售渠道整合需要渠道成员通过网络组织形式，缓解消费者需求不确定性，优化渠道资源配置。网络组织形式的合作与收益不是天然形成的，也可能带来负效应，导致资源配置失效（孙国强、石海瑞，2011；刘汉民、郑丽，2013；卢福财、胡平波，2005）。零售渠道整合过程中也显著存在网络组织形式带来的负效应，负效应具体体现为零售渠道冲突。渠道整合和冲突可以看作是同一个问题的两个方面，研究零售渠道冲突是为了实现零售渠道整合，更好地将冲突因素化解，实现一体化。国外关于渠道冲突的权威观点是由 Louis（1996）提出的，他们认为渠道冲突是渠道中某个成员发现其他某个或某些渠道成员正在阻止或妨碍自己完成目标的状态。渠道成员之间既有相互依赖性和共同利益的一致性——追求渠道收益最大化，又有各自在法人地位上的独立性和自身利益的矛盾性。当渠道利益分配机制出现偏差，或者分配不公平时，就可能演变成渠道冲突。在全部渠道冲突中，只有少数冲突是功能性的，能够导致渠道配置状况改善；绝大多数冲突都是非功能性，即破坏性的，后果是导致渠道合作的恶化甚至破裂（安妮·T. 科兰，2008）。尤其当消费者需求不确定性与外部环境不确定性增强时，渠道成员爆发渠道冲突的可能性相应提高，这是因为环境的变化导致原本稳固的利益关系出现了改变，获得有利地位的渠道成员会谋求自身利益最大化，导致全新的冲突与矛盾。渠道冲突可以细化为纵向渠道冲突与横向渠道冲突。零售商普遍采取多个渠道完成售卖活动，从纵向角度看其实质拥有多条供应链，纵向渠道冲突主要指制造商、零售商、服务提供商、消费者等供应链成员之间的冲突。从横向冲突看，主要指不同渠道之间出现的冲突情况，如线上渠道与线下渠道之间的冲突。如果线上渠道和线下渠道处于同一零售商范围内，可以通过渠道差异化与企业内部利益再协调，实现横向渠道冲突的缓解。随着信息技术的发展与电子商务平台的产生，制造商通常自建线上渠道，因此在制造商线上自营渠道与零售商渠道之间产生价格、服务水平的冲突，削弱了渠道成员间合作水平。在纵向渠道冲突与横向渠道冲突的交互过程中，实现了渠道冲突的网络结构。图3-4直观地描述了横向渠道冲突与纵向渠道冲突，以及其交互形成的网络组织负效应。

具体从横向渠道冲突看，主要表现为零售商渠道与制造商自营渠道之间的冲突。制造商通常自建线上渠道或通过电子商务平台建立线上渠道，同时其利用零售商渠道进行线下销售，并且制造商直营渠道与零售商渠道都存在促销与提高服务水平的激励。随着消费者信息能力提升，策略性消费者会直观感受到不同渠道的服务水平、价格、促销的差异，导致其产生在零售商线下渠道体验。在制造商线上渠道购买的行为，学者将其定义为"展厅现象"。随着移动互联

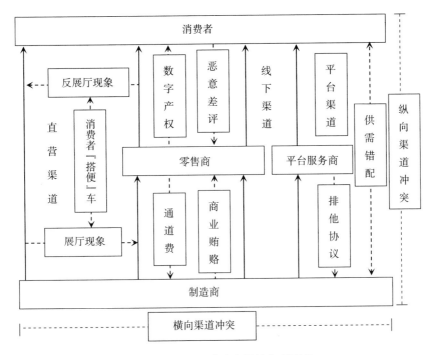

图 3-4　零售渠道冲突及其表现形式

网的普及应用，出现越来越多的消费者在制造商自营渠道进行信息搜集、处理，转而到线下零售商渠道购买，"反展厅现象"普遍存在。纵向冲突是零售渠道中常见的形式，并且长期存在。供需错配是典型的纵向冲突，供需错配是指制造商、供应商提供的商品与零售商、消费者需求存在差异，导致商品滞销、库存积压等现象的产生。制造商与零售商之间还普遍存在通道费冲突，通道费是零售商向制造商收取的进场费、上架费、促销费等费用的总和，同时零售商利用延长账期的"类金融"策略占用制造商、供应商货款，导致制造商、零售商冲突明显。除通道费用之外，制造商与零售商之间的商业贿赂冲突也长期存在，零售商委托采购人员进行商品采购，制造商通过商业贿赂，使商品进入零售渠道销售，商业贿赂在商品采购环节是长期客观存在的。零售商与消费者之间的渠道冲突也普遍存在，主要体现在数据产权与恶意差评等领域，零售商存在滥用沉淀在其渠道之上消费者数据的可能，导致消费者利益受损，同时消费者也存在恶意差评的机会主义行为。随着平台服务商的出现，平台服务商与制造商之间存在排他性协议的冲突，平台服务商与其他渠道成员存在服务费率的博弈。

横向渠道冲突与纵向渠道的冲突，使渠道成员合作受到影响，更为严重的是渠道成员退出网络组织，影响零售渠道整合的实现。

第六节　零售渠道整合的实现

在消费者需求不确定的情形下，零售渠道整合的实现是通过渠道成员资源配置，促进渠道活动的一致、共享、协作和互补，最终实现两两均衡、动态均衡与全局均衡。与新古典经济学的标准均衡不同，由于消费者需求不确定性，导致其失去了可加的基础，其市场均衡只能通过两两均衡实现。通过零售渠道整合，可以实现消费者个性化需求（时空状态、需求特征存在差异）与渠道成员差异化供给（商品与服务组合）的两两均衡，通过两两均衡逐步拓展到全局均衡。

零售渠道成员是渠道活动的承担者，也是渠道资源的所有者，零售渠道成员的高效整合是零售渠道整合的基础。零售渠道整合要保证渠道资源的有效利用和协同，零售渠道整合的实现是消费者、零售商、供应链体系与服务体系高效整合的结果（杨德宏，2012）。消费者作为渠道整合的驱动力，渠道整合需要考虑消费者可能的接触点，实现接触点的有效整合，渠道成员提供的商品与服务组合必须在所有接触点上保持一致（珊娜·杜巴瑞，2012）。在此基础上依靠接触点的数据沉淀，实现消费者数据的整合，将消费者购买行为视为整体是进行客户关系管理与资源分配的关键。通过不同渠道搜集并整合消费者的消费动态数据、交易数据、历史数据、社交数据、个人偏好数据和未来数据，绘制出360°的消费者画像，使消费者无论出现在哪个渠道都能够被精准识别，并实现对消费者的一对一精准营销和服务（Verhoef et al.，2010）。零售商自身整合主要指各渠道间业务流程整合（Urst et al.，2017；Skinner et al.，2010），具体包括商品、定价、展示、沟通、订单、库存、物流、支付、发票、退换货、会员、促销、售后服务等业务环节的整合。在保证交易的核心业务完成后，还需要对供应链体系与服务体系整合，供应链体系与服务体系是实现零售渠道整合的外部保障。在渠道整合的过程中，需要确保制造商与供应商充分参与渠道整合战略实施，确保供给线下渠道的商品应该更多地具有购物体验元素，而供给线上渠道的商品应该更多地具有可服务性的元素。根据消费者需求变化特征，提前进行产品设计、开发，满足大规模定制与个性化定制的要求。服务体系包括物流服务商、金融机构、信息服务商等渠道成员。消费者购买的整个过程会与多个渠道服务商发生互动，渠道服务商是增加消费者效用的关键因素（Neslin et al.，2017）。确保服务体系对各渠道服务的快速响应，同时确保服务水平的一致性。对于服务商的整合，要确保不同的服务商传递给同一个消费者的产品、服务和信息是一致的，防止出现不同渠道提供的服务或者信息存在差别，引起顾客的困惑和不满。零售渠道整合是多个渠道成员协同合作在消费者购买过程中提供适宜渠道类型的策略（Milan et al.，2019）。

渠道成员整合是为了确保渠道活动的一致、共享、协作和互补。零售渠道一致性是指不同零售渠道提供商品服务组合、销售信息与企业形象一致的程度，确保消费者在不同渠道获得一致的消费体验。具体而言，零售商在不同渠道的品牌形象、产品的描述、产品价格、促销信息、服务形象、服务水平等是相似的或一致的。零售渠道共享性是指渠道成员的信息在不同渠道间收集并在多条渠道间共享的程度，具体包括需求信息、订单信息、积分信息、结算信息、商品信息、库存信息、营销信息、卡券信息、物流信息等业务活动信息的共享。零售渠道协作性是指各条渠道之间为服务消费者而相互配合和协作的程度，具体包括商流、物流、信息流、资金流的协作，在商流协作方面，可以线上信息搜集、线下体验购买；在物流方面，可以将线下实体店作为前置仓，线上购买，线下实体店发货；在信息流方面，通过信息共享，实现跨渠道的积分兑换、优惠券的兑换等；资金流协作指可以跨渠道支付，即线上下单，线下提货支付。零售渠道互补性是指不同渠道之间功能或优势互补的程度，上文已分析线上渠道与线下渠道在时空、客群、场景、数据方面具有互补性。具体到业务领域，可以在营业时间满足24小时服务要求，线上线下通过差异化场景实现业务场景全覆盖，通过将分散于各渠道零散的顾客数据绘制全息化消费者画像。零售渠道一致性、共享性、协作性和互补性构成了评价零售渠道整合的标准，其是考察零售渠道整合水平高低的依据。

上文从现象层面描述了零售渠道整合的实现过程，零售渠道整合是通过渠道成员与渠道活动的高效衔接，更好地将"人、场、货"相匹配，实现"人"在其场，"货"在其位，"人""货"匹配的整合效果。透过现象，可以看出零售渠道整合是利用网络组织进行渠道资源配置，实现商品、服务供给与需求均衡的过程。新古典经济学假设经济活动参与主体是同质的，其具有可加的基础，通过供给与需求的加总，形成市场供给与市场需求，进而实现全局市场均衡。

在现实中，消费者需求是不确定的，厂商会根据消费者差异化需求采取策略性行为，进行差异化创新，差异化供给与需求导致其失去了可加的基础，不能加总形成总供给与总需求。经济活动参与主体的异质性假设，导致其只能通过两两均衡（即差异化供给与差异化需求的均衡），逐步拓展至局部均衡与全局均衡，实现供给与需求的匹配。与新古典经济学的标准均衡不同，全局均衡是一种网络均衡（分布式均衡），它的最优是情境最优。与网络均衡相比，传统均衡只是网络均衡的一种特例，这种特例相当于所有情境均衡、情境最优，都转化为标准的全局最优。因此，广义的帕累托最优，不仅是关于全局的最优，而且是全局最优与两两最优的结合。我们从网络经济的结构分析中得出的资源配置结论是，局部即整体，整体即局部（姜奇平，2019）。零售渠道具有双边市场属性，零售渠道整合的结果是通过其双向匹配，实现差异化供给与需求的两两均衡与全局均衡。零售渠道整合过程中的均衡，是在特定时空、特定情境下，消费者个性化需求与渠道成员差异化供给（商品与服务组合）的两两均衡、动态均衡，消费者在具体时空下的偏好实现"无需远行、无需久等、立即实现"。通过两两均衡与动态均衡，实现市场供给与市场需求的全局均衡。

本章小结

在技术变革下，消费者行为发生了显著变化。考虑消费者异质性及其相互作用，零售渠道成员需要将消费者纳入决策范围，采取渠道整合行为。零售渠道整合不是天然实现的，需要网络组织形式配置渠道资源，消除消费者需求不确定性。网络组织合作存在负效应，导致零售渠道冲突普遍存在，零售渠道整合的实现需要不断化解冲突因素，实现渠道活动整合与渠道成员整合，从而最终实现两两均衡与全局均衡。

第四章

零售渠道整合与
信息共享互动
机制

渠道整合而不进行信息共享，渠道整合就是无本之木，无源之水；信息共享而不加以渠道整合，信息共享的价值就得不到真实的体现，信息共享成本也无法实现合理分担。信息共享是渠道整合的必要条件，通过合理的机制设计，信息共享转变为渠道整合的充分条件。

第一节　信息共享作用于零售渠道整合的机制

信息共享作用于零售渠道整合的机制如图 4-1 所示。信息共享作用于网络组织形式，实现渠道整合过程的信息完全，进而消除消费者需求不确定性，缓解渠道成员冲突，优化配置渠道资源，实现两两均衡与全局均衡，从而完成零售渠道整合目标。

一、信息共享有助于消除需求不确定性

消费者需求不确定性体现为其商品与服务需求的不确定性以及购买行为发生的时空不确定性等。根据信息科学理论，信息具有消除不确定性的价值。在零售渠道整合过程中，零售商、制造商、物流服务商、金融机构等渠道成员，通过零售渠道直接满足消费者的寻找、选择、下单、支付、收货、使用、售后服务等具体活动的需求，通过满足业务需求与消费者建立直接接触点。基于直接接触点，其掌握每个消费者的消费动态数据、交易数据、历史数据、社交数据、个人偏好数据和未来数据。分散于不同渠道成员零散的消费者数据，通过沉淀、共享与汇总，将形成消费者完整的个人数据库，可以绘制出 360° 的消费者画像，使渠道成员知晓消费者确切的时间、空间、需求特征，消除消费者需求不确定性。

渠道成员除了共享消费者数据，实现对消费者信息完全外，还可以通过信

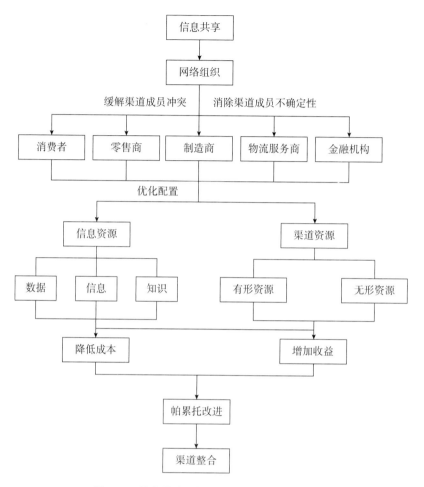

图 4-1 信息共享作用于零售渠道整合的机制

息共享，实现隐性知识显性化，为渠道成员组织学习提供来源，从而进一步消除消费者需求的不确定性。通过直接接触点与消费者建立联系后，渠道成员针对产品设计研发、渠道偏好、消费信贷与物流配送，逐步形成特定的技巧、经验、惯例等隐性知识。通过有效的信息共享，渠道成员将逐步实现隐性知识的显性化。例如，零售商拥有更多的消费者接触点，掌握消费者偏好、消费者时空属性等隐性知识，在关键商品的设计研发过程中，通过将隐性知识与制造商共享，将使制造商利用共享后的显性知识，更好地理解消费者偏好变化。物流服务商在物流配送过程中，形成关于消费者特有的隐性知识，其隐性知识显性化过程将有助于零售商优化其物流配送系统。在隐性知识显性化以及不断积累的私人信息、公共信息的基础上，零售渠道成员可以进一步实现特有的技巧、经验的交互，产生关于消费者需求不确定性与未来预期的知识，使渠道成员加速产品创新、物流服务创新、金融服务创新，适应消费者需求不确定性。

二、信息共享有助于缓解零售渠道冲突

零售渠道冲突在零售渠道整合过程中是普遍存在的，零售渠道冲突部分原因是渠道地位差异导致的，更为关键的是信息不对称导致的机会主义行为与分散决策。从现实看，零售渠道成员之间信息是不完全的，导致其有限理性在面对现实世界的不确定性时，使交易双方都可能受到随机冲击而面临多种状态。理想状态下，在零售渠道整合的基础上，渠道成员无缝衔接适应消费者需求不确定性的要求，满足消费者随时随地购物、娱乐和社交的综合体验需求，提供渠道间穿梭的无缝购物体验。但现实是，渠道成员掌握的信息量是不同的，掌握信息的优势可以在渠道整合过程中利用信息优势获得收益，这种行为一般会损害信息劣势方的利益，而且获得的利益往往小于利益损失，导致社会福利损失。这就要求对信息不对称情形进行治理，信息劣势方一般通过机制设计来减弱机会主义行为，但机制设计本身是需要成本的，所以一定存在信息不对称下的福利损失。信息共享的作用是直接替代机制设计，实现渠道成员从信息不完全向信息完全状态转变，节约机制设计成本，实现帕累托改进。造成渠道冲突的另一个原因是分散决策，由于存在渠道成员各自的利益，其决策的出发点是个人利益最大化。个人利益最大化导致的结果是渠道成员基于既定利益与既定市场份额的零和博弈，零和博弈的结果是两败俱伤。信息共享可以使渠道成员清晰共同决策后的收益，使其从零售博弈向合作博弈转化，逐步实现从分散决策向集中决策转变。具体以通道费用、商业贿赂、数据滥用与展厅现象为例，分析信息共享对于缓解渠道成员冲突的具体作用机制。

1. 通道费用

通道费又称进场费、通路费，是供应商一次性向零售商支付的费用，弥补零售商采购其新产品可能带来的损失。《美国联邦贸易委员会关于"进场费"问题的听证报告》指出进场费是供应商或生产商为使自己的新产品进入零售商的销售区域和陈列的货架上，而事先一次性支付给零售商的费用，通道费的产生是众多新产品竞争稀缺的超市货架空间的结果。生产商通过通道费对稀缺空间出价，价高者能提供消费者最需要的产品，从而产生最大的货架空间回报。

通道费使供应商传递有效信息给零售商，调节他们之间的风险，通道费能促进生产者增加新产品引入的数量，而非抑制其创新（Kelly，1991）。考虑到新产品的风险性，许多新产品缺乏真实的创新，零售商需要通道费来提供成本回收的保障，以降低新产品投入的风险（Sullivan，1997）。零售商通过观察制造商愿意支付通道费的大小来评估其产品的可信性，从而筛选出存在潜在失败可能的产品，从而提升了新产品引入的效率（Desai，2000；Sudhir et al.，2006）。所以，通道费产生的初始原因是新产品交易之前的逆向选择问题，为了解决逆向选择问题，制造商愿意承担部分通道费作为产品质量的保证。在现实中，由于竞争地位和信息的不对称，零售商和供应商所掌握的信息并不相同。一般来说，制造商对大型零售商的了解是充分的，而零售商对数量较多的制造商难以完全了解，对制造商产品的质量、口碑和市场欢迎程度等信息难以准确掌握。零售商的货架是稀缺资源，尤其是零售商由于空间的限制，其普遍存在精简库存量单位（Stock Keeping Unit，SKU）的激励，导致货架资源更加有限。

在信息不对称的情况下，处于弱势方的零售商通过通道费用机制设计，可以实现对制造商与供应商商品质量的有效甄别。假设市场存在两个提供相似产品的供应商，其产品质量存在一定程度差异，但零售商对产品质量是不知情的。在零售商采购过程中，采购价格是一致的，同时零售商提出通道费用要求，此时质量较好的制造商可以通过支付一次性通道费，显示出其质量较好的信息，通过其后长期合作逐步实现收益。然而质量较差的制造商通常会拒绝支付一次性通道费，因为零售商采购之后如果发现其质量较差，显然会终止合作，其无利可图。零售商（信息劣势方）通过通道费用机制设计，实现对高质量、低质量制造商的甄别。由于消费者需求的不确定性，虽然解决了首次交易的信息不对称问题，但是为了满足消费者需求的变化，零售商与制造商势必进行下一轮新产品交易的博弈，但如果继续按照首次交易的通道费用机制设计，制造商便无利可图，所以长期收取通道费的问题就彻底暴露出来。对应于信息甄别模型，逆向选择问题进行了动态拓展，动态逆向选择有两类经典模型：一类是信息优势方的类型不随时间的变化而改变；另一类是信息优势方每一期都会出现新的类型，零售商与制造商关于新产品交易的博弈属于第二类。在动态逆向选择过程中，最优信息甄别契约的设计虽然可以实现帕累托改进，但由于机制设计成本的长期存在，相比信息共享机制，其仍存在效率损失，因此是次优的。如果在首次交易后，引入信息共享机制（契约），使信息处于动态协调的状态，零售商向制造商共享消费者需求信息，制造商向零售商共享产品信息，可以从根本上消除长期存在的逆向选择问题，实现零售渠道整体利益的最大化。信息共享机制解决了动态逆向选择过程中契约设计问题，从信息不对称的源头入手，通过有效的信息共享节约了机制设计成本，实现冲突（通道费用）的缓解与渠道帕累托改进。

2. 商业贿赂

商业贿赂问题是零售渠道中长期存在的问题，其实质是零售商作为委托人，采购人员作为代理人的委托代理模型，属于交易后信息不对称带来的隐藏交易行为问题。一般而言，道德风险问题可以通过委托代理的契约解决，即委托人最好的做法就是将薪酬与绩效联系起来，但如果委托代理双方是风险厌恶的，基于绩效的激励计划会带来损失。这是因为，努力和绩效之间并不一定是严格的正相关关系，还有其他随机因素也会影响绩效，而代理人的风险规避倾向使其不会选择对社会最优的努力水平。具体到零售商与采购人员的委托代理模型中，零售商关注的核心是采购人员采购商品的绩效情况，正常情况下采购人员选择对自己而言最优的努力水平。采购人员更高的努力水平会给自己带来更高的成本，同时带来更高的绩效，零售商按照绩效考核采购人员的采购情况，但在实际操作过程中，由于采购人员的努力程度是不可观察的，并且在商品差异化较小的情况下，采购人员努力与否其绩效是相同的，在此过程中采购人员产生了机会主义行为，即向制造商、供应商索取贿赂，而制造商、供应商愿意与采购人员进行合谋，其向采购人员的贿赂将转化成零售商的采购成本。在此过程中制造商收益不变，采购人员收益增加，零售商在不考虑市场价格竞争的情况下，其收益不会受到损害，其在成本加成的基础上仍然获取平均利润，最终销售价格提高，消费者的价格提高部分正是采购人员收益的增加部分。如果考虑市场价格竞争的情况下，零售商收益将减少，零售商收益减少部分正是采购人员收益增加部分。随着消费者需求不确定性增加，零售商品的采购尤为重要，要求采购人员选择差异化产品，但商品的选择过程中采购人员的努力程度仍然是不可观察的，商业贿赂仍有存在的基础。通过内部信息共享与外部信息共享可以从根本上解决商业贿赂问题。典型零售企业开始尝试通过内部信息共享，将采购人员商品的采购信息与商品的绩效情况直接关联，如果采购人员的商品长期存在低绩效情况，其在采购过程付出的努力程度一定是不够的。从长期交易看，渠道成员间信息共享可以替代采购人员，规避商业贿赂发生的可能。零售商与制造商经过采购人员的双向匹配后，可以通过建立信息共享机制减少采购人员层级，实现产品研发与市场需求的有效衔接。

3. 数据滥用

数据滥用与恶意差评是零售渠道整合过程中普遍存在的渠道冲突现象，长期存在于零售商与消费者之间。数据滥用与恶意差评是典型交易后信息不对称带来的道德风险问题，不同之处在于数字滥用是消费者处于信息弱势方，其个人特征信息可能处于被滥用的状态，而自己却不知情，最终由于信息滥用，消费者利益受到损害。而恶意差评恰恰相反，消费者处于信息优势方，由于消费者对消费体验的理解不同，有可能存在恶意差评的可能，部分消费者通过恶意差评获得额外收益。数据滥用与恶意差评存在的根本原因是交易后隐藏行为问题，由于零售商与消费者交易后的行为是无法观测的，其机会主义行为的可能性增加。数据滥用的案例在零售领域屡见不鲜，典型案例是"大数据杀熟"与数据转售。数据滥用的规制主要依靠法律，立法的基础使消费者获得相应权利，即消费者与零售商信息共享。以欧盟《通用数据保护条例》与日本《个人信息保护法（修订案）》为例，其普遍规定消费者拥有数据的查阅权、被遗忘权、限制处理权、数据移植权。在数据的具体使用上消费者可以与零售商信息共享，消费者作为数据拥有者，通过信息共享起到了监督零售商使用数据的作用，从根本上遏制了数据滥用现象。

4. 展厅现象

横向渠道冲突主要体现在展厅现象与反展厅现象。展厅现象是指随着信息技术发展，除了传统的零售商渠道外，制造商尝试通过自建或利用电子商务平台开辟线上渠道，进而产生零售商渠道与线上渠道的竞争结构。传统零售商线下渠道在服务水平、双向交互、用户体验方面具有优势。由于消费者信息能力提升，会导致策略性消费者存在，在线下体验零售商服务后，转而在制造商线上渠道进行购买，直接导致横向渠道冲突，同时降低传统零售商的服务努力水平。随着移动互联网的发展，反展厅现象越来越普遍，其原因在于消费者信息能力提升后，在线下消费者购买过程中，可以通过线上评论与社交网络口碑，强化对商品与服务的认识，在价格趋同的情况下，消费会选择在线下购买。展厅现象与反展厅现象属于典型的制造商与零售商之间的零和博弈，制造商与零售商面对既定的市场份额，对市场份额的追求变成了少数企业的"博弈"行为，长期竞争的结果是零和博弈，即一方对市场份额和利润的获得。为了在渠道博弈中占据先机，主导企业往往会降低价格，跟随企业会跟进采取降价策略，"价格战"的结果是博弈双方普遍降低服务水平，同时制造商与零售商无利可图。基于此，理性的零售商与制造商产生信息交流与合作博弈的可能，大量重复博弈及其充分信息交流的处境结构，使渠道成员合作博弈机制得以实现（刘刚，2003）。通过信息共享，制造商与零售商将实现从分散决策向集中决策转化。依据零售商与制造商分享的信息，制造商与零售商可以通过联合产品设计，将搜索商品与经验商品进行渠道差异化，同时进行差异化定价。信息共享实现了制造商与零售商共同决策，实现从零和博弈向合作博弈演化。

三、信息共享有助于优化渠道资源配置

信息共享过程实质是信息资源配置过程，信息资源可以实现自我增值，同时也可以充当催化剂，实现其他渠道资源增值。具体而言，通过信息共享将实现自我增值与其他要素增值，增加渠道收益。通过时间配置、数量配置，降低渠道成本。渠道收益增加，渠道成本降低，实现渠道整合过程中的报酬递增。渠道整合过程中信息共享增加收益是由信息资源自身具有使用的非消耗性、非排他性决定的，渠道成员对信息的消费与利用不会影响其他人的收益，通过共享信息将产生信息集聚与复制（张永林，2016），通过信息、数据的内在关联关系，创造新的业务与价值增值。具体到零售渠道整合过程中，在渠道成员信息共享的基础上，通过大数据挖掘，将不断开发全新业务，如物流的时隙定价、消费金融、信用业务等。由于消费者需求随机性、消费者时间稀缺等特点，使零售商提供的配送时隙需求呈现出冷热不均的现象，将时隙分为热门时隙和冷门时隙两类进行定价（杨希聪等，2016），将实现消费者效用与物流服务商收益同时增加。京东物流通过消费者行为数据、交易数据以及物流数据的相关性分析，推出"京准达"收费服务，满足了消费者对签收时间的需求，同时增加了京东物流收益。消费金融业务是在渠道成员数据共享的基础上，金融机构开发面向消费者与供应链的金融产品，在增加渠道供给与需求的同时，也增加了金融机构的收益。苏宁、国美等全渠道零售商普遍尝试面向渠道成员提供消费金融业务。除了服务创新外，零售渠道信息共享可以有效激励产品创新。滞后的市场需求信息很可能导致企业更关注其自身产品的利润，而不会投入更多资源用于提高产品品质或新产品研发。信息共享在激励产品创新上的价值主要体现在两个方面：一是信息共享能让渠道成员准确掌握消费者需求的变化，在市场导向的利益驱动下，主动创新以更好满足消费者需求不确定性；二是渠道成员间的信息共享将形成知识和技术的溢出效应，为产品创新提供知识和技术来源。

在零售渠道整合过程中，信息共享程度提高意味着信息资源配置效率的改

进。通过信息共享实现设施、设备、组织、人员和资金等要素在数量、时间、空间以及类型方面重新分配、传递和重组，以节约人力、物力和财力。具体到时间优化配置方面，通过信息共享，将有效缩短企业搜集甄别信息的时间与成本投入，有利于渠道成员间交易的迅速达成。通过信息共享，将有效压缩渠道成员对消费者需求不确定性的响应时间，渠道成员响应时间是指原材料采购、制造生产、产成品物流、零售、物流配送等整个流程的时间。渠道成员间实时信息共享信息，接收方可利用实时信息对决策做出有效调整，压缩响应时间，使渠道成员更迅速应对消费者需求不确定性。信息共享能有效改变信息之间的依赖关系，使共享信息由原本顺序的依赖关系变为并行关系，如顺序关系中的 P_1 与 P_2，有了 P_1 的共享信息 P_2 无须等待 P_1 的输出作为其输入，使流程时间由原来的 $T_1 + T_2$ 压缩为 $\max(T_1, T_2)$。

　　信息共享有助于优化渠道成员的数量配置，数量配置水平提高主要体现在渠道成员间牛鞭效应的缓解。牛鞭效应来源于库存数量预测偏差的层层叠加。由于消费者需求不确定性的增加以及购买行为发生的时间和空间离散，渠道成员间为了避免缺货现象的发生，线上渠道、线下渠道都保持安全库存，同时物流配送中心、制造商、供应商都根据需求预测保持一定库存数量，结果导致牛鞭效应发生。消费者需求不确定性程度越高，牛鞭效应越明显，牛鞭效应的存在导致零售渠道资源配置的低效以及市场供需结构失衡。大量研究和企业实践表明需求信息、销售信息、订单信息共享能有效地降低零售渠道的不确定性，减轻或消除牛鞭效应，降低渠道成员的总库存和总成本，提高零售渠道效率。牛鞭效应说明渠道成员间商品供需存在"量"的不匹配，而没有体现其存在"质"的不匹配。随着消费者需求不确定性增强，个性化定制与规模化定制的存在，使商品供需"质"的不匹配更加明显，制造商提供的产品不能满足消费者个性需求，导致库存成本增加。此时渠道成员间高质量的即时信息共享，可以保证制造商及时了解消费者需求（消费者画像），个性化定制产品满足其需求，消除供需不匹配带来的库存增加。

　　信息共享可以有效降低渠道成员间交易成本。渠道成员的交易成本是围绕契约所发生的一切费用，包括交易前准备活动的费用、谈判签订契约的费用和履行契约的费用。交易成本在很大程度上就是因为无法获得完全和准确的信息而产生的。因此，实现信息共享后，渠道成员间获得了充足的信息。首先，可以减少成员在签约前为搜索信息所花费的成本。其次，由于信息的透明，渠道成员间可以较快地达成意向，促进签约，节省签约成本。最后，由于渠道成员能够获得对方履约情况的信息，可以对对方的履约行为实行监督，使对方能够有效履行契约，减少交易实施成本。

四、信息共享有助于实现全局均衡

由于消费者偏好不确定，导致零售渠道在整合过程中，供给与需求的均衡不再是传统的总体均衡，其均衡过程逐步向两两均衡、动态均衡与全局均衡转化。在两两均衡基础上的全局均衡与传统标准的全局均衡相比，其对信息共享的要求更高，离开渠道成员高效、完全的信息共享，无法实现两两均衡、动态均衡与全局均衡，零售渠道整合无法达成。渠道成员间高效信息共享，可以确保渠道成员实时确定渠道资源与渠道活动的时空状态，消费者"无须远行、无须久等、即刻达成"，实现消费者与零售商的两两均衡。同时，零售商、物流服务商、消费者可以通过实时信息共享，实现最优的取货、配送路线，实现零售商、物流服务商、消费者之间的两两均衡。除了实时信息共享外，需要信息持续的共享，持续信息共享是保证供给与需求动态均衡的前提。动态均衡是指零售渠道成员与资源随着时间的变化所处的均衡状态。持续实时信息共享保证渠道成员根据供需变化不断动态调整价格，同时零售渠道成员会根据本次交易形成一次 PDCA 循环［PDCA 循环是指计划（Plan）、执行（Do）、检查（Check）、处理（Act）循环］，对制约效率提升的因素进行优化，实现渠道资源动态优化配置。通过实时持续信息共享，将实现价格、服务、商品的动态更新，满足消费者不断变化的商品与服务要求。考虑一种完美的情形，渠道成员信息完全共享并且信息共享的成本极低，其结果是包括消费者在内的零售渠道成员可以实现实时两两均衡，并在变化的过程中实现动态均衡，最终实现全局均衡。从经济学角度看，在消费者偏好不确定性前提下，渠道成员信息共享是实现两两均衡、动态均衡和全局均衡的必要条件。通过两两均衡、动态均衡和全局均衡，可以保证渠道资源与渠道成员的一致、共享、协作和互补，达成零售渠道整合目的。

第二节　零售渠道整合过程中信息共享的集聚效应模型

上文对信息共享作用于零售渠道整合过程进行了系统论述，信息共享作用于零售渠道整合的过程，可以实现渠道收益增加，同时降低渠道成本，进而实现此过程的报酬递增。报酬递增来源于信息自身的增值，以及信息作为催化剂为其他渠道资源带来的增值。为了进一步说明信息共享对零售渠道整合的作用，本书尝试描述渠道成员间信息共享的场景。从信息来源看，渠道成员拥有私人信息，同时可以产生渠道成员共同使用的市场信息。从信息共享过程看，渠道成员间信息共享可以描述为相关信息资源从"散"到"整"的过程，即渠道成员将分散的信息进行有效的共享和整合，用于具体零售渠道资源配置的过程。我们将信息由零散到整体的过程界定为信息集聚，信息共享就是通过信息集聚，实现信息资源配置，为渠道成员带来经济效益，获得更好的信息聚合的整体效应。信息集聚也就是哈尔·范里安（2000）在团体消费模型中所说的消费集扩大，信息消费集扩大是指从信息供给角度实现信息的加总（Aggregation）与集合（Collection），从而实现信息集聚。传统信息集聚的研究具有信息外生的特点，其只考虑了信息集聚会提升交易效率降低交易费用，没有将信息纳入交易者的行为与决策过程，没有将信息作为实质性资源考虑信息的供需过程会带来的成本与收益。本书从内生的信息或者内生分析的视角，采用信息集聚概念对零售渠道整合过程中信息共享的过程进行研究，重点解决信息集聚的界定、交易过程与结果，验证信息共享作用于零售渠道整合的机制。一般情形下，渠道成员将信息作为私有产权并进行保密，渠道成员以各自独立的价值观为导向，信息共享过程往往是通过讨价还价实现的。在零售渠道整合过程中，渠道成员信息共享存在激烈的竞争与讨价还价的关系。本书考虑在不存在信息共享协调机制时，零售渠道成员仅仅通过讨价还价，信息共享是否会为渠道成员带来经济效益。

一、零售信息的多样性和集聚

1. 零售信息的多样性

在阐述零售信息多样性之前，我们必须先界定零售渠道整合过程中的私人信息与市场信息。在零售渠道整合过程中，私人信息是指渠道成员拥有独占性质的有效信息，零售商拥有消费者需求信息，制造商拥有产品信息，消费者拥有收入、身份、偏好信息，同时零售渠道成员在交易合作的过程中，还将产生共同拥有的零售市场信息。零售市场信息包括零售活动中的公共信息与政府信息，公共信息是在零售活动中产生的可供共同利用的信息，如消费者评价信息、供求信息等。政府信息具体包括政府政策动态、规制信息等，而零售市场信息是对零售关系与零售活动的总体客观描述。

零售信息多样性包括的多层含义：一是相同渠道成员的私人信息是多维、异构、动态、差异的；二是不同的渠道成员产生的信息差异性更加明显；三是在不同的时间维度与空间维度，零售市场信息是动态演变与多维异构的。信息具有物质性与社会性两重属性，即信息是物质性的服务和产品，同时也是社会物质存在、活动的反映（张永林，2014）。由于信息属性的二重性，零售信息多样性产生的原因在于零售渠道成员的多样性以及零售渠道成员关联形成社会关系的多样性。零售渠道成员的多样性将产生私人信息的多样性，因为信息是物质性的服务和产品。零售渠道成员关联形成社会关系的多样性，将产生社会信息的多样性，因为信息是社会物质存在、活动的反映。在零售理论研究中，普遍关注相同零售活动中产生的私人信息与市场信息，忽略了不同零售活动产生不同零售信息的交互性，以及不同零售信息交互、加工后信息的价值。

2. 多样性零售信息的集聚

由于信息具有外溢性、非排他性等特征，且依托线上渠道与线下渠道，零售活动将产生私人信息与市场信息，加之历史私人信息的汇集，零售活动将产生海量信息。在此基础上进行信息共享，经过人力资源与科学技术的加工，将更新出新的多样化的私人信息与市场信息。本书将渠道成员信息共享的结果定义为信息的集聚，即信息产生、汇集、交互、加工、更新、外溢的过程。信息集聚不同于以往关于信息的加总，信息加总、集合的思想源于新古典经济学，新古典经济学否认资源间的互动关系，信息只存在简单的加总，不对其信息间的交互、外溢现象进行研究。本书认为，现实世界中信息间具有互动关系，信息的交互、外溢将产生新的信息，信息集聚不是简单的信息加总，而是其将产生信息繁衍的现象。信息集聚的一个经典的案例就是大数据技术的产生与应用，大数据技术原理是通过对数据间以及数据实体映射间的互动关系挖掘与利用，产生新的有效的决策信息，其实质是承认信息资源间的互动关系。

3. 零售信息的多样性和集聚的数学表述

在零售活动中，用 θ 表示零售信息，$\theta_i (i = 1, 2, 3, \cdots, n)$ 表示每一个渠道成员拥有的私人零售信息，私人零售信息是稀缺的，是渠道成员支付信息成本的结果。用 Γ 表示零售市场信息或者渠道成员所掌握的公共信息。零售信息集聚的结果是随着渠道成员的增加，每一个零售渠道成员所获得的零售信息都将增加，即有

$$\Gamma \subset \theta_i(k) \subset \theta_i(k+m), \quad \forall m > 0, \quad \forall i \in N \tag{4-1}$$

零售信息集聚模型的基本性质：

①零售渠道成员增加，私人零售信息增加，则：

$\theta_i(n)$ 表示当零售活动中有 n 个渠道成员时，渠道成员 i 掌握的信息总量，则必有 $\theta_i(n+1) \geqslant \theta_i(n)$。

②零售渠道成员增加，零售市场信息增加，则：

$\Gamma_i \subseteq \Gamma_{i+m}, \quad \forall m > 0, \quad \forall i \in N$。

③零售渠道成员增加，零售信息密集度增加，则：

$|\theta_i \cup \theta_i(m)| \subset \theta_i(m), \quad \forall i \in N$。

④零售渠道成员增加，零售信息维度增加，则：

$|\theta_i \cup \theta_i(m)| \subset \theta_i(m+1), \quad \forall i \in N$。

为了综合上面这四个重要性质和结果，给出下面的表达式：

$$|\Gamma_i \cup \theta_i| \subset |\Gamma \cup \theta_i(m)| \subset \theta_i(n), \quad \forall m < n, \quad \forall i \in N \tag{4-2}$$

随着零售渠道成员增加，信息的交互程度增加，信息的外溢性使渠道成员私人零售信息与零售市场信息增加，信息的密度与维度增加。

二、零售信息集聚与交易模型

在零售活动过程中，用 G 表示交易的零售产品或服务，这里 G 也代表着一组产品向量。用 i' 表示在零售活动中参与者 i 进行交易的对方，Q_i 和 $Q_{i'}$ 分别是他们在零售活动中获得的产品或服务。$P(Q_i)$ 和 $P(Q_{i'})$ 是产品的最终成本。w_i 和 $w_{i'}$ 分别表示他们在交易中持有的货币性财富或其他财富，在现实不确定的环境下，收益是有风险和贴现的。

在零售活动过程中，参与者 i 得到 Q_i 的效用是 $u(Q_i)$，支出是 $P(Q_i)$，那么他在交易中得到 Q_i 的总效用是：

$$w_i + u(Q_i) - P(Q_i) \tag{4-3}$$

另一方参与者 i' 得到 $Q_{i'}$ 的总效用是：

$$w_{i'} + u(Q_{i'}) - P(Q_{i'}) \tag{4-4}$$

现在我们来确定在零售活动中双方的行为与策略。

因为在信息不完全的交易中，零售活动的交易者不清楚对方的交易策略。因此，我们不能用收入约束下的效用最大化分析来确定交易策略。同时，在信息不完全情况下，双方很难存在占优策略的博弈，因此这个交易是一个讨价——

还价的动态多阶段博弈模型。各自的市场对策只能是在对方的选择（或策略）下尽量实现自己的利益目标，或是在对方能够接受自己的交易方案情况下去达到交易目的。

现在设 $B(P)$ 是交易者 i 提出的一个让对方可以接受的交易方案，那么要使交易进行下去，这个方案就必须让交易者 i' 满足：

$$w_{i'} + u(Q_{i'}) - P(Q_{i'}) > w_{i'} + \sigma_{i'}, \ \sigma_{i'} > 0 \tag{4-5}$$

如果对方不接受这个方案，那么他就还是只有：

$$w_{i'} + \sigma_{i'} > 0$$

交易总要让对方获得比交易以前更多的利益，其实这个 $\sigma > 0$ 就是交易中的私人保留价格或保留利润。因为交易中各自之间可能信息不对称，所以在交易中 i 和 i' 都存在各自的保留价格或保留利润。

对于交易者 i 自己来说，实现他的交易目的的决策变量就是交易机会 $\pi \in [0, 1]$ 和交易方案 $B(P)$。综合这些分析可以知道，对于交易者 i 来说，他的交易策略就是：

$$S_i(Q_i, \sigma) = \mathrm{Max}\{\pi[w_i + u(Q_i) - P(Q_i)]: w_{i'} + \tag{4-6}$$
$$u_{i'}(Q_{i'}) - P(Q_{i'}) \geqslant w_{i'} + \sigma_{i'}\}, \ \sigma_i \to 0$$

同理交易者 i' 的交易策略就是：

$$S_{i'}(Q_{i'}, \sigma) = \mathrm{Max}\{\lambda[w_{i'} + u_{i'}(Q_{i'}) - P(Q_{i'})]: w_i + \tag{4-7}$$
$$u_i(Q_i) - P(Q_i) \geqslant w_i + \sigma_{i'}\}, \ \sigma_{i'} \to 0$$

式中，$\lambda \in [0, 1]$ 是交易者 i' 的交易机会。

在上述交易中，只要效用函数是连续的，双方的交易必然达成。因为由式（4-2）可知，交易者 i 与 i' 存在连通的信息空间，交易者 i 的式（4-6）与 i' 的式（4-7）之间存在结论与条件互换依然成立的现象，即式（4-6）与式（4-7）是互逆的。可表述为：

$$S_i' = S_{i'}, \ S_{i'}' = S_i$$

由于 S_i 和 $S_{i'}$ 都是有界闭凸集上的有界连续映射，根据 Brouwer 不动点定理，一定存在 $(\bar{Q}, \bar{\sigma})$ 使得

$$S_i(\bar{Q}, \bar{\sigma}) = (\bar{Q}, \bar{\sigma}) \ \text{或} \ S_{i'}(\bar{Q}, \bar{\sigma}) = (\bar{Q}, \bar{\sigma})$$

其中，$\bar{Q} = (\bar{Q}_i, \bar{Q}_{i'})$，$\bar{\sigma} = (\bar{\sigma}_i, \bar{\sigma}_{i'})$。

结果表明，一定存在双方都接受的交易量。

以上讨价—还价交易谈判是个无约束动态规划问题，由动态规划理论可知，

在上述交易均衡结果中，交易者 i 与 i' 双方关于交易量 Q 和剩余分配 σ 的贝尔曼方程为：

$$W_i(Q_i,\ \sigma) = e^{-rt}\mathrm{Max}\{\pi[w_i + u(Q_i) - P(Q_i)] + \lambda\{[w_{i'} + u_{i'}(Q_{i'}) - P(Q_{i'})] - (w_{i'} + \sigma)\}\}$$

$$= e^{-rt}\mathrm{Max}\{\pi[w_i + u(Q_i) - P(Q_i)] + \lambda[u_{i'}(Q_{i'}) - P(Q_{i'}) - \sigma]\} \qquad (4\text{-}8)$$

交易者 i' 的贝尔曼方程为：

$$W_{i'}(Q_{i'},\ \sigma) = e^{-rt}\mathrm{Max}\{\lambda[w_{i'} + u(Q_{i'}) - P(Q_{i'})] + \pi\{[w_i + u_i(Q_i) - P(Q_i)] - (w_i + \sigma)\}\}$$

$$= e^{-rt}\mathrm{Max}\{\lambda[w_{i'} + u(Q_{i'}) - P(Q_{i'})] + \pi[u_i(Q_i) - P(Q_i) - \sigma]\} \qquad (4\text{-}9)$$

式（4-8）和式（4-9）中，$t>0$ 是交易时间，e^{-rt}（$0<r<1$，$t>0$）是时间贴现率，交易时间越长，贴现率越大。其中 $\pi \in [0,\ 1]$ 和 $\lambda \in [0,\ 1]$ 是交易机会。

三、零售信息的集聚效应

1. 报酬递增

定理 1：如果在贝尔曼方程式（4-8）和式（4-9）中，零售信息集聚效应可以实现交易价格单调下降，那么零售活动参与者的报酬（或收益）就是递增的。在零售信息集聚效应的影响下，不失一般性，将式（4-8）所有下标去掉，贝尔曼方程表述为：

$$W(Q,\ \sigma) = e^{-rt}\mathrm{Max}\{\pi[w + u(Q) - P(Q)] + \lambda[u(Q) - P(Q) - \sigma]\}$$

$$(4\text{-}10)$$

整理后得到：

$$W(Q,\ \sigma) = e^{-rt}\mathrm{Max}\left\{\frac{\pi}{\lambda}[w + 2u(Q) - 2P(Q) - \sigma]\right\} \qquad (4\text{-}11)$$

其实贝尔曼方程已经初步表明，当 $n\to\infty$ 以及信息充分集聚时，零售信息的密集度和维度都增加，交易成功的机会（或概率）π 和 λ 都提高，即：

$$\sigma \to 0,\ \pi \to 1,\ \lambda \to 1,\ e^{-rt} \to 1(t \to 0)$$

所以，当零售信息集聚充分时式（4-11）可以简化为

$$W(Q,\ \sigma) = \mathrm{Max}_{Q,\ \sigma}[w + u(Q) - P(Q)] \qquad (4\text{-}12)$$

由于价格 P，交易量 Q 和分配 σ 都是交易集聚信息的函数，所以零售活动参与者最终的福利水平以 n 和 θ 为变量的函数，式（4-12）可以重新描述为：

$$W(n,\ \theta) \equiv w + u(n,\ \theta) - P(n,\ \theta) \qquad (4\text{-}13)$$

在零售渠道整合过程中，零售信息集聚的主要作用体现在：第一，直接减少了交易者的交易时间，降低交易费用，这就增加了他们的收入时间和闲暇时间；第二，调高了交易速度和成功的概率，即双向匹配的效率，提高了预期收益率；第三，降低了市场价格。从结果看，这些作用最终归结为零售活动参与者的收入效应。如果用 $e(P, w)$ 表示在零售活动中的货币支出，那么由斯勒茨基方程，有：

$$\frac{\partial e(P, w)}{\partial P} = \frac{\partial e(P, w)}{\partial P} + \frac{\partial e(P, w)}{\partial w} \cdot \frac{\partial w}{\partial P} \tag{4-14}$$

其中式（4-14）第一项是替代效应，第二项是收入效应。

用 $v_i(\theta)$ 表示收入效应，那么上述描述可表示为：

$$v_i(\theta) \equiv c_i(\theta) + \pi P(\theta) + w_i[t(\theta)] \tag{4-15}$$

式（4-15）中，$c_i(\theta)$ 表示由于交易费用降低带来的收入效应，$\pi P(\theta)$ 表示价格降低增加的收入效应，$w_i[t(\theta)]$ 表示时间增加产生的收入效应。

根据上述分析，将式（4-13）修改为：

$$W[n + k, \theta(n + k)] \equiv w + u[n + k, \theta(n + k)] + v(\theta(n + k) - P[n + k, \theta(n + k)]) \quad 1 \leq k \leq N \tag{4-16}$$

基于式（4-16）

$$W[n + 1, \theta(n + 1)] - W[n, \theta(n)]$$

$$= [w + u(n + 1), \theta(n + 1)] + v[\theta(n + 1)] - P[n + 1, \theta(n + 1)] - \{w + u[n, \theta(n)] - P[n, \theta(n)]\}$$

$$= \{u[n + 1, \theta(n + 1)] - u[n, \theta(n)]\} + v[\theta(n + 1)] + \{P[n, \theta(n)] - P[n + 1, \theta(n + 1)]\}$$

$$= u'(\varphi)[\theta(n + 1) - \theta(n)] + v[\theta(n + 1)] + P'(\tau)[\theta(n + 1) - \theta(n)]$$

$$= [u'(\varphi) + P'(\tau)][\theta(n + 1) - \theta(n)] + v[\theta(n + 1)]$$

$$= [u'(\varphi) + P'(\tau)][\theta(n + 1) - \theta(n)] + v[\theta(n + 1)] - v[\theta(n)] + v[\theta(n)]$$

$$= [u'(\varphi) + P'(\tau) + v'(\varpi)][\theta(n + 1) - \theta(n)] + v[\theta(n)] \tag{4-17}$$

将式（4-17）进行推广，将得到：

$$W[n + k, \theta(n + k)] - W[n, \theta(n)]$$

$$= [u'(\varphi_k) + P'(\tau_k) + v'(\varpi_k)][\theta(n + k) - \theta(n)] + v[\theta(n + k)] \tag{4-18}$$

当 n 和 $n+k$ 增加时，由于零售信息集聚后更多市场信息将成为公共品和共享资源，特别是信息资源的非排他性和溢出性，使他们具有规模性收入效应，$v'(\varpi)$ 和 $v'(\varpi_k)$ 是递增的。另外，$v[\theta(n+k)]$ 明显大于 $v[\theta(n)]$，所以显然式（4-18）右边三项分量都大于式（4-17）右边的三项分量，即式（4-18）左边大于式（4-17）左边，证毕。

2. 零售信息交互性增强

零售信息交互性即指零售信息的流动速度，信息内生的基本前提是零售渠道成员的信息既有成本，也有收益，每个零售渠道成员都需要比较获取信息的成本与收益。如果零售渠道成员获取信息产生的收益与成本的差越大，信息的流动速度越快，零售信息交互性越强。

$c_i(n, \theta)$ 表示在有 n 个零售渠道成员的市场上，渠道成员 i 获取信息的费用，设获取信息的时间为 t，获取信息给零售渠道成员带来的收益就是其效用的贴现值，表示为 $r_i W_i(n, \theta)$，其中 $W_i(n, \theta)$ 即贝尔曼函数，$0 < r_i < 1$ 表示贴现率，交易速度可以用净收益率表示。

$$V_i(n, \theta) \equiv \frac{r_i W_i(n, \theta) - c_i(n, \theta)}{r} \qquad (4\text{-}19)$$

定理 2：在零售活动中，只要定理 1 的条件存在，那么市场交易就会提升交易速度，即零售信息交互性增强。省略式（4-19）下标

$$V[n+k, \theta(n+l)] - V(n, \theta) = \frac{rW[n+k, \theta(n+k)] - c[n+k, \theta(n+k)]}{r} - $$

$$\frac{rW[n, \theta(n)] - c[n, \theta(n)]}{r} = \frac{rW[n+k, \theta(n+k)] - rW[n, \theta(n)]}{r} + $$

$$\frac{c[n+k, \theta(n+k)] - c[n, \theta(n)]}{r} = W[n+k, \theta(n+k)] - W[n, \theta(n)] + $$

$$\frac{c[n, \theta(n)] - c[n+k, \theta(n+k)]}{r} \qquad (4\text{-}20)$$

根据式（4-18）结果和定理 1，式（4-20）中右边第一项大于零，右边第二项也大于零。于是有

$$V[n+k, \theta(n+k)] - V[n, \theta(n)] > 0 \qquad (4\text{-}21)$$

将定理 1 和定理 2 进行总结，就是零售信息共享—零售信息集聚—零售信息的密集度和维度增加+共享信息和溢出信息增加—减少交易时间+增加收入时间+减少交易费用+机会成本降低—零售活动报酬递增+零售信息交互性增强。

具体而言，在零售渠道整合过程中，由于渠道成员间信息共享将导致零售信息密度与维度增加，共享信息与溢出信息增加，减少了渠道成员交易时间，增加了渠道成员收入时间，降低了渠道成员交易成本与机会成本。渠道成员交易时间的降低，将增加其获得收益的时间，从而收益增加、成本降低，实现零售渠道整合过程中的报酬递增，并且零售活动报酬递增与零售信息交互性持续增强，将在零售渠道整合过程中形成正反馈效应（Arthur，1989）。传统经济活动是建立在报酬递减基础上的，报酬递减的结果是负反馈，经济活动最终会在某一点实现均衡，而报酬递增的结果是正反馈，即实现多重均衡，经济活动不会在一点实现均衡。零售渠道整合过程中信息集聚带来报酬递增与信息交互性增强，其结果是将进一步使信息密集度和维度增加+共享信息和溢出信息增加，减少交易时间+增加收入时间+减少交易费用，实现新的报酬递增与信息交互性增强。在零售渠道整合过程中信息共享可以累积因果，实现报酬递增；在零售渠道整合过程中信息共享程度越高，渠道成员经营绩效水平越高；在零售渠道整合过程中信息共享程度越低，渠道成员经营业绩水平越差。典型零售企业渠道整合实践也证明了报酬递增的现象，阿里巴巴、京东、亚马逊等平台类零售商，沃尔玛、阿尔迪、盒马鲜生、永辉等实体零售商，在零售渠道整合过程中，随着信息共享程度的提高，在渠道成员间形成了信息集聚现象。通过对私人信息与市场信息的利用，其获得了高额的信息收益，相应地出现了报酬递增与正反馈的经济现象。

第三节　零售渠道整合过程中信息共享的制约因素

关于信息价值问题的两个经典学说"消除不确定性"和"熵减论"有明显的疏漏：前者只说出了事情的一半，其实信息共享也会产生或增加新的不确定性（张辑哲，2008）。在零售渠道整合过程中，信息共享解决了消费者需求不确定性、渠道冲突与渠道资源配置等问题，但由于信息共享是需要成本技术投入，并且由于渠道成员各自在法人地位上的独立性和自身利益的矛盾性，导致信息共享过程的可控性与稳定性相对较弱。具体而言，信息共享的不确定性如表4-1所示。

表 4-1　零售渠道整合过程中信息共享的制约因素

不确定性因素	详细描述
信息成本	稳定高效的信息共享要求渠道成员在协同网络、技术设备等方面支付实施成本
信息处理能力欠缺	技术支撑是实现有效信息共享的基础，部分弱势渠道成员并不具备配套的技术、设备与人力资源，委托第三方处理存在信息泄露风险，并且进一步增加信息成本
信息泄露	渠道成员出于增加收益等目的，会主动将其他渠道成员共享的信息通过转让、出售等手段泄露给其他企业
竞争优势的削弱及权利地位的降低	由于信息共享，降低其他渠道成员对自身所掌握异质资源的依赖，导致权力地位的削弱
价值分配不合理	获取更多利润是零售渠道成员参与信息共享的主要动力，而掌握更多异质资源的渠道成员处于主导地位，其利用自身优势占有信息共享所创造的大部分价值，短期来看，其他渠道成员并不能获得预期的收益
渠道成员信任不足与机会主义行为	由于渠道成员有限理性的存在和监管机制的缺失，渠道成员间信任程度不足，同时渠道成员难以甄别信息的真实性与完整性，因而机会主义行为无法避免

在传统信息共享价值研究时，是建立在信息共享无成本的基本假设之上，但现实中信息成本是普遍存在的。在渠道成员信息共享过程中需要投入成本，解决信息的采集、处理、传输、安全等问题，具体体现在信息系统建设、数据挖掘处理的直接投入等方面。同时渠道成员存在普遍信息处理能力的欠缺与不均衡，弥补信息处理能力需要进一步的信息成本投入，如果信息处理能力得不到弥补，又会产生信息安全的风险。在渠道整合过程中，商业机密泄露是普遍存在的（马新安等，2001）。零售渠道整合过程中的信息泄露主要指在信息共享的过程中，信息发送方的信息可能被非预期的信息接收方获取的可能。零售商将消费者需求信息、需求预测信息等与制造商分享，制造商获取信息后进行产品创新，但制造商的产品创新或相关决策结果公布后，存在竞争的零售商会推测出共享信息的内容，更为严重的是，制造商存在主动泄露的可能，将共享的信息转让、出售给零售商的竞争对手，典型的案例是在 New Bury Comics 和 Wal-Mart 的案例中 Sound Scan、Information Resource Inc. 以及 ACNielsen 等公司的信息泄露行为。信息共享可能造成企业核心技术与市场渠道等核心机密泄露，

被其他渠道成员获取，导致制造商的商品优势削弱，或者零售商渠道优势的削弱。信息共享是价值创造的过程，但由于渠道成员地位存在差异往往导致价值分配不合理。获取更多利润是渠道成员参与信息共享的主要动力，而掌握更多市场资源的渠道成员处于主导地位，其利用自身优势占有信息共享所创造的大部分收益，短期来看，其他参与企业并不能获得预期的收益。随着消费者需求不确定性程度不断增强，由于零售商直接接触消费者，拥有消费者需求信息的优势，但大量研究表明，零售商虽然拥有消费者需求信息的优势，但在信息共享后的价值分配过程中往往处于弱势地位，导致零售商往往回避信息共享，或者直接采取纵向一体化将消费者需求信息转化为收益。渠道成员的信任不足与机会主义行为普遍存在，由于渠道成员有限理性的存在和监管机制的缺失，渠道成员间信任程度不足，同时渠道成员难以甄别信息的真实性与完整性，因而机会主义行为无法避免。

制约信息共享因素的存在，导致渠道成员间信息共享存在失败的可能，进而导致信息资源配置低效甚至无效，信息资源配置尚有"帕累托改进"的空间。制度安排是保障信息共享与配置效率提高的主要途径，渠道成员间可以通过内部协调机制的设计，形成渠道成员信息共享的非正式制度安排。机制设计的目的是消除渠道成员之间信息共享的制约因素，减少内耗，实现信息共享与零售渠道整合。

第四节　零售渠道整合过程中信息共享机制设计的动因

随着零售渠道整合的深化，需要信息共享的内容越多，信息的客观性、完整性、及时性、有效性越强，面临信息共享的制约因素越多，越需要机制设计相协调。透过制约信息共享的因素，本书认为渠道成员间松散型组织特征与有限理性的存在，导致信息共享失败。通过机制设计协调松散型组织带来的目标冲突，抑制有限理性产生的机会主义行为，可以实现信息共享与信息资源的优化配置，如图4-2所示。

渠道成员间网络组织特征是信息共享机制设计的来源，网络组织是一个松散型、开放性的组织，成员之间是相互独立、分散决策的。渠道成员都是独立

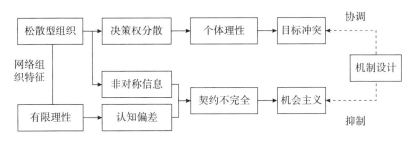

图 4-2　信息共享机制设计的动因

法人单位，拥有独立的决策权和控制权，必然在个体利益最大化的前提下进行决策，因此会产生渠道成员间的目标冲突。例如，典型的消费者需求信息共享的情境，零售商拥有有效的消费者需求信息。在消费者需求信息共享过程中，零售商并没有因为信息共享获得较多的收益，而制造商往往是收益最高的。由于零售商与制造商是独立的法人单位，出于个体理性的考量，零售商没有信息共享的动机，消费者需求信息共享无法实现。制造商迫切需要消费者需求信息进行产品设计研发，因此制造商可以通过机制设计协调其与零售商之间的目标冲突。此时机制设计的存在，可以有效比较分散决策与集中决策的收益，促使渠道成员间达成共同的目标。通过利益分享契约可以将制造商在信息共享过程中获得的收益部分转移给零售商，此时零售商、制造商的利益相对于分散决策下都有所提高，信息共享的集中决策目标达成。

除此之外，由于渠道成员间的有限理性，导致其对信息共享的结果存在认知偏差。具体而言，由于渠道成员的有限理性，其不可能知晓信息共享过程中的所有不确定性，导致主观认知与客观实际存在偏差，相应地，在契约制定过程中，不可能将不确定性全部写入契约条款，所以导致契约不完全客观存在。同时由于渠道成员间普遍存在信息不对称的现象，其通常会保留私人信息，对于渠道成员而言，私人信息是无法验证的或者验证成本过高，导致不可能签订有效的契约对渠道成员进行监督和控制，这使渠道成员处于被机会主义行为损害、掠夺的风险之下。渠道有限理性与非对称信息的存在，导致了不完全契约。不完全契约存在会产生机会主义行为倾向，可能带来事后"敲竹杠"以及相应的再谈判和利益分配问题。由于预期到事后的问题，渠道成员事先的选择会导致一定程度的信息共享投资不足。例如，为了实现消费者需求信息的实时共享，渠道成员间会进行信息基础设施方面的投资，但由于有限理性与非对称信息的存在，导致契约的不完全，渠道成员担心事后机会主义行为的存在，事前就会减少信息共享专用信息基础设施的投资，从而使信息共享的目的无法达到。一旦信息基础设施投资达成，还会带来事后"敲竹杠"的不利局面，导致再谈判过程中处于不利地位。为了解决不完全契约带来的事前、事后问题，交易各方寻求解决途径，以避免事后再谈判与准租金分配问题。零售渠道成员需要在交易前通过讨价还价制定具体规则（关系合约），为达到目的所制定的一系列具体的规则就是机制设计。综上所述，由于渠道成员松散性特征和决策者的有限理性，在渠道成员之间会产生目标冲突和机会主义行为，使渠道成员信息共享利益面临侵害，同时承担着交易的风险，而零售渠道又是一种开放性的组织，约束力度较小，从而影响了信息共享的稳定。因此，在信息共享过程中渠道成员间需要机制设计，协调目标冲突，抑制机会主义行为，实现信息共享。

在零售渠道整合过程中，需要渠道成员间高效信息共享，信息共享可以消除消费者需求不确定性与渠道成员不确定性，优化渠道资源配置，为渠道成员带来经济利益。但是信息共享具有两面性，在零售渠道整合过程中，信息共享是存在成本的。伴随着信息共享过程，需要协调机制设计，设计这些机制本身也会耗费成本，非对称信息下的市场必然存在着效率的损失。在一般的情形下，渠道成员间协调机制设计是权衡收益与成本的结果，渠道成员信息共享是在契约与合作机制下，渠道成员个体利益得到满足的前提下实现帕累托改进（Pareto Improvement）的过程与状态，刻画了零售渠道整体利益及其成员个体利益之间的关系。

本章小结

信息共享是渠道成员之间共同拥有知识或行动，使渠道成员之间的所有相关信息，可以无缝、流畅地在零售渠道整合过程中传递。信息共享可以消除消费者需求不确定性与渠道成员冲突，实现渠道资源优化配置与全局均衡，为零售渠道整合带来收益。信息共享在消除不确定性的同时，也会产业新的不确定性，通过零售渠道成员间协调机制的设计，可以实现收益与成本均衡，实现信息共享的帕累托改进。通过本章研究，初步建立了零售渠道整合与信息共享互动机制理论模型，在后续研究过程中将逐步对理论模型进行验证。

第五章

零售渠道整合的
信息共享实现
基础

在明确零售渠道整合与信息共享互动机制的基础上，进一步探讨零售渠道整合的信息共享实现基础，明确信息共享的内容、模式、成本与协调机制，并通过数学表达与解析，求解零售渠道成员信息共享的理性边界。

第一节　零售渠道整合的信息共享内容

在零售渠道整合过程中渠道成员以契约和关系形成长期合作，但各渠道成员仍然是独立法人，在目标一致的前提下保持着独立性。渠道成员不可能共享所有信息，如核心技术、财务信息等，而是需要根据渠道成员在渠道整合过程中的地位，实行差异化信息共享。下面列举了部分信息共享内容，但信息共享的范围不仅仅局限于此，渠道成员可以根据渠道整合要求，动态调整其信息共享内容。

一、需求信息

消费者需求信息的重要性已经得到充分认识。大量研究表明，消费者需求信息共享有助于缓解供应链"牛鞭效应"，降低供应链整体的库存水平与库存成本，提升供应链绩效。与供应链领域研究不同，消费者需求信息不仅仅具有缓解"牛鞭效应"的作用，其是零售渠道整合过程中所有活动的出发点与依据。渠道成员的新产品开发与设计、渠道布局、物流配送、支付服务等活动，都要依据消费者的需求信息进行决策。在零售实践中，消费者需求信息被形象化为"消费者画像"，消费者画像由海量消费者数据整合与数据关联分析形成。在渠道整合过程中，渠道成员与消费者的"接触点"在逐渐增加，制造商拥有线上渠道采集消费者需求信息，零售商拥有线下门店、线上渠道、移动渠道与消费者接触，部分制造商、零售商尝试社交网络、直播平台、短视频平台、自媒体渠道构建与消费者的"接触点"。在渠道整合过程中，渠道成员与消费者"接触点"的增加导致渠道成员零星片面地拥有部分消费者需求信息，在不存在信息共享或部分共享消费者需求信息的前提下，渠道成员难以形成完整的消费者画像，无法明确知晓消费者需求情况。

二、产品信息

零售渠道是匹配消费者需求与制造商产品的路径，在渠道成员共享需求信息的基础上，需要进一步分享产品信息，实现消费者需求与制造商产品的双向匹配。零售商通过采购人员与制造商、供应商建立合作关系后，零售商需要及时知晓制造商所供应产品的信息，如产品属性、产品价格、产品种类等信息。制造商需要及时知晓下游零售商的产品销售、产品价格、产品折扣等信息。如果制造商、零售商之间无法共享产品信息，将导致交易成本增加，甚至库存积压、商品缺货。因此，只有建立顺畅的产品信息共享渠道和高效的信息共享机制，才能使零售渠道在动态运作过程中实现整合。随着消费者偏好不确定性增加以及信息能力提升，消费者需求多样化、个性化程度提高，势必要求制造商加速产品差异化，这需要制造商、零售商、消费者就产品信息进行即时共享，从而对产品信息的时效性与准确性要求进一步提高。零售商通过对消费者需求信息与销售信息的处理，及时向制造商反馈商品更新的思路与策略。制造商通过对产品信息的综合分析，对原有产品属性进行创新和调整，及时推出适应消费者需求的新发明产品、革新型产品、改进型产品、新品牌产品、新形象产品。

三、订单信息

一般情况下，订单信息是渠道成员间共享的唯一信息，订单信息共享主要可以划分为三个步骤：第一，零售商根据历史销售数据预测消费者需求，根据消费者需求信息和储存策略，向制造商发出订单。制造商根据零售商订单信息，制订生产计划，同时向供应商发出订单，采购所需原材料。第二，订单交付，按照订单约定内容，从供应链上游逐步向供应链下游交付原材料、产品，直至零售商渠道。第三，信息反馈，由于订单信息成为唯一的共享信息，随着消费者需求的变化，渠道成员需要随时进行信息反馈，更新订单信息，消费者需求信息将以"订单"的方式逐步反馈到渠道成员中。随着消费者需求不确定性程度的提高，订单的样式、数量、交货日期、质量要求信息可能随着消费者需求的变化动态而改变。因此，只有渠道成员间实时共享订单信息，才能保证零售渠道的灵活性与敏捷性，对消费者需求不确定性做出准确、快速的响应。

四、库存信息

库存信息是渠道成员间共享的基础信息，库存信息来源于零售商库存信息与制造商库存信息，特别是在需求波动及生产、运输中偶然故障等因素带来的不确定性无法避免时，共享库存信息显得尤为重要。零售商应对需求波动及生产、运输中不确定性的做法建立安全库存，但这往往会带来另一个问题，制造商同样为防止出现影响连续供应产生的缺货而建立安全库存。从单个渠道成员来看，这种现象并无不妥之处，然而在零售渠道整合过程中，上游制造商的制成品正对应下游零售商的产品，双方都对同一产品建立安全库存是重复性浪费。如果相邻节点上的渠道成员共同合作管理库存，从理论上讲安全库存和库存成本可以降低一半，而实现联合库存的首要条件是实现渠道成员的库存信息共享。随着零售渠道整合程度提高，库存信息共享开始从建议性意见转变为必然选择，越来越多的线上渠道、移动渠道的订单直接由制造商发货，通过第三方物流直接配送至消费者，此时制造商与零售商必须共享库存信息，才能满足消费者时间、空间离散化的偏好。渠道成员间普遍使用的供应商管理库存（VMI）模式实际上是把零售商的管理监督成本转移给了供应商。供应商发货使渠道成员间必须实时共享库存信息，消费者才能在零售商渠道对库存数量进行查询，进而下单购买。同时线下实体店逐渐转型为"前置仓"，满足消费者即时需求，此时制造商线上渠道订单直接由零售终端发货，通过终端配送至消费者。只有制造商与零售商实时、高效共享库存信息，才能满足消费者即时需求。

五、物流信息

物流信息包括运输、保管、包装、装卸、流通加工等相关信息，物流信息共享可保证消费者、制造商、零售商能随时了解其产品在流通过程中的状态，确保恰当的产品能在恰当的时间、恰当的地点交给恰当的消费者。如果其中发生意外，能够及时地加以补救，减少渠道成员的损失。随着零售渠道整合程度的提高，物流的即时性已经成为影响消费者效用的最主要因素。更为关键的是零售渠道整合要求商流、资金流逐渐数字化，物流在绝大部分零售场景中已经成为与消费者唯一的接触点，物流服务水平直接决定零售服务质量。零售商、制造商、物流信息平台、第三方物流服务商共享物流信息，随时掌握商品在零售活动中的状态，确保物流资源的优化配置。零售渠道成员可以基于物流信息开发更多增值服务，由于消费者需求随机性及消费者需求偏好异质性，使网络零售商提供的配送时隙需求呈现出冷热不均的现象。基于物流信息共享，零售商可以采取多时隙选项定价，京东商城开发"京准达"服务，指定时间、指定地点完成物流配送。结果表明，基于物流信息共享开发的时隙定价服务，可以实现物流配送资源的优化配置，增加渠道成员收益（陈淮莉等，2016）。

六、销售信息

零售商销售信息共享，可以保证制造商准确预测市场需求，更加准确地安排生产计划，同时降低渠道成员间的"牛鞭效应"与库存水平。销售信息来源于零售商的销售点数据（POS），零售商在销售商品时，通过自动读取设备直接读取品名、单价、销售时间、销售数量、销售地点、消费者信息等，通过通信网络实时传输到数据中心，供零售商决策。零售商根据销售点数据（POS），实现对消费者的有效细分，提供个性化商品与差异化服务。同时如果通过端口授权，渠道成员可以实时共享销售时点数据，根据产品的销售数据、销售地点、销售价格波动、消费者信息，制造商可以动态分析销售趋势、消费者偏好与消费者分布。同时，销售点数据（POS）可以帮助制造商实现"即时生产"，完全根据市场需求来准确安排生产，在最短的时间内提供零售企业所需商品。制造商还可以利用销售时点的信息进行销售预测，将销售时点信息和订货信息进行分析、比较，把握零售商库存水平，制订生产计划和零售商库存连续补充计划（CRP）。

七、地理位置信息

随着移动互联网、物联网、终端数据处理等技术的发展，时空数据在零售渠道整合过程中的作用越来越突出，时空数据是同时具有时间和空间维度的数据，其主要来源于地理信息系统（Geographic Information System，GIS），地理信息系统可以利用坐标系统，精确确定零售渠道成员、资源的空间特征相关的描述性信息。在传统零售活动过程中，渠道成员对地理位置是模糊无知的，零售商无法知晓消费者准确的空间位置、生活范围与支出模式。物流服务商无法准确知晓商品的流转位置与状态。消费者同样无法知晓特定商品与服务的位置以及最优路线。地理信息系统（GIS）的应用，使渠道资源的空间状态采集应用成为可能，为渠道资源的空间优化配置提供依据。对消费者的位置、活动范围和时间数据的搜集，可以更加准确地描摹消费者的全貌。摆在我们面前的现实是当今的技术已经能在很大程度上分析并锁定个体消费者，如果能够获得某个消费者 1 天 24 小时、1 年 365 天的位置信息，那么完全可以锁定并分析出这个消费者的基本情况，甚至可以实时实地掌握每一位消费者当前的生活状态。不同的空间位置代表着消费者不同的即时状态，零售渠道成员基于实时地理位置信息共享，在不同的空间位置为消费者匹配不同的商品与服务。通过高效物流体系与支付体系，完成消费者购买行为。离开实时地理位置信息共享，制造商、零售商、物流服务商、金融机构无法完成特点空间的零售活动以及双向匹配。

八、大数据信息

在零售渠道整合中，消费者需求信息、产品信息、库存信息、物流信息等信息共享内容的价值与共享方式已得到明确论证，渠道成员也积极参与共享并通过博弈获得收益。随着零售渠道整合的深化，零售渠道成员利用多源异构数据产生的大数据信息是否共享、如何共享以及价值如何分配成为渠道成员面临的新问题，这是在单渠道零售、多渠道零售甚至在跨渠道零售阶段未曾出现的。在全渠道零售阶段，零售渠道沉淀了海量多源异构数据，多源性指信息来源多样化，异构性是指数据在类型、性质、形式和内容上均存在极大的差异。多源异构数据需要经过有效的数据清洗、数据整合、数据压缩等数据处理方法，将多源异构数据整合为零售渠道成员所需要的确定性信息（胡永利等，2013）。在零售渠道整合过程中，通过大数据技术的整合与相关关系分析，可以产生传统消费者需求信息、库存信息、销售信息等信息共享内容。随着数据搜集范围的扩大，大数据技术可以用于更加细微的零售领域，比如渠道成员履约信息、消费者渠道选择信息等全新领域。与传统信息内容共享的方式不同，大数据信息常常以产品出售的方式共享。随着大数据定价机制及市场体系的不断完善，大数据信息共享在渠道整合过程中将成为常态。

第二节　零售渠道整合的信息共享模式

信息共享模式是共享信息在渠道成员间的传递方式。渠道成员普遍采用点对点模式、信息集中模式、综合共享模式、第三方托管模式进行信息共享。零售渠道整合过程中信息主体、内容多样性，决定了信息共享不存在绝对优势模式，往往是多种模式综合运用的结果。

一、点对点模式

点对点模式又称信息传递模式，是渠道成员直接传递信息的模式。渠道成员将信息直接存放在数据库内，通过自建信息系统的接口兼容，信息需求方直接从提供方数据库获取所需数据，不需要经过其他数据转化和存储中心。点对点模式的实质是共享信息在不同的信息系统或数据库之间的两两传递，在具体的应用过程中可以细分为数据接口模式与电子数据交换模式。数据接口模式适用于信息共享程度低、信息共享频率低的渠道成员之间。现阶段，零售渠道成员之间的信息共享主要通过数据接口模式实现。电子数据交换（Electronic Data Interchange，EDI）可以确定系统兼容标准，进行数据交换和自动处理，适用于信息共享程度高、信息共享频率高的零售渠道成员之间。点对点模式实现渠道成员的信息共享，其立足点是局部业务信息的共享，在有限的资源基础上通过多个主体的交互协作达到系统的总体目标。

二、信息集中模式

信息集中模式是与点对点模式相对应的另一种模式，信息集中管理模式是将渠道整合过程中的共享信息集中在一个公共数据库中，各企业根据权限对其进行操作，完成与多个渠道成员的信息交互。根据公共数据库的提供主体不同，可以划分为第三方模式与信息平台模式。第三方模式（APS 模式）是由第三方提供公共数据库，负责渠道成员数据库之间的数据传输、汇总与处理，同时其会主动从外部搜集渠道成员所需的相关信息，为渠道成员提供信息增值服务。

信息平台模式与第三方模式的差异在于是否主动提供信息增值服务，其只负责渠道成员内部数据库之间的数据传输、汇总与处理，并按照渠道成员需要开发新功能模块，不会主动进行外部信息搜集，不提供信息增值服务。信息集中模式相对于点对点模式的主要优势在于其有利于信息集聚，在公共数据库集中了零售渠道整合过程中的主要数据，为大数据挖掘与利用提供了基础。同时，渠道成员可以专注于核心渠道业务，将信息共享过程交由第三方实现。

三、综合信息共享模式

综合信息共享模式是点对点模式与信息集中模式的综合运用。通常其与长期合作的渠道成员建立公共数据库，并通过信息集中模式，对零售渠道整合过程中的主要信息进行共享与交互。面对零星、短期交易的渠道成员，其采取数据接口模式，实现点对点的信息共享。由于每个渠道成员对共享信息的获取、处理、密级、时间、传输、加工等方面要求不同，从而导致需要对不同渠道成员采取不同的共享模式。综合共享信息模式优势是实现了对渠道成员信息共享的差异化模式匹配，其劣势是在具体信息共享模式选择与实现过程中操作复杂，信息成本较高。

四、核心成员托管模式

核心成员托管模式是由渠道成员中核心企业提供信息共享与公共数据库的模式。核心成员相对于其他成员在信息流过程中处于枢纽位置，并且其具备较强的系统集成、数据库安全与信息处理能力。在具体实践中，核心成员由零售渠道中某一成员企业担当，相应地，核心成员信息系统承担着公共数据库的角色。另外，需要注意的是核心成员信息系统中包含一个被称为托管系统的信息中心，它主要为核心成员以外的其他渠道成员提供信息服务的抽象功能系统，其作用与第三方模式信息系统所起作用相同。在核心成员托管模式中，核心成员与其他渠道成员通过计算机网络连接，信息共享通过渠道成员的交互活动与协作协调共同完成。

五、模式比较

上文分析了渠道成员信息共享的模式，在具体模式的选择过程中需要根据信息共享的成本、技术要求、共享程度、共享频率、渠道成员合作特征等因素综合考虑，最终决定信息共享的模式。表5-1从影响信息共享因素方面对不同信息共享模式进行了系统的比较。在零售渠道整合过程中信息主体、共享内容的多样性，决定了信息共享不存在绝对优势模式，其往往是多种模式综合运用的结果。如果渠道成员规模较小，信息共享的目的是实现商流、物流、信息流、资金流等零售活动的协同，一般可以采取点对点共享模式。如果在零售渠道整合过程主要依赖电商平台或供应链企业完成，如盒马鲜生、大润发超市依赖于阿里巴巴提供解决方案实现渠道整合，此时可以采取信息集中模式完成信息共享。如果渠道整合过程依赖于核心零售企业完成，核心成员可以作为托管企业，采取核心成员托管模式完成信息共享。核心成员作为托管企业，除了经济性考量之外，还具有内在合理性。核心成员作为零售活动的枢纽，零售活动信息集中在其中台、后台信息系统，依托其进行信息采集、储存、分析、共享具有经济性。同时，其拥有消费者"接触点"优势，可以实时掌握消费者需求信息，并根据消费者需求信息为渠道成员开发增值服务，具有内在合理性。

表 5-1　零售渠道整合信息共享的模式比较

模式	成本	实时性	信息技术	共享程度	共享方式	稳定性	敏捷性	市场适应性	参与方	消费者参与	伙伴关系
点对点模式	低	低	要求较低	较低	分散	较低	低	低	渠道成员	否	信任度低
信息集中管理模式	高	低	要求高	中	集中	较低	较高	低	第三方企业或信息平台服务商	是	信任度高
综合共享信息模式	高	高	要求高	高	集中	中	较高	高	信息平台服务商	否	信任度高
核心成员托管模式	低	高	要求高	高	集中	高	较高	高	核心成员	是	信任度高

第三节 零售渠道整合的信息共享成本

　　传统信息共享价值研究是建立在信息共享无成本的基本假设之上，其与理论情形不同，在现实信息共享过程中信息共享成本是普遍存在的。信息共享成本是指渠道成员在信息共享过程中付出的代价。信息共享成本的引入肯定会使信息共享行为决策更加复杂化，当信息共享成本超过一定阈值时，无论采取怎样的协调机制，都至少存在某一渠道成员无法达到共享前的效用水平。阿罗（1989）认为，信息成本与其他经营成本存在显著差异。个人作为信息处理的主体，其存在信息处理能力的局限，为了消除信息处理能力的局限，其需要进行相应教育、培训的人力资本投资。信息共享依赖于信息系统，信息系统建设需要不可逆的初始资本投入，其具有典型的资产专用性特征。信息的投资与不确定性程度相关联，不确定性越强，信息投资成本越高。信息具有非消耗性，付出一次信息成本后，信息可以反复用于经济活动与市场交易活动，在使用过程中信息不会被消耗掉。阿罗关于信息成本特征的描述，隐含了信息共享成本的构成。根据阿罗关于信息成本的描述，本书将信息共享成本分为实施成本与交易成本。实施成本是为了完成信息搜集、储存、处理、共享而付出的成本，是信息生产过程产生的成本，其实质是信息内生的。实施成本包括完成共享所必需的技术装备、日常维护、共享信息资源的完善优化以及信息的传输和安全成本等（马费成、裴雷，2004）。实施成本具体可以细分为固定成本与可变成本。交易成本是指一切不直接发生在信息生产过程中的成本，包括谈判成本、拟定与实施契约的成本、界定和控制产权的成本、监督管理的成本等。

一、固定成本

　　根据微观经济学关于成本的构成描述，本书将实施成本分为固定成本与可变成本。一些成本不随着信息共享的变动而变动，称为固定成本（Fixed Costs），即使渠道成员不进行信息共享也要发生的成本。渠道成员的一些成本随着信息共享时间与数量的变动而变动，称为可变成本（Variable Cost）。固定成本包括管理信息系统、数据库设计成本、系统安全成本、系统应用人员的培训学习成本等前期直接投入的成本。零售渠道成员进行信息共享，需建立自己的信息共享平台，并进行互联互通，信息共享平台建设与互联互通所构成的信息共享成本是一个固定成本，即使渠道成员的信息共享量是零，也必须支付这部分开支，而且共享量发生改变，这些开支也不会改变。固定成本是渠道成员信息共享行为（交易）的专用资本投资，制造商、零售商、服务提供商相互的信息共享投资是很难用于其他用途，具有资产专用性特征。一般而言，一旦在信息共享实施过程中，渠道成员进行固定成本投资，其往往在契约的保障下趋向长期合作。

二、可变成本

在零售渠道整合过程中信息共享是一个长期持续的过程，其不仅需要协同网络搭建，还需要对具体信息进行共享、处理。协同网络搭建构成了固定成本，而具体信息共享、处理过程所耗费的成本构成可变成本，其随着信息共享的时间与数量的变动而变动。可变成本主要包括信息的预处理成本、信息的传递成本、信息维护成本等。信息不是天然有效的，每项信息在进入协同网络共享前，都需要对其进行预处理，使其能够有效解决零售渠道成员的具体问题，并带来价值增值。以大数据信息为例，海量数据如果不通过预处理，其无法产生实际价值。在具体的零售商服务创新过程中，大数据的使用采取项目制，如消费者画像、新产品开发、库存优化等，都是根据需求采取项目开发的（计国君、余木红，2016）。信息共享成本是随着需求与项目立项而随机变化的，而不是理论与实践普遍认为的信息共享前不需要二次开发。信息的传递成本主要指信息在具体从提供者向需求者传递过程中，为了确保信息传递安全和减小信息失真率发生的物质成本与时间成本，如加密成本。信息维护成本主要指维持信息共享支付的长期性维护更新成本，共享范围越大，随之增加的软硬件设备以及人工成本越高。在信息共享过程中往往重视硬件设备投入的固定成本，而忽视长期的数据维护成本、系统安全以及软件投入的可变成本。因为低估成本，使人们误认为信息共享是低成本、小投入、一劳永逸的工程，导致共享过度，成本失控，资源浪费。因此，信息共享成本是复杂的，也是动态变化的。随着信息共享程度的扩展，共享成本会随之提升。在构建信息共享系统时必须正确认识共享成本结构，从成本效益角度控制信息共享程度。

三、交易成本

固定成本和变动成本作为实际发生的会计成本是可以实际计量的，交易成本是交易过程中产生的一系列制度成本，其成本结构虽然相对固定成本、可变成本具有隐蔽性，但在信息共享过程中是实实在在发生的成本。交易成本最早由科斯在《企业的性质》一文中提出，是指经济主体之间交换经济资源所有权产生的成本，包括搜索成本、谈判成本和履约成本等。根据科斯关于交易成本的界定，后续研究存在狭义与广义之分，狭义交易成本是指达成交易所花费的时间与精力。广义的交易成本是指一切发生在交易过程中的成本，包括谈判成本、契约成本、产权界定与控制成本、监督管理成本和制度结构变迁的成本等一系列制度成本。本书采取广义交易成本的视角，认为信息共享的交易成本是指为实现信息共享所发生的一系列制度成本，广义信息成本主要对应着信息共享过程中协调机制设计增加的成本。

从个人与物质的角度，可以有效区分交易成本与固定成本、可变成本。信息共享成本是一个更广泛的概念，它包括人与物质世界打交道时发生的信息成本和人与人打交道时所发生的各种成本。固定成本、可变成本是渠道成员与信息打交道发生的成本，其是为了实现信息共享与信息资源优化配置所发生的成本，而交易成本包含的仅是人与人打交道时所发生的各种信息成本，主要是为了防止受到他人损害，保护自己的利益所耗费的成本。社会分工越发达，商品交换越发达，生产活动越是变成社会的活动，信息共享成本就越具有交易成本的性质（韩建新，2000）。具体而言，交易成本主要包括谈判成本、契约成本、产权界定与控制成本、监督管理成本等。谈判成本是渠道成员在信息共享内容、模式、收益分配讨价还价过程中发生的成本。契约成本主要指签订合同以及合同执行过程中发生的成本，由于不完全契约的存在，可能包括再谈判的成本。产权界定与控制成本主要指对渠道整合过程中信息的产权界定与技术控制发生的成本。监督管理成本，尤其是对共享发起者而言，如果共享发起者试图在信息资源的共享过程中同共享成员一同分担信息资源的开发和共享成本，共享发起者必须监督共享成员，保证共享成员履行自己的共享义务。交易成本最终与固定成本、可变成本一样，体现为渠道成员的会计成本，随着信息共享收益的增加实现其成本的弥补。

第四节　零售渠道整合的信息共享机制设计

信息共享成本的普遍存在，导致渠道成员间信息共享的决策发生改变。在渠道成员决策过程中主要包括：第一，信息共享为渠道成员带来的收益情况，包括信息提供者、信息使用者、零售渠道整体的收益变化；第二，信息共享所付出的固定成本、可变成本与交易成本情况，信息共享成本如何在渠道成员中分配与摊销；第三，在考虑信息成本情形下，渠道成员与零售渠道整体的收益变化情况；第四，如果存在收益分配不均衡的情况，通过协调机制设计，渠道成员与零售渠道整体的收益变化情况，是否满足参与约束与激励相容条件，是否实现渠道整体的帕累托改进。最终保证参与信息共享的渠道成员收益都有所增加，实现信息共享。

信息共享协调机制最终以契约的形式实现，渠道整合过程中常用的契约包括利益共享契约、线性价格契约、回购契约、两部定价契约、数量折扣契约、批发价格契约、成本分担契约、回购契约、弹性契约等。各种契约具有一定适应的条件与范围，根据不同的信息共享内容，确定不同的契约类型。在部分信息共享的过程中需要采取复杂的契约，并通过多种契约组合完成渠道成员利益协调。在信息共享过程中，部分渠道成员还需要利用信息安全保密协议、竞业禁止协议等，进一步确保信息共享安全。以上契约主要起到协调与抑制的作用，协调契约是为了有效补偿信息支配者对信息消费者提供的便利，信息消费者应该对信息支配者给予适当的价值补偿，突出效率的同时强调公平。另外一部分契约是对于机会主义行为的抑制，对共享"犯规者"的惩戒也是保障信息资源共享的重要措施。

总体而言，在零售渠道整合过程中信息共享是通过"有偿共享"实现的。由于信息成本的存在，信息内容提供者共享信息是有代价的，如果不对其信息成本进行有效补偿，信息内容将存在供给不足的问题。对于信息内容的需求者，其通过信息共享可以获得收益，因而其有必要进行一定的协调机制设计，实现信息共享收益在供给者、需求者之间的再平衡，从而通过人为干预达成"合作均衡"。随着信息共享的产权制度、市场制度与标准制度的不断完善，可以逐步从"有偿共享"转变为"交易共享"，通过有效的信息价格形成机制，在渠道成员间形成信息内容的直接交易。

第五节 零售渠道成员信息共享的理性边界

上文分析了在零售渠道整合过程中的信息共享主体、信息共享内容、信息共享模式、信息共享成本、信息共享协调机制。通过对信息共享实现基础的凝练与数学表达，形成信息共享实现基础模型，进一步明晰零售渠道整合过程的信息共享构成与过程。

一、信息资源描述

信息共享内容是渠道成员间可共享的信息资源，通常信息资源可以用信息数量和信息价格描述，由于信息资源是异质的，可以将信息资源做完全体系划分，设整个信息资源的范畴包括 m 个子类，该子类就是信息共享内容的分类，那么 $Q_i = (Q_{i1}, Q_{i2}, \cdots, Q_{im})$，其中 i 表示信息共享主体，即渠道成员，Q_{ij} 表示渠道成员 i 拥有可共享的信息资源 j 数量，用 $Q_i = \sum_{j=1}^{m} Q_{ij}$ 表示渠道成员 i 拥有的可供共享的信息资源总量。市场上存在一个公有的信息要素价格体系 $P = (P_1, P_2, \cdots, P_m)$，信息数量与信息价格的乘积即信息资源禀赋，信息资源禀赋 $I_i = P \cdot Q_i^T = \sum_{j=1}^{m} P_j Q_{ij}$。整个零售渠道的信息资源禀赋可以用 $\Omega = \sum_{i=1}^{n} I_i$ 表示，n 表示渠道成员的数量，其中 $\Omega_i = \sum_{i=1}^{k} I_i$ 表示渠道成员 i 通过与零售渠道中的 k 个渠道成员信息共享获得的信息资源禀赋总和。

二、信息共享成本描述

信息共享成本主要是渠道成员信息共享过程付出的代价，主要包括实施成本与交易成本，信息共享成本用 C_{ij} 表示，即渠道成员 i 与渠道成员 j 信息共享的总成本。不同于公有的信息要素价格体系 $P = (P_1, P_2, \cdots, P_m)$，信息共享成本是渠道成员私人信息。对于渠道成员 i 而言，从渠道成员 j 获取单位数量信息资源的可变成本为 v_{ij}，一般认为，信息共享的可变成本满足 ①$v_{ii} = 0$；②$v_{ij} = v_{ji}$ 两个属性，渠道成员的信息共享的可变成本仅与用户的资源总量有关。然而为实现共享支付的固定成本是 f_{ij}，交易成本为 t_{ij}，那么渠道整合过程中信息共享成本可以描述为 $C_{ij} = v_{ij}Q_j + f_{ij} + t_{ij}$。

如果渠道成员 i 与 j 不存在信息共享，即 $v_{ij} = 0$，$f_{ij} = 0$，$t_{ij} = 0$，具体而言，渠道成员信息共享成本体系可以描述为可变成本矩阵、固定成本矩阵、交易成本矩阵。

$$V_{n \times n} = \begin{bmatrix} 0 & v_{12} & v_{13} & \cdots & v_{1n} \\ \cdots & \cdots & \cdots & \cdots & \cdots \\ v_{i1} & v_{i2} & v_{i3} & \cdots & v_{in} \\ \cdots & \cdots & \cdots & \cdots & \cdots \\ v_{n1} & v_{n2} & v_{n3} & \cdots & 0 \end{bmatrix}; \quad F_{n \times n} = \begin{bmatrix} 0 & f_{12} & f_{13} & \cdots & f_{1n} \\ \cdots & \cdots & \cdots & \cdots & \cdots \\ f_{i1} & f_{i2} & f_{i3} & \cdots & f_{in} \\ \cdots & \cdots & \cdots & \cdots & \cdots \\ f_{n1} & f_{n2} & f_{n3} & \cdots & 0 \end{bmatrix};$$

$$T_{n \times n} = \begin{bmatrix} 0 & t_{12} & t_{13} & \cdots & t_{1n} \\ \cdots & \cdots & \cdots & \cdots & \cdots \\ t_{i1} & t_{i2} & t_{i3} & \cdots & t_{in} \\ \cdots & \cdots & \cdots & \cdots & \cdots \\ t_{n1} & t_{n2} & t_{n3} & \cdots & 0 \end{bmatrix}$$

三、信息共享效用描述

信息共享效用可以用信息资源禀赋与信息共享成本的差额来表示：$U_i = \Omega_i - \sum_{j=1}^{n} C_{ij}$，为了继续分析渠道整合过程中信息共享机制，在此引入共享剩余 δ_i 与共享满意 μ_i。

共享剩余是指通过信息共享获得的效用改进程度，共享剩余可以用具体信息共享过程中信息效用与信息成本的差额表示：$\delta_i = \Omega_i - I_i - \sum_{j=1}^{n} C_{ij}$。

共享满意 μ_i 表示通过共享获得信息效用改进的相对程度，共享满意则可由渠道成员的共享剩余与原有信息效用之比描述：$\mu_i = \dfrac{\delta_i}{I_i}$。

需要说明的是，上述信息共享过程是信息交换的过程，即利用渠道成员自身拥有的信息换取其他渠道成员有效信息的过程，彼此之间不存在成本、收益补偿契约。该假设只是为了刻画渠道成员信息共享的过程，使其不失一般性。

四、零售渠道成员信息共享的理性边界描述

零售渠道成员 i 参与一个由 n 个渠道成员整合而成的信息共享网络，现在考虑其具体信息共享过程，在信息共享前 i 的信息资源为 Q_i，$I_i = P \times Q_i^T$，$C = 0$，效用 $U_i^1 = I_i$ 在信息共享后渠道成员 i 拥有 $\sum Q_i$，信息的资源禀赋为 $\Omega_i = \sum_{i=1}^{n} I_i$，信息共享后效用 $U_i^2 = \sum_{i=1}^{n} I_i - \sum_{j=1}^{n} C_{ij}$，相应地，$\delta_i = \Omega_i - I_i - \sum_{j=1}^{n} C_{ij}$，$\mu_i = \dfrac{\delta_i}{I_i}$。

共享过程的实现需要满足两个条件：参与约束条件（效率约束）和激励相容约束条件（公平约束）。

参与约束条件描述渠道成员在个人理性决策条件下，是否愿意参与渠道整合过程中信息共享的判断标准，即参与共享能否获得正的共享剩余或共享满意。用个人共享剩余描述参与约束条件时称个人理性参与，用 IR（Individual Rationality Constraint）表示：

IR：$\delta_i \geqslant 0$

激励相容约束条件就是期望共享获得的效用改进（共享剩余）或者相对效用改进（共享满意）不比共享对方差。用共享剩余描述激励相容时称为绝对激励相容，用 AIC（Absolute Incentive Compatibity Constraint）表示：

$L\,ink_{ij}AIC$：$\delta_i \geqslant \delta_j$

用共享满意描述激励相容时称为相对激励相容，用 CIC（Comparative Incentive Compatibity Constraint）表示：

$L\,ink_{ij}CIC$：$\mu_i \geqslant \mu_j$

根据参与约束条件（效率约束）和激励相容（公平约束）的描述，零售渠道成员参与信息共享就存在以下实施标准：

个人理性参与的绝对激励相容就是同时满足个人理性约束和绝对激励约束的共享方式，即 IR：$\delta_i \geqslant 0 \cap L\,ink_{ij}AIC$：$\delta_i \geqslant \delta_j$。

个人理性参与的相对激励相容就是同时满足个人理性约束和相对激励约束的共享方式，即 IR：$\delta_i \geqslant 0 \cap L\,ink_{ij}CIC$：$\mu_i \geqslant \mu_j$。

对于个人理性而言，信息共享的条件就是 IR：$\delta_i \geqslant 0$，代入上述分析就是：

$$\sum_{i=1}^{n} I_i - I_i - \sum_{j=1}^{n} C_{ij} \geqslant 0 \Leftrightarrow (\Omega_i - I_i) - \sum_{j=1}^{n} (c_{ij}Q_j + f_{ij} + t_{ij}) \geqslant 0$$

令，$\delta_i = R(c_{ij}, f_{ij}, t_{ij}) = (\Omega_i - I_i) - \sum_{j=1}^{n} (c_{ij}Q_j + f_{ij} + t_{ij})$。显然：

$$\frac{\partial R(c_{ij}, f_{ij}, t_{ij})}{\partial c_{ij}} < 0; \frac{\partial R(c_{ij}, f_{ij}, t_{ij})}{\partial f_{ij}} < 0; \frac{\partial R(c_{ij}, f_{ij}, t_{ij})}{\partial t_{ij}} < 0$$

即 $\delta_i = R(c_{ij}, f_{ij}, t_{ij})$ 是一个线性递减函数，而 $R(0, 0, 0) = \Omega_i - I_i \geqslant 0$，由罗尔定理，共享个人理性边界是存在的，而一组共享条件可以由共享的成本构成描述，即 $(V_{n \times n}, F_{n \times n}, T_{n \times n})$。因而，存在一个临界的共享成本 $(V_{n \times n}^*, F_{n \times n}^*, T_{n \times n}^*)$ 使 $R(c_{ij}^*, f_{ij}^*, t_{ij}^*) = 0$，证毕。

本章小结

　　本章在系统论述零售渠道整合与信息共享互动机制的基础上，重点介绍了零售渠道整合的信息共享实现基础。通过对信息共享内容、信息共享模式、信息共享成本、信息共享机制的论述与数学表达，构建零售渠道整合的信息共享基础模型。通过推导发现，存在临界信息共享成本，使信息共享实现，渠道成员存在均衡成本解。

第六章

零售渠道整合的信息共享实现技术

　　信息共享的实现是在一定信息技术体系支撑下的结果，而如果缺乏相关信息技术的投资与应用，信息共享则无法实现。部分学者提出了跨组织信息技术投资与组织绩效存在负相关的"IT价值悖论"现象，导致渠道成员在信息技术应用上的困惑。随着零售渠道整合的深化，现已不必再讨论"信息技术是否应该得到应用，应用后其价值如何"的问题，目前信息技术已经成为必要条件，如果离开信息技术应用就不可能实现零售渠道整合与信息共享。

第一节　信息技术作用于信息共享的机制

　　信息技术（Information Technology，IT）是指用于信息产生、存储、传递等过程的技术。信息资源与其他资源共享不同，其共享最终只能依靠信息技术实现，并且信息技术能力越强其渠道成员信息共享的意愿、能力越高，如果渠道成员信息技术应用程度低，信息共享可能受其影响无法实现（常志平等，2003）。渠道成员 IT 能力直接影响到其内外部的合作、信息共享以及绩效水平（Nada et al.，2005）。组织内部 IT 技术知识越完善，信息传递与共享就越充分（路琳，2007）。IT 技术作为信息共享的主要通道与载体，其对信息共享的作用得到了普遍认可。关于 IT 技术作用于信息共享的机制，普遍认为在不确定性环境下，IT 技术水平对信息共享水平具有较强的促进作用，与信息共享意愿存在显著的正相关关系，IT 技术还可以通过信息共享意愿间接作用于信息共享水平，环境不确定性程度越高，合作伙伴越需要增加 IT 投入，实现高水平信息共享（袁旭梅等，2014）。企业自身技术的应用可以提高企业间信息共享的质量，丰富信息共享的内容，使渠道成员信息共享和合作关系得以改善（袁旭梅、张旭，2016）。部分学者对比了技术方案与协调机制对信息共享的作用，认为技术方案具有强制共享的特征，而协调机制是自愿选择的结果，只要信息共享收益水平足够高，技术方案的作用就要优于协调机制（高锡荣等，2016）。

具体到零售渠道整合过程中，信息技术对信息共享的作用体现在传输通道、信息内容、信息状态、共享机制四个方面（见图6-1）。一般而言，零售渠道成员信息共享主要通过两种途径实现：面对面信息共享、信息技术共享。面对面信息共享具有全息交流的特征，但受时空局限。信息技术为信息共享营造了畅通的共享通道，使信息共享摆脱了时空限制，成为信息共享实现的渠道基础。关于信息共享内容，其依托信息技术沉淀，产生了消费者需求信息、库存信息、地理位置信息、大数据信息等信息内容，为信息共享提供了稳定的内容来源。

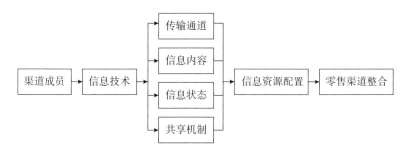

图6-1　信息技术作用于信息共享的机制

在物理学中常用性质来规定物质系统所处的状态，性质包括温度、压强、组成等，如果其性质发生了变化，其物质系统所处的状态必然改变，如不同温度的水所处的状态是不同的。对应于信息状态，其主要受性质制约，信息状态主要指共享信息的客观性、共享信息的完整性、共享信息的及时性、共享信息的有效性等特征（唐毅等，2016）。信息共享的客观性是指信息产生于客观存在，不受主观影响、修改，其引申出信息的真实性、可靠性。信息的完整性指客观存在所传递出的信息保持着应有的部分，不存在删减、损坏，从而引申出信息的一致性、完备性。共享信息的及时性是指在信息共享过程中，渠道成员及时共享有效信息，使渠道成员迅速地做出决策，从而引申出信息共享的实时性与持续性。共享信息的有效性是指共享的信息能具体解决渠道成员的问题以及提高渠道成员的决策效率，其引申出信息的相关性与有用性。

信息共享机制是保证上述信息状态得以实现的制度，如信息的反馈机制与激励机制。信息反馈是信息共享的一个重要步骤，有效的信息反馈能够保证信息传递状态，保证在信息共享过程中传递的信息是高质量、可理解、准确相关的。本书所指的机制主要指协调机制，即保证信息共享得以实现的利益协调机制。信息共享的目的是实现信息资源配置的理想状态，即在信息资源配置过程中要实现成员的公平性与经济上的合理性（周毅，2003）。经济的合理性是指在信息资源配置过程中，收益既定情况下成本最小化或成本既定情况下收益最大化。成员的公平性是指经济收益分配的公平性。

信息技术为零售渠道成员信息共享提供了传输通道与稳定的信息内容来源，改变共享信息的客观性、共享信息的完整性、共享信息的及时性、共享信息的有效性等信息状态，并为信息共享提供了协调机制，实现信息共享。在信息充分共享的基础上，信息实现自身增值，并发挥催化剂的作用，实现渠道资源的优化配置，最终实现零售渠道整合。本书重点阐释中台技术、物联网技术、区块链技术、大数据技术、智能合约技术的作用机制，对已经得到普遍研究的信息系统、EDI 等应用，不再赘述。

第二节　中台技术

一、信息系统对信息共享的价值

1. 传统前、后台架构划分

传统零售企业是基于"前台+后台"的技术架构发展演变的。前台是由各类前台系统组成的前端平台。每个前台系统就是一个消费者的接触点，即零售商与最终消费者交互的系统。具体而言，以零售企业为例，与天猫、淘宝、京东旗舰店、微信公众号、微信小程序、线下实体门店对接的信息系统都属于前台范畴。后台是指系统的后端平台，消费者无法感知后台的存在，后台主要负责存储和计算企业的核心数据。传统的 ERP、WMS、CRM、OMS、SCM 等业务系统，还有 HR、财务、OA 等支持系统，都属于零售企业的后台。另外，基础设施和计算平台作为企业的核心计算资源，也属于后台的一部分。

传统信息共享是通过后台系统完成的。关于后台信息系统对信息共享的价值研究，早期存在一定争议，现阶段已逐渐趋向一致。部分学者分析了多零售商对应单制造商的情况，并把信息系统纳入讨论，其将信息共享的形式划分为基于订单的信息共享、非系统的信息共享以及系统的信息共享三种，实证表明在一个制造商对应多个零售商时信息共享可以降低库存成本，但遗憾的是其没有实证说明有无信息系统的差异（Cheng et al.，2005）。部分早期研究与此观点类似，认为信息系统的建设本身不创造价值，不能带来帕累托改进，只是将信息系统成本在合作伙伴间相互转嫁（Joseph et al.，1990；Eric et al.，1993）。与此相反，大量实证研究却表明信息系统的应用提升了信息共享水平，并能降低渠道成员库存水平（Michael et al.，2002；Zhou et al.，2007）。内部信息系统决策支持能力、系统之间的接口与信息共享的时间价值呈正相关（刘念、马士华，2007）。信息系统的价值在于同步提升共享信息的准确性和及时性，信息系统投资水平取决于现有的信息共享成本与信息质量（肖静华等，2014）。渠道成员信息技术能力越强，不同部门间、不同渠道成员间信息系统应用水平越均衡，越有助于数据、技术和业务的对接以及流程在不同渠道之间进行集成或整合（Luo et al.，2016）。同时，在企业实践中也不乏信息系统成功使用的典型案例（Jeffrey et al.，2000）。在零售领域也存在案例研究认为拥有完善的 IT 硬件设备和软件系统，能够更好地创建客户数据库和进行消费者行为分析，从而有助于协调管理不同渠道的功能和任务（Steinfield et al.，2002）。综上可见，随着信息技术应用程度提高与成本降低，后台信息系统在信息共享中的价值得到普遍认可。

目前，在零售渠道整合过程中应用的信息系统包括：①电子订货系统（EOS）和销售时点信息系统（POS），其分别接受订单处理和采集销售信息；②供应商管理库存（VMI）和连续补货计划（CRP），可以协调生产和销售，降低库存成本；③快速响应系统（QR）和有效顾客响应（ECR），可以降低需求的不确定性，提高对市场的响应速度，缩短新产品的开发周期；④企业间信息系统（IOIS），可以实现渠道成员间信息系统的兼容和整合，提高数据处理和数据通信能力。

2. 前、后台架构划分存在的问题

传统的"前台+后台"的技术架构满足了前后、后台之间业务要求以及渠道成员间信息共享要求。在零售渠道整合深化的背景下，传统"前台+后台"技术架构暴露出的问题尤为明显。

（1）兼容问题。传统的 ERP、WMS、CRM、OMS、SCM 等业务系统，还有HR、财务、OA 等支持系统，由于这些系统大都是分步实施的，部分系统是由不同供应商提供的，这造成了这些系统每一个都是自成一体的封闭的系统，难以实现有效兼容。后台系统之间的不兼容问题，直接导致内部难以协同，信息共享难度增加，要实现渠道成员间大范围信息共享的难度更高。

（2）消费者响应滞后。消费者需求不确定性以及需求的瞬息万变，决定了前台系统需要快速迭代响应消费者需求变化。前台对消费者的快速响应要求后台与之相匹配，而后台设立的核心目的并不是服务前台，而是提升后端数据的安全及系统的稳定性。随着业务范围的扩大，后端存储大量的合同、商品、订单及用户等私密数据。考虑到企业安全、审计、合规、法律等限制，这些数据无法提供给前台直接使用，同样也无法快速地改造系统来响应前台的变化。因此，出现了"前台为了满足消费者需求，期望系统不断的快速迭代"与"后台为了数据安全与系统稳定，期望系统趋于稳定"的矛盾局面。随着零售业务的发展，因为后台修改的成本和风险较高，驱使零售企业尽量选择保持后台系统的稳定性。为了响应消费者持续变化的需求，自然就会将大量的业务逻辑（业务能力）直接匹配到前台系统，在重复建设的同时，还会致使前台系统不断膨胀，变得臃肿，形成了一个个独立的"烟囱式单体应用"，逐渐拖垮前台系统的"消费者响应能力"，消费者满意程度降低，零售渠道的竞争力随之不断下降。

（3）缺乏能力沉淀。资源与能力理论认为，在零售渠道整合过程中，任何渠道成员都无法通过自身来提供发展所需的所有资源，其在资源上必须依赖于其他渠道成员，向其他渠道成员获取资源的过程也就形成了渠道成员之间的交易。资源与能力理论认为渠道成员必须拥有差异化能力才能参与渠道整合的过程。零售商由于直接接触消费者，并且通过零售渠道直接沉淀零售活动的相关数据，其在渠道整合过程中相较其他渠道成员具有信息能力的优势。由于零售企业内部研发体系落后，烟囱系统横立，其不仅无法满足前台需要，也难以将海量的前台数据、后台数据沉淀、聚合，形成有效的决策信息，供前台直接使用与渠道成员间共享。零售企业缺乏信息能力的沉淀，无法在渠道成员中提供差异化能力，逐步在零售渠道成员间处于弱势地位。

二、中台技术的产生

随着消费者需求不确定性以及零售渠道整合程度的不断提高，后台信息系统兼容差、消费者响应慢、缺乏信息能力沉淀等问题凸显，部分零售企业纷纷把"中台战略"放到了空前重要的位置，通过组织架构调整来加速技术、业务能力沉淀与协同。阿里巴巴在国内创造性地提出了"中台"概念，核心是将后台的逻辑层拆分出来，形成"前台（应用层）—中台（逻辑层）—后台（数据层）"的技术架构。在这一技术架构下，当前台需求来临时，中台能快速地进行响应，从而提升了研发效率，降低了创新成本。中台存在的目的是更好地服务前台规模化创新，快速响应消费者需求变化，使企业真正做到自身能力与消费者需求的持续对接。中台是企业内部系统分工的结果，其比前台具有更强的稳定性，比后台具有更高的灵活性，并匹配前台与后台的速率，是前台与后台的桥梁。

从中台的服务对象、价值、属性等角度出发，中台实质上是企业级能力复用平台。企业级界定了中台的服务范围，区别于业务信息系统，业务信息系统主要服务于企业内部单一业务需求，而中台主要服务于企业层级或跨企业层级。从实施主体看其主要由首席信息官（Chief Information Officer，CIO）负责，而不是具体的业务部门。中台是企业级、是全局视角，业务信息系统更多是系统级、是局部视角。根据资源与能力理论，企业的能力可能包含多个维度，常见的如计算能力、技术能力、业务能力、数据能力、运营能力、研发能力等。中台的产生是将后台资源转化为前台与渠道成员易于使用的数据能力、业务能力等，前台与渠道成员通过中台的应用将增加其收益。通过打造中台，将能力整合、沉淀并对外开放赋能，推动企业层次与跨企业层级数字化进程。复用定义了中台的核心价值，通过将后台提供的资源形成企业差异化能力后，该能力可以被不同前台、业务团队、渠道成员反复使用。一方面将更高抽象（如业务模式级别）的通用业务逻辑通过抽象后下沉到中台，这样前台就会更轻，且学习成本和开发维护成本更低，能更快地适应消费者需求变化。另一方面通过对中台能力的软件服务化（Software-as-a-Service，SaaS）包装，减少前台团队发现中台能力和使用中台能力的阻力，甚至通过自助式（Self-Service）的方式快速定位和使用中台能力。平台定义了中台的主要形式，平台是典型的双边市场，根据Rochet 等（2003）的界定，双边市场具有平台结构、价格结构非中性、交叉网络外部性特征。所谓平台结构是指中台存在供需双方，后台是中台资源的主要提供者，前台、业务部门与渠道成员是中台能力的需求者，通过中台实现双向匹配。价格结构非中心指中台对平台参与主体的定价存在差别，根据提供者与使用者的重要程度差异，会对其进行补贴与差异化定价。交叉网络外部性是指平台一侧用户数量的多少直接影响另一侧成员的效用水平，后台提供的资源越多，对前台的价值越大，相应地，前台使用越频繁，后台的价值越明显。

三、基于中台技术的渠道成员信息共享模式

以典型的全渠道零售企业为例（见图6-2），对中台的构成及其与前台、后台的层级关系进行说明。根据中台的功能划分，中台可以分为业务中台、数据中台、技术中台、组织中台、算法中台、研发中台等，根据研究需要重点讨论业务中台、数据中台与技术中台。

1. 业务中台

业务中台主要是对前台进行业务能力支持，不同零售渠道都需要独立的会员、积分、结算、商品、库存、订单、促销业务活动，在传统"烟囱式"架构下，每一个零售渠道都独立、重复开发相应的支持中心。通过业务中台建设，将不同渠道的业务活动数据集中于业务中台，建立会员中心、积分中心、结算中心、商品中心、库存中心、订单中心、促销中心等，分别支持多个渠道对业务的管理要求。不同前台在产生业务需求时，可以直接从业务中台获取这个功能，而不需要再重复开发，从而把更多的系统连接在一起。同时，业务中台可以将后台资源进行抽象包装整合，转化为前台友好的可重复共享的核心能力，实现了后端业务资源到前台易用能力的转化。业务中台通过内部信息共享，实现了不同渠道业务的整合。离开业务中台，零售企业又回到了多渠道零售阶段。

2. 数据中台

数据中台的数据来自业务中台，包括结构化数据、半结构化数据、非结构化数据，业务中台数据同步到数据中台后，数据中台通过数据的采集、聚合，利用数据实体的对应关系与数据关联性，对数据进行处理与集成，通过数据分析产生可供业务中台需要的信息，其包括具有直接决策价值的消费者数据、商品数据、门店数据、库存数据、资金数据等。数据中台的初衷是为了让数据沉淀下来，产生价值。所有业务系统的数据，各业务触点的信息，会流向数据中台，解决企业数据孤岛的现象，达成信息共享。数据中台与业务中台是相辅相成的，两者没有冲突关系。数据中台从业务中台的数据库中获取数据，进行清洗和分析得出结果，支撑业务中台上的智能化应用；这些智能化应用产生新的数据又流转到数据中台，形成数据闭环。数据中台的另一个数据来源是后台系统，数据中台将海量的后台数据沉淀、聚合，形成有效的决策信息，供前台直接使用与渠道成员间共享。

3. 技术中台

技术中台就是将使用基础设施的能力、各种技术中间件的能力进行整合和

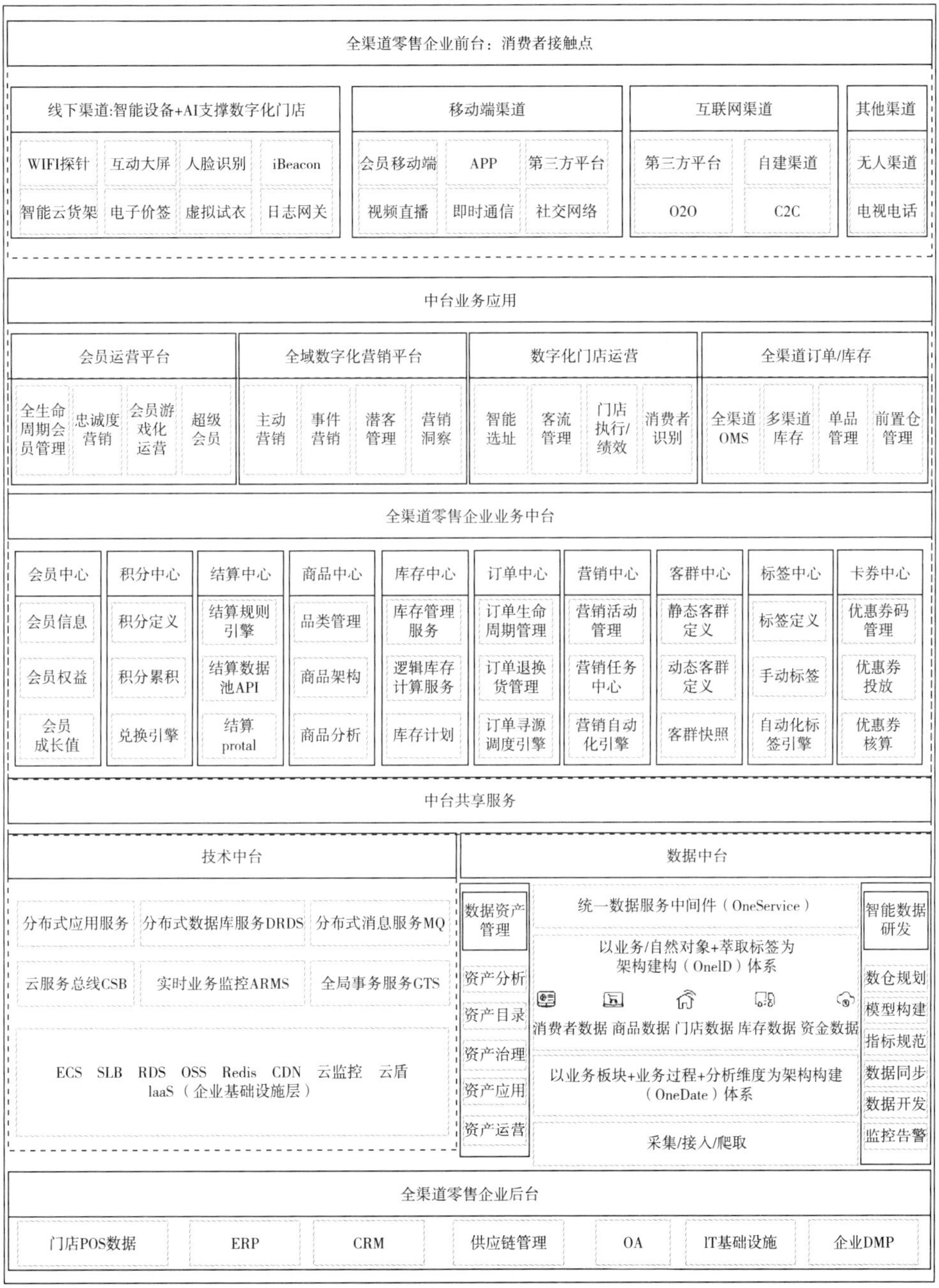

全渠道零售企业前台：消费者接触点			
线下渠道:智能设备+AI支撑数字化门店	移动端渠道	互联网渠道	其他渠道
WIFI探针　互动大屏　人脸识别　iBeacon 智能云货架　电子价签　虚拟试衣　日志网关	会员移动端　APP　第三方平台 视频直播　即时通信　社交网络	第三方平台　自建渠道 O2O　C2C	无人渠道 电视电话

中台业务应用			
会员运营平台	全域数字化营销平台	数字化门店运营	全渠道订单/库存
全生命周期会员管理　忠诚度营销　会员游戏化运营　超级会员	主动营销　事件营销　潜客管理　营销洞察	智能选址　客流管理　门店执行/绩效　消费者识别	全渠道OMS　多渠道库存　单品管理　前置仓管理

全渠道零售企业业务中台									
会员中心	积分中心	结算中心	商品中心	库存中心	订单中心	营销中心	客群中心	标签中心	卡券中心
会员信息	积分定义	结算规则引擎	品类管理	库存管理服务	订单生命周期管理	营销活动管理	静态客群定义	标签定义	优惠券码管理
会员权益	积分累积	结算数据池API	商品架构	逻辑库存计算服务	订单退换货管理	营销任务中心	动态客群定义	手动标签	优惠券投放
会员成长值	兑换引擎	结算protal	商品分析	库存计划	订单寻源调度引擎	营销自动化引擎	客群快照	自动化标签引擎	优惠券核算

中台共享服务

技术中台	数据中台	
分布式应用服务　分布式数据库服务DRDS　分布式消息服务MQ 云服务总线CSB　实时业务监控ARMS　全局事务服务GTS ECS　SLB　RDS　OSS　Redis　CDN　云监控　云盾 IaaS（企业基础设施层）	数据资产管理 资产分析 资产目录 资产治理 资产应用 资产运营	统一数据服务中间件（OneService） 以业务/自然对象+萃取标签为架构建构（OneID）体系 消费者数据　商品数据　门店数据　库存数据　资金数据 以业务板块+业务过程+分析维度为架构构建（OneDate）体系 采集/接入/爬取
		智能数据研发 数仓规划 模型构建 指标规范 数据同步 数据开发 监控告警

全渠道零售企业后台						
门店POS数据	ERP	CRM	供应链管理	OA	IT基础设施	企业DMP

图6-2　全渠道零售企业中台技术的构成与层级关系

包装，过滤掉技术细节，提供简单一致、易于使用的应用技术基础设施的能力接口，助力零售前台、业务中台、数据中台的快速建设。技术中台提供分布式应用服务、分布式数据库服务、分布式消息服务等，其实质是将重复使用的技术和能力简单化，为组合式创新提供技术模块。

部分全渠道零售企业配套建设算法中台、组织中台。算法中台的作用是将数据中台的数据不断输入算法集合中，算法集合产生业务中台所需要的结果，业务中台根据其结果支撑前台业务创新。前台业务创新将产生新的数据来源，通过业务中台与数据中台输入算法集合，实现算法迭代与新的业务创新。技术架构的变革离不开组织架构的支撑；中台技术的成功应用，需要实现技术架构与组织架构的匹配。组织中台是企业内部的风险投资和创新孵化机构，为前台组织和团队提供类似于投资评估（项目甄别）、投资管理、投后管理（孵化与风控）服务，真正从组织和制度上支撑前台组织和应用的快速迭代以及规模化创新。中台技术的构成与层级关系不是一成不变的，根据零售活动的差异，其处于不断的动态调整。

四、中台技术对渠道成员信息共享的价值

1. 提供了稳定的信息内容

业务中台、数据中台的建设为信息共享提供稳定的信息内容，传统后台出于稳定性与安全性的考虑，可供共享的信息有限。业务中台、数据中台的使用，使前台专注于灵活性、后台专注于稳定性，其主动对前台、后台数据进行采集与处理，增加了渠道间可用于信息共享的内容。对于前台而言，中台技术的实施使离散于互联网、物联网之上的非结构化、半结构化数据采集成为可能。对于后台而言，中台技术的实施使传统 ERP、CRM 等后台系统的数据转化为共享信息成为可能。中台技术的实施，实质是通过后台资源的转化，在中台形成了业务模块、数据模块、技术模块，并且通过技术手段提高模块的通用性与易用性，渠道前台与渠道成员可利用通用、易用模块，进行快速的组合式创新。全渠道零售企业中台技术的构成与层级关系如图 6-2 所示。

2. 改变了共享信息的状态

传统以后台信息系统为载体的信息共享模式，出于信息安全的考量，必然对信息共享进行严格的审批与技术处理，时效性差。中台技术通过提供中间适配层，使后台可以专注于数据的安全稳定。中台通过快速的挖掘与处理，快速

响应前台业务需求与渠道成员信息需求，保证了信息共享的及时性。中台技术将零散于各渠道的订单信息、会员信息、库存信息、支付信息需要汇总到统一的系统，实现了共享信息的完整性。实体店、PC网店、移动商店、社交商店等渠道，都拥有碎片化的订单信息、库存信息、卡券信息、结算信息、会员信息等，在不同的渠道中信息是割裂的，无法保证信息的完整性。中台技术的应用，将所有渠道的零散信息汇总到中台，实现了统一的购物身份（ID）、统一的购物清单、统一的购物账户，保证了跨渠道的订单、会员、库存、积分、物流、营销等信息的一致性，让消费者不会感受到渠道壁垒的存在，能够享受到统一的服务体验，通过零售企业内部信息共享实现了零售渠道整合。

第三节　物联网技术

一、物联网技术在信息共享领域的应用

现阶段，物联网技术主要应用于渠道成员间库存信息共享与可追溯体系建立，理论研究主要集中于物联网技术投资及其在渠道成员间的利益协调。尽管零售渠道成员不断加大自动补货及自动需求预测等库存管理信息系统的投资，但信息系统的库存数据与货架上的实际数量仍然存在偏差。记录数量与实际数量的不一致称为库存不准确，库存不准确一方面导致渠道成员增加库存数量，应对缺货现象；另一方面库存不准确，导致部分时效性较强的商品面临商品过季的风险。库存不准确普遍存在于零售渠道各环节，影响零售渠道资源配置水平。为了应对库存不准确现象，渠道成员普遍采用射频识别技术（Radio Frequency Identification，RFID），RFDI具有多源异构、时空关联、冗余度高、多维标量等特征（Li et al.，2012），可实现对现实世界各类物体的信息采样、智能追踪、监控和管理（田野等，2016）。当制造商参与或单独采用RFID，商品从出厂环节就开始被贴上RFID标签，标签内包含生产商代码、商品序列号、生产日期等唯一身份信息，上述信息被实时传递到数据中心。物流服务商在物流过程中实时扫描RFID标签，并将每个物流环节数据上传到数据中心。进入零售环节，零售商在下载商品信息的同时，利用RFID标签实时监控库存数量、

库存位置情况，并将销售信息实时上传到数据中心。数据中心将数据定期抽取，形成数据仓库，进行数据挖掘，为渠道成员提供决策支持与分析服务。RFID 被认为是实现商品自动识别、商品实时监控的有效方式，是解决库存不准确问题的最为有效的方法（张李浩等，2018）。RFID 技术能实现渠道的可视化运营，防止库存积压，实时监控库存，降低缺货成本（Chongwatpol et al.，2013）。有企业案例表明，与条形码技术相比，RFID 技术在信息获取与信息实时共享具有显著优势，可以为制造商、零售商提供高效的决策支持（Delen et al.，2007）。RFID 技术可以为渠道成员带来收益的同时，也会增加渠道成员成本。零售商希望通过 RFID 技术降低库存不准确带来的影响，降低库存成本，提高渠道绩效，而 RFID 技术应用几乎是制造商投资、零售商收益，这极大地损害了制造商投资 RFID 技术的积极性。如果制造商不投资 RFID 技术，RFID 标签的应用规模不足，降低 RFID 技术的成本则无从谈起。因此，如何平衡收益和成本的变化，是渠道成员迫切需要解决的问题（Hardgrave et al.，2013）。

部分学者分析了无线射频识别技术消除商品错放对渠道成员收益的影响，进一步设计了数量折扣——两部定价契约，实现了分散式决策下投资 RFID 技术的协调，同时其证明单独数量折扣契约不能实现渠道成员的协调（杨惠霄、张李浩，2014）。针对不同的应用场景，分别建立 RFID 技术的成本分摊模型，结果显示通过调整批发价格、可承担的最大投资成本以及渠道成员成本分担系数，均可以解决收益增量的合理分配问题，促成 RFID 技术投资实现（张李浩、范体军，2015）。Rekik 等（2012）考虑 RFID 技术能够减少库存错放的作用，建立了渠道成员投资 RFID 技术前后的报童模型，实证表明，通过原有损耗商品价值与投资 RFID 技术成本之间的均衡点分析，可以保证 RFID 技术投资实现。景熠等（2014）通过建立投资 RFID 技术前后闭环供应链及其成员的收益表达式，分析了误回收率的允许范围以及闭环供应链投资 RFID 技术的决策条件。其通过与集中决策下投资 RFID 技术的收益绩效进行对比，确定分散式闭环供应链存在"双重边际"效应，并设计了一个基于非对称 NASH 协商的两部定价契约，实现了闭环供应链投资 RFID 技术的协调。

物联网技术还广泛应用于食品安全追溯体系建设。在肉品追溯体系建设中，任守纲等（2010）通过无线射频识别技术（RFID）、物联网及电子产品代码（EPC）系统相关技术，提出了基于无线射频识别技术的肉品企业资源平台架构，详细研究和分析了肉品销售阶段的信息追溯过程。在水产品追溯体系建设中，颜波等（2013）利用 RFID 和 EPC 物联网，以水产品为具体研究对象进行了详细的设计与实现，其利用该平台可以实现水产品从养殖、加工、配送到销售的全程跟踪与追溯。关于物联网技术在食品安全与追溯体系建设过程中的投资决策问题，缺乏相关博弈分析，只是基于企业的投资意愿及影响因素进行了案例与实证研究，部分学者基于 Logistic、Interval Censored 回归模型，研究了影响食品生产企业实施可追溯体系的投资意愿与投资水平的主要因素（山丽杰等，2011）。食品生产者投资决策行为的改变主要是从食品可追溯体系中获得了经济收益，预期收益是影响企业投资决策最重要的因素之一，而市场对可追溯食品的需求、政府为确保食品安全出台的支持政策，可降低可追溯食品的生产成本（吴林海等，2013）。

二、基于物联网技术的渠道成员信息共享模式

物联网技术的层级结构相对简单，可相应分为感知层、网络层与应用层（见图 6-3）。感知层主要实现对物体信息的采集、捕获与识别，其关键技术是传感器、RFID、GPS、自组织网络、传感器网络、短距离无线通信。网络层是指泛在通信网络，对感知层采集物体的信息与数据进行传输。网络层主要解决物与物、人与人、人与物之间的通信，其必须建立一个端到端的全局物联网。物联网中接入的设备多种多样，其是一个泛在化的接入、异构的接入。接入方式包括移动网络、无线接入网络、固定网络，其中移动网络具有高效、覆盖广、移动性强的特点，成为了物联网的主要接入方式。应用层是信息的具体应用，其通过数据的存储、挖掘，应用到具体场景。

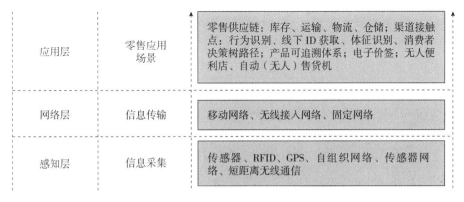

应用层	零售应用场景	零售供应链：库存、运输、物流、仓储；渠道接触点：行为识别、线下 ID 获取、体征识别、消费者决策树路径；产品可追溯体系；电子价签；无人便利店、自动（无人）售货机
网络层	信息传输	移动网络、无线接入网络、固定网络
感知层	信息采集	传感器、RFID、GPS、自组织网络、传感器网络、短距离无线通信

图 6-3　物联网平台的层级架构与关键技术

在零售渠道整合过程中，物联网技术广泛应用于渠道成员间的信息共享，具体应用领域包括物流信息、消费者信息、追溯信息、电子价签等领域。物联网技术广泛应用于渠道成员库存信息与物流信息共享，通过 RFID 的投资，可以实现对商品从生产到消费全过程的跟踪，解决库存信息不准确以及物流可视化问题。通过实时信息采集与共享，可以提高物流资源的配置效率。随着传感器技术应用与成本降低，线下渠道充分利用物联网技术实现消费者购买全过程的数据采集，具体应用场景包括消费者行为识别、线下 ID 数据获取、消费者决策树路径、体征识别等。行为识别主要对消费者拿取哪层货架商品、商品被拿取次数、商品加入购物车的顺序、单人购物还是家庭购物等数据进行采集。线下 ID 数据获取主要对店前人流、进店人流、进店率、消费者结构、消费者满意度、消费者停留时长数据进行采集。消费者决策树路径主要对商品曝光率、商品查看时长、消费者浏览偏好、消费者热力图等数据进行采集。体征识别主要对身高、服装、饰品、背包等数据进行采集。产品可追溯体系主要应用于食品、医药等领域，主要解决产品安全问题，实现产品全过程的客观监控。电子价签的应用解决了线上渠道、线下渠道商品的一致问题。通过电子价签应用，可以确保商品线上线下动态一致、动态调整与动态定价。电子价签主要提供品名、价格、单位、规格、等级、产地等传统纸质价签的商品信息，使用电子价签之后，商品真正实现了线上线下的同步，实时更新的电子价签保证了线下与线上价格统一。无人便利店、自动（无人）售货机，是全过程利用传感器自组织的典型应用，其实现消费者身份识别、消费者购买过程、消费者支付、商品补货等零售活动的无人化。

三、物联网技术对渠道成员信息共享的价值

物联网技术在零售渠道整合过程中的应用，解决了信息内容采集问题。通过传感器应用，可以实时采集消费者需求信息、物流信息、地理位置信息等。物联网技术的应用确保消费者信息得以采集，消费者在不同时间、空间体现出的购买行为差异，可以通过传感器较为精确的对象建模，将更加清楚消费者的需求特征，尤其是可以将消费者的需求精准到具体的消费场景。通过将商品内置 RFID 标签，商品在零售活动中的时空数据可以实时采集，且能准确实时地跟踪商品从制造商到商店结账处的状态，保证了物流信息在渠道成员间的共享，为物流资源优化配置提供了直接依据。物联网技术增加渠道成员可共享信息内

容的同时，也改变了共享信息的状态。物联网技术增强了可共享信息的及时性与客观性。传感器可以实时采集数据，通过物联网同步传输到渠道成员，保证了渠道成员可以动态地调整决策，快速响应消费者需求不确定性及其变化，满足共享信息的及时性要求。客观可靠是指传感器直接采集数据，通过移动网络、固定网络传输给渠道成员，降低了人为篡改数据的可能性，保证渠道成员接受的数据与信息的客观性、可靠性。物联网技术通过对线下渠道的各类物体、活动的信息采集、智能跟踪，确保了线下渠道的在线化，线下渠道与线上渠道一样可以沉淀消费者数据和零售活动数据，为零售渠道整合程度深化与渠道资源优化配置提供了信息来源。

第四节　区块链技术

一、区块链技术在信息共享领域的应用

区块链技术是通过数据加密、数据链式结构、多副本存储和分布式共识机制，实现去中心化的分布式数据管理技术。区块链技术最早由日本学者中本聪提出，并应用于数字货币领域。由于工作量证明机制（Proof of Work，PoW）需要消耗大量算力，而且其单位时间内可容纳交易量的限制，导致其应用场景有限。后续以太坊（Ethereum）和 Hyperledger 等为代表的开源项目逐步拓展、完善了区块链技术开发与应用基础，推动了区块链技术的应用。区块链技术本质是交易信息的共识认证与分布式存储通过交易成员对信息的真实性进行共识认证，产生区块信息，分布式存储于交易成员节点，利用密码学原理交易对象可以实时查看交易信息，自动完成信息共享。区块链产生与应用的过程实质是交易成员信息共享的过程，区块链技术与信息共享天然具有内在一致性。

部分学者探讨了区块链技术对数据可信度的作用，具体分析了如何通过区块链技术加强对交易成员数据的管理（钱卫宁等，2018）。区块链技术在信息共享系统构建过程中存在明显的优势，具体的应用过程中可以采取无中心模式进行信息共享，改变传统集中式共享模式（王跃虎，2018）。传统信息共享依赖于第三方共享模式，容易导致数据隐私问题与数据安全问题，区块链技术在

信息共享中的应用，可以实现数据隐私与数据安全的可控，基于区块链技术提出了一种安全、高性能的共享及多方计算模型，使用户能在自主控制数据的同时保证数据计算和共享的安全性（王童等，2019）。区块链技术不仅可以应用于计算机网络，部分学者尝试将区块链技术与物联网技术相结合，设计了基于区块链技术的轻量级物联网信息共享安全解决方案，仿真实验结果表明，该解决方案具有安全性、有效性和可行性（葛琳等，2019）。区块链技术在信息共享领域的研究主要集中于重构去中心化的信息共享模式，解决信息共享的安全性与可靠性问题。

二、区块链技术原理

区块链技术是一种去中心化和高信任度的分布式数据库账本技术，网络节点能够点对点直接发生交易，并对一段时间内交易数据的记账权达成共识，即独立存储和集体维护。该技术利用非对称加密技术保证数据安全可信，利用时间戳技术实现数据的可溯源性和可验证性，通过分布式存储使数据公开透明，在非法算力不足51%时，数据无法伪造或篡改。区块链的自动化脚本代码系统支持用户创建高级的智能合约、货币或其他去中心化应用。

区块链工作原理具体如下：

（1）节点间发生交易，同时将交易向全网所有节点进行广播。

（2）接受节点对收到的交易信息进行验证，判断是否是真实的交易，若交易真实合法，将交易记录到新的区块中。

（3）在网络中具有对交易信息进行打包和验证能力的节点，通过共识机制对上述区块进行共识计算，选取打包节点。

（4）该打包节点通过共识计算将其打包的新区块再次向全网广播。

（5）其他节点通过校验打包节点的区块，经过数次确认后，将该区块追加到区块链中。

图6-4说明了交易区块的数据结构，节点间发生的交易被组成 Merkle 树结构，Merkle 树支持高效的归纳和校验区块中交易的完整性与存在性。当交易发生时，其被记录于 Merkle 树的叶子节点上（如 A、B、C、D 交易），通过两两合并哈希直至根节点（根哈希 Habcd）。根节点哈希值作为区块元素，除此之外还包括 Nonce、前一区块哈希值和时间戳。Nonce 是打包节点完成工作量证明算法后输入的，也是其获得打包权和奖励的证明。区块中还包括前一区块的哈希

值，其首尾相连构成完整的交易区块链。系统中的每一笔交易都被盖上了时间戳，避免了重复支付问题，而且使区块间形成了严格时间顺序的链表。

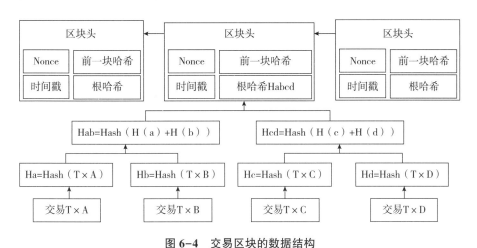

图6-4　交易区块的数据结构

三、基于区块链技术的渠道成员信息共享模式

1. 区块链技术类型选择

区块链技术原理保证了交易的履行，同时交易信息同步到区块链中，实现了交易与交易信息的映射、存储，为后续信息利用提供了基础。零售渠道整合实质是渠道成员合作、交易的动态过程，主要渠道成员间可以利用区块链技术将交易过程动态同步到区块链平台上，实现交易过程记录与实时信息共享。本书尝试以区块链技术为底层技术，依托渠道成员信息管理系统，以零售渠道成员为交易对象，构建基于区块链技术的零售渠道整合的信息共享平台，促使渠道各环节的商流、物流、资金流、信息流四流合一，保障渠道各环节的信息高效、自主地流转，提高渠道各环节信息的透明度，在不确定环境下建立互信共赢的零售生态系统。

按照面向的服务群体范围不同，区块链被分为三类（见表6-1）：公有链（Public Blockchain）、联盟链（Consortium Blockchain）和私有链（Private Block-chain）。公有链对任何成员开放，任何成员可以自由加入并参与共识认证过程，比特币属于典型的公有链，采取工作量证明共识机制。私有链只对内部成员开放，参与共识的权利属于特定成员。联盟链介于公有链与私有链之间，本质上仍属于私有链，但其成员范围与权限增加，通常被认为"部分去中心化"，外人可以查阅和交易，但不能验证交易或发布智能合约（宫晓林等，2017）。Hyperledger Fabric 为典型的联盟链，采用实用拜占庭容错（PBFT）共识机制。表 6-1 系统分析了公有链、联盟链与私有链等区块链类型的特点。公有链不存在进入门槛，交易速度慢，而私有链过于封闭，其实质是中心化信任机制。相比较而言，联盟链在保证了交易速度的基础上，实现了去中心化的信任机制，保证了交易数据的安全性，适用于零售渠道整合过程中渠道成员间的信息共享。

表 6-1　区块链类型的属性比较

区块链特点	公有链	联盟链	私有链
服务对象	任何人	特定的组织	单独的个人或实体
中心化程度	去中心化	多中心	中心化
激励机制	需要	可选	不需要
记账人	任何人	参与者协商	自拟
交易速度	3~20 笔/秒	1000~10000 笔/秒	1000~10000 笔/秒
网络	P2P 网络	高速网络	高速网络
节点存储	个人计算机	特定的服务器	特定的服务器
进入壁垒	低	较高	非常高
适用领域	数字货币交易、金融资产交易、存在性证明等	组织内的交易、银行或国家清算、结算	公司、政府、医院等实体组织，作为内部信息系统使用

2. 区块链技术的参与主体

在零售渠道整合过程中，基于区块链技术的信息共享参与主体应包括渠道成员与实施企业。渠道成员可以通过区块链信息平台与其他渠道成员直接交易，交易信息记录打包为区块并记录在平台中，并以分布式方式存储。渠道成员可根据信息共享约定随时查看交易数据，为渠道整合决策提供真实可靠的数据支持。区块链信息共享平台的搭建虽然由渠道成员牵头，但是仍然需要专业技术公司作为区块链维护企业，提供技术支持、物理设施、系统建设和日常维护，而渠道成员需要定期缴纳相应的维护费用。区块链维护企业作为区块链信息系统的服务方，没有访问信息的权限，相应地，也就没有打开信息的密钥，只能查看系统基本配置数据和加密处理后的渠道信息，降低了其泄露渠道相关信息的风险。

3. 区块链平台的层级架构与关键技术

渠道成员间区块链信息共享平台整体上可划分为数据层、网络层、共识层、合约层和应用层五个层次（见图6-5）。

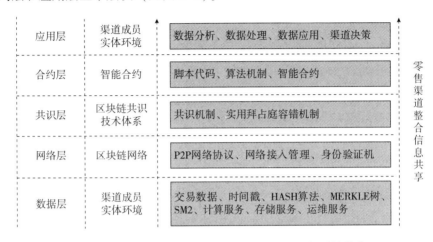

图 6-5　基于区块链技术的信息共享平台层级与关键技术

第一层，数据层。数据层是渠道成员间的实体环境，渠道成员将渠道交易、活动内容信息化，作为发送的基础数据；数据层采用合适的数据结构和数据库对交易、区块进行组织和存储管理。

第二层，网络层。这一层是对区块链所依托网络的定义，也是零售渠道整合业务内容交易所依托的网络，在这一层要实现零售交易、活动数据的 P2P 传播，以及认证主体对传播数据的认证。

第三层，共识层。共识层封装了整个系统的共识算法，是实现区块链去中心化特性、保证网络不被恶意节点攻击的关键。区块链技术产生至今，根据使用环境的不同，人们已经设计出十余种共识机制，其中使用较广泛的共识机制如工作量证明机制 PoW、股份证明机制 PoS、实用拜占庭容错机制（Practical Byzantin Efault Tolerance，PBET）。工作量证明机制 PoW、股份证明机制 PoS 一般用于公有链的共识机制，相比较而言，实用拜占庭容错机制 PBET 比较适合联盟链，技术成熟度较高。实用拜占庭容错机制可被用于零售渠道成员间的交易场景。与 PoW 不同，采用 PBET 时，区块仅有被选举出的唯一主控节点生成。PBET 由请求、预准备、准备、提交四个阶段构成。预准备由主控节点发起，准备阶段各节点分别验证主控节点发起的共识请求的正确性，并将验证结果返回给主控节点，并由主控节点汇总后在提交阶段确定是否提交。拜占庭容错机制在 1/3 的节点存在漏发、错发或选择性错发消息时，仍可以保证信息的客观性。

第四层，合约层。合约层由各类脚本代码、算法机制以及智能合约构成。其中，智能合约是合约层的核心，通过嵌入区块链的合约代码实现。按照渠道成员事先拟定合约内容和触发机制，以代码形式嵌入系统，一旦满足触发条件，合约自动执行，外界无法干扰。在零售渠道整合过程中，如果以智能合约形式执行合约，可以节约大量人力，提高处理效率。

第五层，应用层。应用层是渠道成员具体信息的应用场景，信息接收方对最终接收到的信息内容进行确认、分析以及制定相关零售决策。其他渠道成员也可以通过授权对相关信息进行分析应用，优化渠道资源配置。

四、智能合约

智能合约是利用信息技术实现可自动执行的任务合约，智能合约最早由尼克·萨博提出，但由于缺乏客观的执行条件长期未得到使用。智能合约的执行逻辑类似于计算机程序的"if-then"语句，只要触发"if"条件，那么便按照"then"的合约执行，即当执行条件满足时，不需要成员参与，会按照合约条款自动执行。区块链技术的提出与应用为智能合约提供了客观执行条件，区块链技术为智能合约提供了无法删除与修改、可追溯、去中心化的技术体系与可信的应用环境，促进了大量的智能合约的开发与应用。以太坊作为区块链技术的开源平台，为智能合约开发者提供图灵完备的智能合约脚本，保证了可信的应用环境与执行条件。智能合约具有自动判断触发条件、适用于客观性的请求、自动化完成、低成本等特点，可以有效解决传统渠道成员的渠道冲突、违约与机会主义行为。渠道成员间所有可设计的协调机制，将通过智能合约自我执行，不可篡改。渠道成员间信息共享与信息技术投资过程需要契约协调相互利益，抑制机会主义行为。在契约的执行过程中，需要对渠道成员的履约情况进行监督，产生交易成本。智能合约技术可将利益共享合约、线性价格合约、回购合约、两部定价合约、数量折扣合约、批发价格合约、成本分担合约等契约嵌入到区块链信息共享平台，平台根据信息共享情况自动分配收益与损失补偿。当产生机会主义行为时，将自动触发惩罚合约，渠道成员间自动转账赔付，避免了对履约情况进行监督所产生的成本。通过一系列智能合约开发，为渠道成员信息共享与业务合作开辟了一个与人无涉的智能运作新层次，形成新型的全自动智慧型契约社会（李晓、刘正刚，2017）。

五、区块链技术对渠道成员信息共享的价值

区块链技术与信息共享具有天然内在一致性，在零售渠道整合过程中，区块链技术对传统信息共享过程的改造升级，将从信息通道、信息内容、信息状态与信息机制角度，全面提升信息共享的质量与水平。区块链技术对传统信息共享方式进行了全方位的改进，通过物理运行基础架构的整体升级解决传统信息共享存在的诸多问题（Xu et al.，2016）。

（1）去中心化信任机制。具体而言，区块链技术改变了传统信息系统的他信机制，区块链技术具有去不可信第三方的共信机制（祝烈煌等，2019）。区块链技术将验证信息的权利分布到所有渠道成员，渠道成员自己拥有保存数据、验证数据的权利，而不是将数据交由不可信第三方保管。

（2）交易验证。渠道成员间所有交易需要得到渠道成员的验证，同一交易在多个渠道成员间共同验证的结果确保交易信息产生的客观性，不存在渠道成员篡改数据的安全隐患，从源头上保证了信息内容的完整性、客观性。

（3）防篡改。区块链技术是分布式账本，并且按照时间戳的先后顺序进行首尾连接，一旦交易信息写入区块链，单个渠道成员必须拥有至少51%的算力，才可以修改交易数据，一般情形下是无法被篡改的。

（4）安全存储。渠道成员间的交易信息是通过广播的形式进行分布式存储的，当存在网络攻击与不可抗力时，依赖多节点、多副本冗余实现数据容灾，只要还有一个完全节点，则系统的全部信息就能恢复，整个系统的安全性和可靠性提高。

（5）用户控制。用户不依赖于可信的第三方，结合安全多方计算，渠道成员可以自主控制自己的数据信息，具有对数据的所有权。渠道成员可以同意数据使用者对自己数据进行访问，也可以撤销其访问权。只有渠道成员同意请求者的访问请求，查询者和使用者才可以进行数据查找及计算。

（6）可追溯审计。在区块链中获取记账权的节点必须在区块头部中加盖时间戳，区块链上的区块是按照时间顺序依次排列的，时间戳为区块数据提供了存在性证明（Proof of Existence，PoE），改变了传统渠道成员间信息共享缺乏时间维度的问题，保证了所有交易信息可审计、可追溯的特点。

（7）机会主义。可追溯审计有效降低了渠道成员机会主义的可能性，一旦发现机会主义行为，可以通过区块链逆向检索产品的生产、加工等信息，据此发现产品产生问题的根源并追责。智能合约的存在保证正常交易行为的履约外，还可以规定机会主义行为的惩戒方式，一旦触发执行条件，平台根据情况自动分配收益与损失补偿，保证了信息共享机制（合约）的履行与自动实现。

第五节　大数据技术

一、大数据关键技术与处理流程

大数据技术从本质上来说是通过多源异构海量数据进行挖掘处理，获得有价值信息的技术。大数据技术已成为通用技术，普遍应用于各领域，而在零售领域广泛应用于消费者画像、渠道优化、成本优化、精准营销等业务，其已经成为零售行业数字化转型的有效技术手段。如图6-6所示，从数据来源看，数据来源不仅仅局限于原有的结构化数据，一切能够被电子化的都可以被纳入数据范围（王汉生，2018）。从数据来源看，数据可以分为结构化数据、半结构化数据、非结构化数据，传统计算机处理的数据是以结构化数据为主，并通过关系数据库（Relational Data Base Management System，RDBMS）进行处理。非结构化数据是指结构化数据以外的数据，包括图片、视频、位置、语音等。半结构化数据属于结构化数据的一部分，与典型的文本相比其也存在一定的结构性，如超文本（HTML）。数据采集是大数据最为关键、基础的环节，其通过传感器、RFID、数据检索分类完成对数据源数据的采集，随着数据范围的扩展，数据采集速度与精度要求越来越高。由于数据来源与类型的复杂性，导致数据处理与集成越来越困难，处理之前要保证将不同数据格式的数据转化为单一的或易于处理的结构，同时通过数据清洗去除噪声与干扰项，一般是通过过滤器技术实现。将整理好的数据进行数据聚合和数据修正，然后统一存储于专门的数据库。数据分析是将海量数据转化为价值的关键环节，传统的技术包括数据挖掘、机器学习与数理统计，但其已经难以满足海量多源异构数据的处理要求。在此基础上，谷歌公司在2006年提出了云计算的概念，通过分布式计算、实时计算、流式计算对大数据进行分析处理。普通终端用户不关注数据采集、处理的过程，其主要关心数据结果的解释，在数据解释环节普遍引入数据可视化技术与人际交互技术，形象地解释大数据结果，便于终端用户的理解与使用。

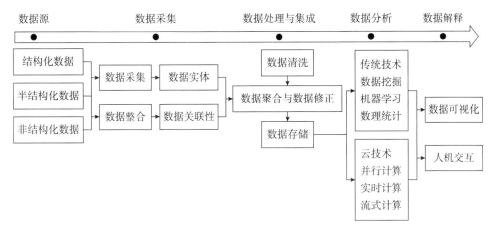

图 6-6　大数据关键技术与处理流程

二、大数据技术在渠道成员信息共享领域的应用

在零售渠道整合过程中，大数据技术主要解决了信息内容的有效性问题。通过离散化解构、全息化重构、价值关联、价值创造过程，产生有效信息，为渠道资源优化配置提供了依据。

1. 离散化解构与数字化表达

离散化，本质上就是对现实经济活动进行数据化表达、解构的过程。经济社会从过去的实体表达模式，逐步发展为离散化、虚拟化的表达模式，离散化表达的重要载体是网络。零售渠道成员通过中台技术、物联网技术、区块链技术投资形成互联互通的协同网络，渠道成员的所有实体活动将被离散化解构为协同网络上的细颗粒度的数据，即实体活动完成了数字化表达。数字化表达的结果是在协同网络之上形成了虚拟数字网络，零售渠道活动已经转化为实体活动网络与虚拟数字网络统一的平行系统（米加宁等，2018；鄢章华，2018），虚拟数字网络是实体活动网络的映射。虚拟数字网络为零售活动决策提供了稳定的数据来源，通过数据挖掘、处理可以形成多维度决策信息，供渠道成员再利用。大数据技术的应用，使渠道成员可共享的信息不再局限于历史信息与宏观信息，更多的实时信息与微观信息被共享使用。以消费者需求信息为例，传统渠道成员通过积累消费者人口统计特征数据，如通过客户关系系统搜集消费者年龄、受教育程度和家庭收入等历史数据（Chatterjee et al.，2017），通过对宏观信息、数据的批量汇总与统计分析，得出线下渠道与线上渠道消费者的总体统计信息与平均值信息，进行渠道定位、商品选择与服务配套。现阶段，随着大数据技术的应用，零售渠道成员开始大规模收集消费者购买行为数据，在实际操作过程中零售渠道成员往往可以采集六类数据：一是个人特征数据，如消费者基本属性数据、偏好数据等；二是未来需求数据，如定制商品的个性化数据、购物车数据、预订商品数据等；三是渠道历史交易数据，包括实体商店、网店、移动商店和社交商店等渠道的各类订单数据、交易订单、交易习惯等数据；四是渠道零售"动线"数据，即消费者在不同渠道的穿越路径与需求特征数据；五是个人社交数据，即要收集到的消费者在各种社交网络的公开数据，从而"侦听"消费者在谈什么话题；六是时空数据，通过传感器与智能终端的普遍使用，使消费者在特定时间、特定地点的具体行为数据、交易数据收集成为可能。图6-7中的纵轴表示数据的收集方式，即数据是从宏观角度收集的，还是从微观角度收集的。横轴表示时间，即这些数据是实时获取的数据，还是在某个时间点上汇总并进行批量处理的数据。通过上述分析，传统消费者分析主要集中于宏观信息批量汇总，其假设消费者是同质的，这也符合新古典经济学的基本假设，通过宏观信息批量汇总得出稳定的消费者偏好特征与规律。随着大数据技术的使用，消费者数据收集逐步向个人特定信息批量实时转变，其认为消费者是异质的，并且其需求随着不同环境、时空、状态发生改变，为更加细分单位的消费者需求特征分析提供了依据。这里的更加细分单位指细颗粒度细分，是将消费者总体需求细分为不同的时空、场景与状态，亚马逊在实践应用中将其定义为0.1单位细分。

2. 全息化重构

全息论是关于部分与整体之间关系的一种理论，按照这一理论，部分和整体之间具有全息对应和全息相关的关系，因此可以有条件地把部分看作整体的缩影。整个经济活动被离散化解构与数字化表达之后，经济活动将被细颗粒度细分，因此需要将细颗粒度细分数据汇总（数据整合），通过全息化重构发现数据关联与商机。与离散化解构过程相比，全息化重构同样重要，是大数据经济运行过程中必不可少的关键环节，如果没有全息化重构，离散化解构就失去了价值。全息化重构可以从全息化视角探索经济系统内部存在的潜在价值关联

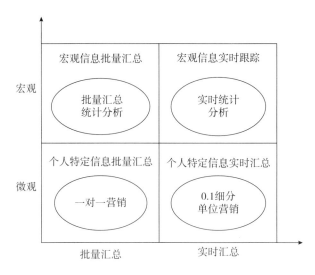

图 6-7　根据数据属性对大数据进行分类

与交易可能性，对实现隐性关系显性化具有不可估量的意义。信息技术的发展使全息化重构成为可能，信息技术对全息化重构的影响包括两个方面：全属性海量数据出现与数据处理能力提升。全属性海量数据的出现，表现在两个方面，全体样本数据化和单一信息全局数据化，进而催生了描述全体样本的数据呈爆炸式产生，以此来全面、系统地反映出经济事件的全貌。通过有效的全局化视图分析，进行跨领域、多维视角的全局性观测，以提高判断信息真伪的正确性和有效性。随着数据处理能力显著提升，现在每天都有大量数据和信息生成，因此数据和信息处理工作就变得尤为重要。

近年来，云计算技术取得了重大突破，为大数据处理工作奠定了重要的技术基础，云计算由一系列可以动态升级和被虚拟化的资源组成，这些资源被所有云计算的用户共享并且可以方便地组成网络访问，用户无须掌握云计算技术，只需要按照个人或者团体的需要租赁云计算资源。零售渠道成员在数据挖掘与渠道成员信息共享的基础上，通过建立专门数据库，实现零售活动的全息化重构与全属性海量数据存储。零售商通过大数据技术应用可以实时采集消费者个人特征数据、未来需求数据、时空数据等单一活动主体的所有数据，可以实现对消费者进行跨领域、多维视角的全局性观测。制造商通过大数据技术投资与渠道成员信息共享，可以围绕单一产品建立全样本数据，包括产品口碑、目标市场、渠道选择等具体细分数据。物流服务商可以将所有商品、物流节点、空间位置、交通工具等物流活动资源产生的离散化数据收集、整合，形成关于物流活动的全样本数据，从而全面、系统地反映物流活动的全貌。金融机构通过大数据技术应用，可以更加全面、客观、多维度地建立单一零售活动主体的金融数据与信用数据。通过大数据技术应用，渠道成员围绕特定渠道活动，逐步实现全息化重构与全属性海量数据存储，为进一步分析数据、渠道决策提供了全局性观测的可能。

3. 价值关联

价值关联是经济活动在大数据时代出现了原有实体关系的数据体现，或者指原有既定的价值关系，在大数据技术的离散化解构与全息化重构下得以重新体现。单条数据的价值是有限的，大数据技术的价值在于从海量数据中将关联度较强的数据信息挖掘出来进行整理和分析，为决策者提供决策参考与依据。什么是有关联价值的数据，应该有一个关联度的界定，如在数学相关性分析中相关关系系数在 0.8 以上的为强相关关系，0.6~0.8 的为偏强相关性，0.6~0.3 的为偏弱相关性，0.3 以下的为弱相关性。在大数据时代，数学上相关性极低的数据，只要其数量足够海量，样本足够全，那么他们汇集起来就会发生价值关联，产生价值，因此大数据时代研究的是基于庞大数据库和庞大计算能力的数据相关关系问题。大数据研究的是海量数据如何形成有效价值关联的问题，基本前提是整个社会经济的解构与重构，在这个基础上，原本模糊的、复杂的事物之间的关系清晰明了，从而产生巨大的经济价值。全体样本数据化和单一信息全局数据化，使零售渠道整合过程中特定经济现象中的价值关联清晰显性，这种价值关联既可以是相关关系（维克托·迈尔-舍恩伯格等，2013），也可以是因果关系（周涛，2016）。具体而言，通过全体样本数据化，渠道整合过程中零售成员、零售资源、零售活动的关系可以得到直观体现，为渠道资源优化配置提供了可能。以物流活动为例，所有商品、物流节点、空间位置、交通工具、配送人员形成了全体样本数据，其空间距离远近的关系直接体现出来，为接下来的物流线路、资源的优化配置提供基础。通过单一信息全局数据化，可以跨领域、多维度对单一零售活动主体进行观测。以消费者需求信息为例，通过对单一消费者的数据进行全样本整合，可以形成单一消费者立体、全方位画像，为渠道成员业务创新、产品创新提供依据。

4. 价值创造

在零售渠道整合过程中信息共享的目的是价值创造，通过离散化解构与全息化重构，将充分展现出渠道成员与渠道资源的价值关联。以消费者为例，消费者所有行为沉淀在协同网络之上，通过数据挖掘形成消费者全样本数据库，完成全息化重构（消费者画像），此时消费者偏好通过价值关联充分体现，使对消费者隐性需求的了解成为可能。零售渠道成员基于消费者隐性需求，进行产品创新与业务创新，制造商进行个性化定制生产，零售商进行渠道优化与场景创新，物流服务商对物流配送线路进行优化，金融机构开发消费信贷方案。渠道成员开展全方位的价值创造，满足消费者需求不确定性与隐性需求。价值创造体现为成本节约，通过对渠道资源的价值关联分析，将实现资源动态优化与全局优化。以零售渠道整合过程中物流资源为例，通过物流资源的价值关联分析将实现 5R 全局优化，即在正确的时间（Right Time）、正确的地点（Right Location）、正确的条件（Right Condition）将正确的商品（Right Goods）送到正确的顾客（Right Customers）手中，实现零售渠道整合过程中物流成本的最小化。

三、大数据技术对渠道成员信息共享的价值

通过对大数据关键技术与处理流程分析以及具体在零售渠道整合过程中的应用，大数据技术解决了信息共享过程中信息内容产生、有效信息提取、渠道资源优化配置的问题。具体而言，数据挖掘技术保证了信息内容的产生。数据整合、处理技术保证了从信息内容到有效信息的升华。信息处理技术与云计算技术确保了信息的应用，信息在实现自身增值的同时，作为催化剂还可以实现其他渠道资源的增值。

1. 信息内容产生

数据挖掘技术的使用，使渠道成员信息共享的内容得以拓展，不再局限于传统的消费者需求信息、库存信息、订单信息等。数据挖掘技术使沉淀在协同网络之上的数据充分挖掘，半结构化数据与非结构化数据进入零售渠道成员信息共享范围。通过对消费者时空数据、交易数据、行为数据挖掘，渠道成员可以实时获取消费者画像。通过对渠道成员的活动范围数据以及渠道资源的位置数据收集，渠道成员可以共享更多地理位置信息。由于数据间存在相关关系与价值关联，数据间的交互作用又进一步产生更多可供共享的信息内容。

2. 信息状态

信息状态主要指共享信息的客观性、共享信息的完整性、共享信息的及时性、共享信息的有效性等，大数据技术全面地改变了共享信息的状态。渠道成

员行为与活动客观沉淀于协同网络，大数据技术通过实时挖掘，避免了人为篡改的可能，实现了共享信息的客观性。通过全息化重构与数据整合，保证了全体样本数据化和单一信息全局数据化，实现了共享信息的完整性。大数据技术区别于传统数据处理技术，其采取实时汇总，保证了信息共享的实时性。大数据技术通过价值关联，将真实反映零售渠道资源与活动的关系，保证了最终在渠道成员间共享的信息是有效的，实现渠道成员间有效信息的共享。

3. 信息资源优化配置

大数据技术确保了信息自身的增值，同时可以有效发挥信息作为催化剂的作用，实现其他渠道资源的增值。大数据技术的应用，保证了信息的整合，通过价值关联，产生新的信息服务创新，如信用服务创新与供应链金融创新。大数据技术可以通过有效信息利用，实现商流、物流、资金流、人员流的优化配置，降低成本，增加收益，实现零售渠道整合的目的。大数据技术通过对信息资源的优化配置，保证了信息共享的收益来源，为信息共享的实现提供了利益保障。

第六节　信息技术投资的实现机制

一、信息技术作用于渠道成员信息共享的收益

上文分析了信息技术作用于信息共享的机制，渠道成员通过中台技术、物联网技术、区块链技术、大数据技术、智能合约技术投资，将进一步细化信息技术作用于信息共享的机制。图6-8直观地体现了具体信息技术作用于信息共享的过程。零售商搭建线上渠道与线下渠道，并通过线上、线下渠道的整合，实现制造商与消费者的双向匹配。在双向匹配过程中，需要物流服务商、金融机构、大数据服务商、信息技术提供商等节点提供渠道服务。通过渠道成员间的有效衔接与信息共享，实现基本的零售活动协调。渠道成员通过中台技术、物联网技术与区块链技术投资，对原有渠道成员间信息系统进行改造升级，形成了信息共享的基本物理运行架构。在此基础上，实体物理网络通过映射，在

虚拟空间形成数据网络，沉淀海量行为数据、交易数据与传感器数据，实体网络与虚拟网络交互作用的平行系统。零售活动转化为信息内容，并且共享信息的客观性、共享信息的完整性、共享信息的及时性水平显著提升。通过大数据技术的离散化解构与全息化重构，重新发现零售活动中的价值关联，为零售渠道资源配置与产品服务创新提供有效信息，实现渠道成员收益增加。在此基础上，通过智能合约技术的约束，保证了信息技术投资、信息共享的收益合理分配与成本有效分担，最终确保零售渠道整合的实现。具体信息技术通过传输通道、信息内容、信息状态、共享机制四个维度作用于信息共享，确保信息共享与渠道整合的实现。

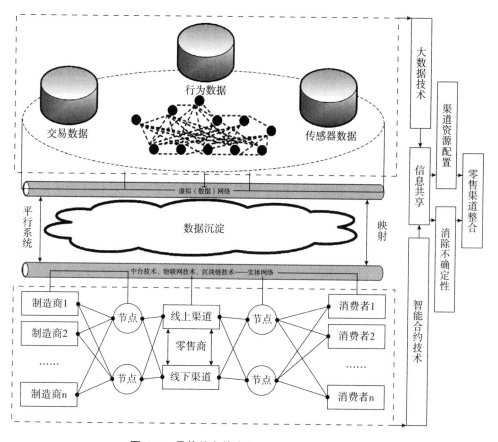

图 6-8　具体信息技术作用于信息共享的机制

二、信息技术投资实现机制设计的必要性

通过信息技术在信息共享过程中应用的分析，清晰发现中台技术、互联网技术、区块链技术、大数据技术可以解决渠道成员信息共享过程中遇到的主要问题，存在帕累托优化的可能，但帕累托优化不是自动实现的，需要对信息技术使用与投资进行合理的经济规划，在成本共担、利益共享的基础上实现共同决策。信息技术投资普遍需要成本，中台技术架构升级、区块链技术应用需要大量的固定成本投入，并且成本的回收需要较长的周期。物联网技术与大数据技术投资具有变动成本特征，其成本随着信息共享数量、质量的变化而变化。在信息技术投资成本存在的前提下，零售渠道成员信息技术应用面临以下决策：一是信息技术的投资具体解决信息共享过程中的什么问题，是需求预测准确性还是库存信息准确性？二是投资主体问题，由渠道成员一方投资还是共同投资，共同投资的比例如何决定？三是信息技术投资收益分配问题，信息技术投资为渠道成员带来多少利益？渠道成员是否存在"搭便车"问题？是否存在收益分布不均衡问题？四是信息技术投资的决策方式，在集中决策与分散决策下，渠道成员的收益变化情况，零售渠道整体收益变化情况。五是如果信息技术投资过程中存在上述问题，渠道成员间应采取怎样的协调机制，应对信息技术投资过程中存在的问题。与信息共享过程一样，在信息技术投资过程同样需要协调机制设计，确保信息技术投资的顺利实现。通过协调机制设计，满足渠道成员的参与约束与激励相容条件，最终实现帕累托改进。

本章小结

信息共享的实现是在一定信息技术体系支撑下的结果，缺乏相关信息技术的投资与应用，信息共享无法实现。具体信息技术通过传输通道、信息内容、信息状态、共享机制四个维度作用于信息共享，确保信息共享与渠道整合的实现。中台技术、物联网技术、区块链技术的投资，确保渠道成员间形成互联互通的协同网络，同时确保信息内容的产生与共享信息状态的改变。大数据技术解决了共享信息的最终应用问题，保证了信息共享收益来源，确保信息技术投

资成本与信息共享成本得以弥补。智能合约从技术层面为信息技术投资、信息共享协调机制设计提供了一个与人无涉的契约环境，极大地降低了渠道成员间的交易成本。通过信息技术在信息共享过程中的应用，实现了信息资源配置的理性状态，实现了渠道成员目标、利益一致，从而使零售渠道整合程度不断深化。

第七章

零售渠道整合的
信息共享实现
机制

在零售渠道整合过程中，信息共享的实现需要技术体系支持，同时也离不开机制设计，而且信息共享与机制设计是密不可分的。无论是信息技术投资，还是信息共享，由于渠道成员间分散决策与信息成本的存在，制约信息分享的实现，需要机制设计予以协调，实现参与约束与激励相容。本书分别考虑存在纵向渠道冲突与横向渠道冲突下，大数据投资决策与消费者需求信息共享决策对渠道成员的收益影响，通过机制设计，实现信息共享与渠道整合。

第一节　纵向渠道冲突下大数据技术投资的实现机制

一、问题描述

在零售渠道整合过程中，大数据技术为零售渠道资源配置与产品服务创新提供了有效的信息，增加了渠道成员收益，弥补了信息共享成本，从而实现了零售帕累托改进。具体而言，大数据技术通过离散化解构与全息化重构，利用数据的价值关联，实现价值创造，解决了共享信息的应用问题。在实际应用过程中，大数据技术主要应用于消费者画像、产品创新、渠道优化、渠道定价等领域。大数据技术通过优化渠道资源配置带来收益，同时其需要渠道成员支付成本，大数据技术投资决策是收益与成本权衡的结果。同时由于分散决策的存在，往往导致决策低效与利益分配不均衡问题，最终导致大数据技术投资失败，需要渠道成员通过机制设计保证集中决策与收益再分配，确保大数据技术投资决策满足参与约束与激励相容条件。在渠道整合过程中数据采集、处理、解释可以由渠道成员完成，但由于渠道成员信息处理能力欠缺，往往采取服务外包形式，利用大数据服务商对沉淀在渠道整合过程中的数据进行挖掘、处理。

关于大数据服务商参与渠道整合信息共享的研究，前人主要集中于大数据技术投资的价值研究，这说明渠道成员可以通过对数据的采集、处理、解释来发现新知识，进而进行价值创造，从而可以有效地降低成本、增加收益（Aral et al.，2011）。国内学者较早地研究了大数据技术对商务管理的影响，重点说明了大数据对网络生态系统、市场营销策略与商业模式创新的影响（冯芷艳等，2013）。关于大数据投资的协调机制设计，部分学者考虑渠道成员利用大数据进行营销的情况，建立零售商、制造商与大数据服务商三阶段供应链，利用微分博弈理论对零售商支付、联合支付与合作契约下实现均衡的收益情况进行比较，结果表明在合作契约下渠道成员的总利润、制造商的质量努力水平和大数据服务商的营销努力水平均为最高，分散决策下联合支付较零售商支付更优（吴成霞等，2016）。部分学者将大数据服务商确定为常量建立了大数据服务商参与零售商、制造商的二阶段供应链模型，在制造商承担大数据成本时，通过分散决策与集中决策的收益水平比较，结果表明集中决策下存在帕累托改进，但遗憾的是没有给出机制设计协调制造商、零售商收益（王红春等，2016）。在此基础上部分学者进一步研究了大数据技术对零售商与制造商成本优化的影响，通过单一制造商与两个零售商组成的二阶段供应链模型，讨论了分散决策与集中决策对渠道成员利润的影响，并通过数量折扣契约，实现了从分散决策到集中决策的过程（李国刚等，2018）。

传统研究普遍认同大数据技术具有成本优化与价值创造的作用，也分别验证了分散决策下与集中决策下大数据技术对制造商、零售商的影响，并分析了制造商与零售商在大数据技术投资中的收益差别情况，但往往将大数据供应商确定为常量。上述文献仅研究了大数据技术对单个企业的影响，鲜有文献将大数据服务商作为一个独立的渠道成员来研究大数据技术对整体渠道运营的影响以及渠道动态优化的问题。本书拓展了大数据服务商的角色，认为大数据服务商可以通过努力水平调节渠道收益，渠道成员可以通过支付水平影响大数据服务商的努力水平。因此，本书建立制造商、零售商、大数据服务商三级供应链模型，分别考虑分散决策与集中决策下零售渠道及渠道成员的收益水平，并通过协调机制实现渠道成员由分散决策向集中决策转化，最终通过数值算例分析分散决策、集中决策、协调下的收益变化。可以预见大数据服务商参与到渠道整合过程中，势必引发渠道结构的改变和交易关系的复杂化，在此背景下研究大数据服务商参与渠道整合动态合作的策略具有重要的理论意义。

二、模型构建

本书考虑由一个占主导地位的制造商 M 与一个下游零售商 R 构成的生产、出售一般产品的渠道模型。制造商是渠道的领导者，单位生产成本为 c_1，并通过投入单位研发费用 c_2 提升产品质量，在渠道运营过程中制定产品批发价格 w。零售商 R 作为渠道终端成员，根据批发价格 w 和市场需求情况决定产品采购量 q，假设采购量即为市场需求量，且产品运输过程没有损耗。零售商为改善消费者购物体验，付出单位服务费用 s。需求量是关于产品价格、质量、服务水平的线性函数形式 $q = a - b \times p + (\eta + \beta) \times v$，$a$ 为不受价格和其他因素影响的市场基准需求量；零售商以价格 $p(w < p)$ 向消费者提供产品，实现收益；价格需求价格弹性 $b(0 < b < 1)$ 反映消费者对价格变动的敏感程度，产品质量敏感系数 $\eta(0 \leq \eta \leq 1)$ 体现消费者对产品间质量差异的敏感程度，也是制造商提高产品形象和销量的重要措施；附加服务的敏感系数 $\beta(0 \leq \beta \leq 1)$ 反映消费者对零售商提供的一系列销售服务的满意程度，用于度量消费者购物体验；制造商提高产品质量、零售商提供附加服务给消费者带来额外价值 v，最终通过影响市场需求量的方式反馈到制造商和零售商的利润水平。将价格弹性、产品质量敏感系数、附加服务敏感系数和消费者额外价值加入模型，主要是消费者需求不确定的结果，渠道成员的策略性行为受到消费者需求不确定性的直接影响。

若渠道成员不采购大数据服务，则渠道运营流程为如图 7-1 所示的传统零售渠道模型。若渠道成员采购大数据服务，制造商 M 通过大数据服务商对消费者行为数据、交易数据等进行分析，获得消费者画像，更精确地了解市场需求，增加产品销售量，由占主导地位的制造商对大数据服务商 B 的每单位努力水平 t，支付费用 m。大数据服务商 B 参照制造商每单位支付水平选择服务努力程度 $t(0 \leq t \leq 1)$，通过对海量数据分析发现消费者需求信息，并提供精准营销服务挖掘市场潜在消费者，得到制造商支付 tm 数量的费用，承担随努力程度变化的成本 $1/2gt^2$，其中 $g(g > 0)$ 是大数据服务商成本系数，体现大数据服务商服务效率；大数据服务将潜在的消费者数量 F 转化为市场需求量 $\ln(tF)$，F 是由大数据服务商挖掘的潜在消费者数量，但并不能将其全部转化为市场需求量；记 q^b 是采购大数据服务后的市场需求量，则渠道成员采购大数据服务后市场需求变为 $q^b = a - bp + (\eta + \beta)v + \ln(tF)$；大数据服务商提供服务需投入固定

成本 $k(0 < k)$，大数据服务商加入后的渠道运营过程如图7-2所示。

图7-1　不采购大数据服务的零售渠道模式

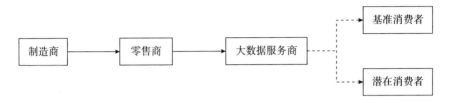

图7-2　大数据服务商参与的零售渠道模式

三、分散决策下渠道成员采购大数据服务决策

1. 渠道成员不采购大数据服务收益模型

在分散决策下制造商不采购大数据服务时，记 π_M^a 和 π_R^a 分别为制造商 M 和零售商 R 的利润，w^a 为制造商制定的单位商品批发价格，$q^a(0 < q^a)$ 为零售商从制造商处采购的商品数量，此时 $q^a = a - bp^a + (\eta + \beta)v$，零售商以单位价格 $p^a(w^a < p^a)$ 向消费者出售商品，则有：

$$\pi_M^a = (w^a - c_1 - c_2)q^a \tag{7-1}$$

$$\pi_R^a = (p^a - w^a - s)q^a \tag{7-2}$$

市场逆需求函数为：

$$p^a = [a + (\eta + \beta)v - q^a]/b \tag{7-3}$$

根据 Stackelberg 博弈规则，博弈分为三个阶段：①制造商决定批发价格 w^a；②零售商根据批发价格制定采购量 q^a；③得到产品需求数量 p^a，整个博弈结束。由逆向求解法求解该主从对策模型，首先对 π_R^a 关于 p^a 求一阶偏导，令 $\partial\pi_R^a/\partial p^a = 0$，得到零售商关于批发价格 w^a 的最优定价 $p^a(w^a)$；将 $p^a(w^a)$ 代入 π_M^a 并对 w^a 求一阶偏导，令 $\partial\pi_M^a/\partial w^a = 0$，可得制造商最优批发价格 w^a，将其反代入 $p^a(w^a)$，则求得零售商最优批发价格 p^a，最终得到零售商最优采购量 q^a，可得：

$$w^a = [a + b(c_1 + c_2 - s) + v(\eta + \beta)]/2b$$

$$p^a = [3a + 3v + b(c_1 + c_2 + s)]/4b$$

$$q^a = [a - b(c_1 + c_2 + s) + v(\beta + \eta)]/4 \tag{7-4}$$

将 (w^a, p^a, q^a) 代入式 (7-1) 和式 (7-2)，可得：

$$\pi_M^a = [a - b(c_1 + c_2 + s) + v(\beta + \eta)]^2/8b$$

$$\pi_R^a = [a - b(c_1 + c_2 + s) + v(\beta + \eta)]^2/16b \tag{7-5}$$

定理1：渠道成员不采购大数据服务时，参数 (w^a, p^a, q^a) 为渠道成员博弈的均衡解；(π_M^a, π_R^a) 分别为制造商和零售商的最大期望收益。

在分散决策下，只有当渠道成员均获得正收益且需求量大于零时，零售渠道才能趋于稳定，此时保持零售渠道稳定的必要条件为：

$$\begin{cases} \pi_M^a = [a - b(c_1 + c_2 + s) + v(\beta + \eta)]^2/8b > 0 \\ \pi_R^a = [a - b(c_1 + c_2 + s) + v(\beta + \eta)]^2/16b > 0 \\ q^a = [a - b(c_1 + c_2 + s) + v(\beta + \eta)]/4 > 0 \end{cases}$$

解得：$[a + v(\beta + \eta)]/b > c_1 + c_2 + s \tag{7-6}$

定理2：制造商、零售商向消费者提供附加服务，转化的需求量与市场基准需求量收益之和大于 M 与 R 投入成本之和满足式 (7-6) 时，渠道成员合作才趋于稳定，否则制造商和零售商不会提供相关的附加服务，不会生产出售相关产品。

性质1：对比 π_M^a 与 π_R^a 的解析式可得，制造商主导的分散决策零售渠道中，制造商获得的收益是零售商收益的两倍。

2. 渠道成员采购大数据服务收益模型

在分散决策下制造商采购大数据服务时，记 π_M^b、π_R^b、π_B^b 分别为制造商 M、零售商 R、大数据服务商 B 的利润，w^b 为制造商制定的单位商品批发价格，q^b 为零售商从制造商处采购的商品数量，此时 $q^b = a - bp^b + (\eta + \beta)v + \ln(tF)$，零售商以单位价格 $p^b(w^b < p^b)$ 向消费者出售商品，则有：

$$\pi_M^b = (w^b - c_1 - c_2)q^b - mt \tag{7-7}$$

$$\pi_R^b = (p^b - w^b - s)q^b \tag{7-8}$$

$$\pi_B^b = mt - 1/2gt^2 - k \tag{7-9}$$

市场逆需求函数为：

$$p^b = [a + (\eta + \beta) * v + \ln(t * F) - q^b]/b \tag{7-10}$$

根据 Stackelberg 博弈规则，该博弈分为三个阶段：①制造商根据利润函数，决定批发价格 w^b，确定单位支付费用 m；②零售商得知制造商采购大数据服务，根据制造商变化的利润函数及批发价格确定零售价格 p^b，并制定商品采购数量 q^b；③大数据服务商根据制造商的支付水平 m，由利润最大化原则确定努力水平 t^b，整个博弈过程结束。根据逆向求解原则，制造商可预测到零售商零售价格 p^b 与大数据服务商努力水平 t，最终决定批发价格 w^b 与单位支付 m。加入大数据服务后，首先根据大数据服务商利润函数，求其努力水平 t^b，将 t^b 代入式 (7-7) 和式 (7-8)，由于求解过程与式 (7-4) 相同，这里略去不写，可得：

$$t^b = m/g$$
$$p^b = [3a + 3\ln((Fm)/g) + bc_1 + bc_2 + bs + 3\eta v + 3\beta v]/4b$$
$$w^b = [a + \ln((F*m)/g) + bc_1 + bc_2 - bs + \eta v + \beta v]/2b$$
$$q^b = [a + \ln((Fm)/g) - bc_1 - bc_2 - bs + \beta v + \eta v]/4 \tag{7-11}$$

将 (p^b, w^b, q^b) 分别代入式 (7-7)、式 (7-8)、式 (7-9)，可得：

$$\pi_R^b = (a + \ln((Fm)/g) - b\beta - b\eta - bs + \beta v + \eta v)^2/16b$$
$$\pi_M^b = [g\ln((Fm)/g)^2 + a^2g - 8bm^2 + b^2c_1^2g + b^2c_2^2g + b^2gs^2 +$$
$$g\beta^2v^2 + g\eta^2v^2 + 2ag\ln((F*m)/g) + 2ag\beta v + 2ag\eta v + 2b^2c_1c_2g +$$
$$2b^2c_1gs + 2b^2c_2gs + 2g\beta\eta v^2 \, 2bc_1g\ln((Fm)/g) - 2bc_2g\ln((Fm)/g) -$$
$$2bgs\ln((Fm)/g) - 2abc_1g - 2abc_2g + 2g\beta v\ln((Fm)/g) +$$
$$2g\eta v\ln((Fm)/g) - 2abgs - 2bc_1g\eta v - 2bc_1g\beta v - 2bc_2g\eta v -$$
$$2bc_2g\beta v - 2bg\eta sv - 2bg\beta sv]/8bg$$
$$\pi_B^b = (m^2 - 2gk)/2g \tag{7-12}$$

定理 3：渠道成员采购大数据服务时，参数 (w^b, p^b, q^b, t^b) 为渠道成员博弈均衡解；$(\pi_M^b, \pi_R^b, \pi_B^b)$ 分别为 M、R 和 B 的最大期望收益。

在分散决策下，渠道成员均获得正收益，且市场需求量为正时，零售渠道才趋于稳定，此时保持稳定的必要条件为：

$$\begin{cases} \pi_B^b = (m^2 - 2gk)/2g > 0 \\ \pi_M^b = (w^b - c_1 - c_2)q^b - mt > 0 \\ \pi_R^b = \{a + \ln[(Fm)/g] - b\beta - b\eta - bs + \beta v + \eta v\}^2/16b > 0 \\ q^b = [a + \ln((Fm)/g) - bc_1 - bc_2 - bs + \beta v + \eta v]/4 > 0 \end{cases}$$

解得：
$$\begin{cases} [a + v(\beta + \eta) + \ln(Fm)]/b > s + c_1 + c_2 + (\ln g)/b \\ m > \sqrt{2gk} \end{cases} \qquad (7\text{-}13)$$

由于 π_M^b 的解析式过于复杂，不便于表示其边界条件，但由性质1可得，当零售商收益为正时，制造商一定有正的收益，则式（7-13）满足零售渠道运营的必要条件。

定理4：制造商主导的分散决策零售渠道选择采购大数据后的收益大于零售渠道运营和采购大数据付出的成本，且大数据服务商提供服务的临界条件为制造商单位支付 m 至少是成本系数的 $\sqrt{2gk}$ 倍，满足式（7-13）。

3. 渠道成员采购大数据服务的投资决策

在分散决策下，面对大数据服务商提供的服务，渠道成员有两种选择：①不投资大数据服务，避免采购大数据服务带来的费用，维持零售渠道原态；②采购大数据服务，享受大数据服务商带来的消费者增量时，支付给大数据服务商相应费用。

性质2：对比式（7-4）和式（7-11）可得，渠道成员采购大数据服务后，批发价、零售价与市场需求量均有所增长，可得：

$$(\Delta w, \ \Delta p, \ \Delta q) = (\ln((Fm)/g)/2b, \ \ln((Fm)/g)/4b, \ \ln((Fm)/g)/4)$$
$$(7\text{-}14)$$

记 $\Delta\pi_R$ 与 $\Delta\pi_R$ 分别表示分散决策下制造商和零售商采购大数据服务后的利润变动量，有 $\Delta\pi_M = \pi_M^a - \pi_M^b$，$\Delta\pi_R = \pi_R^a - \pi_R^b$，可得：

$$\Delta\pi_M = [(-8b)m^2 + ga^2 - ga^2b^2 + 2gab^3c_1 + 2gab^3c_2 + 2gab^3s -$$

$$2gab^2\beta v - 2gab^2\eta v - 2gabc_1 - 2gabc_2 - 2gabs + 2ga\beta v + 2ga\eta v +$$

$$2ga\ln((Fm)/g) - gb^4c_1^2 - 2gb^4c_1c_2 - gb^4c_1s - gb^4c_2^2 - 2gb^4c_2s -$$

$$gb^4s^2 + 2gb^3c_1\beta v + 2gb^3c_1\eta v + 2gb^3c_2\beta v + 2gb^3c_2\eta v + 2gb^3\beta sv + 2gb^3\eta sv +$$

$$gb^2c_1^2 + 2gb^2c_1c_2 + 2gb^2c_1s + gb^2c_2^2 + 2gb^2c_2s - gb^2\beta^2v^2 -$$

$$2gb^2\beta\eta v^2 - gb^2\beta^2v^2 + gb^2s^2 - 2gbc_1\beta v - 2gbc_1\eta v - 2gbc_1\ln((F*m)/g) -$$

$$2gbc_2\beta v - 2gbc_2\eta v - 2gbc_2\ln((F*m)/g) - 2gb\beta sv - 2gb\eta sv -$$

$$2gbs\ln((F*m)/g) + g\beta^2v^2 + 2g\beta\eta v^2]/8bg$$

$$\Delta\pi_R = \big[\beta^2 v^2 + \eta^2 v^2 + 2a\ln((Fm)/g) + \ln((F*m)/g)^2 + a^2 - a^2 b^2 +$$

$$b^2 c_1^2 + b^2 c_2^2 - b^4 c_1^2 - b^4 c_2^2 + b^2 s^2 - b^4 s^2 + 2\beta\eta v^2 - 2bc_1\ln((F*m)/g) -$$

$$2bc_2\ln((F*m)/g) - 2bs\ln((F*m)/g) - 2abc_1 - 2abc_2 +$$

$$2\beta v\ln((F*m)/g) + 2\eta v\ln((F*m)/g) - 2abs + 2a\beta v + 2a\eta v -$$

$$b^2\beta^2 v^2 - b^2\eta^2 v^2 + 2ab^3 c_1 + 2ab^3 c_2 + 2b^2 c_1 c_2 - 2b^4 c_1 c_2 + 2ab^3 s + 2b^2 c_1 s +$$

$$2b^2 c_2 s - 2b^4 c_1 s - 2b^4 c_2 s - 2bc_1\beta v - 2bc_1\eta v - 2bc_2\beta v - 2bc_2\eta v - 2b\beta sv -$$

$$2b\eta sv - 2ab^2\beta v - 2ab^2\eta v + 2b^3 c_1\beta v + 2b^3 c_1\eta v + 2b^3 c_2\beta v + 2b^3 c_2\eta v +$$

$$2b^3\beta sv + 2b^3\eta sv - 2b^2\beta\eta v^2\big]/16b \tag{7-15}$$

定理5：在分散决策下，零售渠道满足必要的运营条件式（7-13）时，渠道成员采购大数据服务的充分条件为 $\Delta\pi_M \geqslant 0$ 且 $\Delta\pi_R \geqslant 0$。

通过定理5可知制造商 M 采购大数据与零售商 R 参与渠道运营的临界条件，由于对解析式进行解析分析较为复杂，本部分通过算例分析进行阐述。

首先比较分散决策下，渠道成员采购与不采购大数据服务时零售渠道整体利润。记 $\pi_T^a = \pi_M^a + \pi_R^a$ 为不采购大数据服务时零售渠道整体利润，$\pi_T^b = \pi_M^b + \pi_R^b$ 为采购大数据服务后零售渠道整体利润。采用控制变量法对 π_T^a 与 π_T^b 进行比较，此时考察共同变量服务敏感系数 β 与质量敏感系数 η 对利润的影响，结合 Liu 等（2017）的研究，其他参数设为：$a = 30$，$b = 0.6$，$c_1 = 1.4$，$c_2 = 1.6$，$s = 3$，$v = 9$，$F = 8$，$g = 2$，$m = 3$，结果如图7-3所示。

结合式（7-15）可得：$\pi_T^b - \pi_T^a = \Delta\pi_M + \Delta\pi_R$，由图7-3可明显看出采购大数据服务后零售渠道整体利润大于采购前零售渠道整体利润，证明 $\Delta\pi_M + \Delta\pi_R > 0$。

其次，考察采购大数据后 M 和 R 利润变动情况，此时选择单位支付费用 m 为 $\Delta\pi_M$ 与 $\Delta\pi_R$ 的共同变量，在图7-3参数不变的情况下，令 $\eta = 0.6$，$\beta = 0.7$，结果如图7-4所示。

从图7-4可以看出在自变量取值范围内，$\Delta\pi_M > 0$、$\Delta\pi_R > 0$，且可以预测，R 的利润增量会随着 M 支付费用的增长而不断增加，这是由零售商免费享受制造商采购大数据服务带来的需求增长，产生的"搭便车"效应；相反，随着支付费用逐渐增大，M 的利润先增后减，呈凸函数，这是由 M 支付费用的增长速度快于需求量增长速度造成的，因此制造商会根据实际情况选择正确的费用区间，如图7-4中 $m \in [3, 4]$ 便是合理的区间。

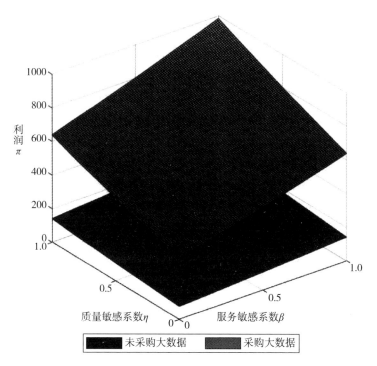

图 7-3 　分散决策下是否采购大数据服务的利润对比

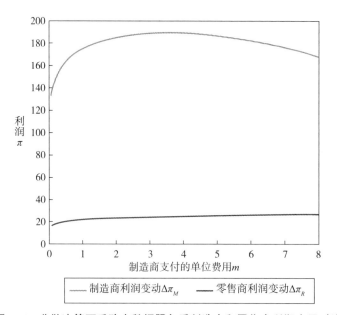

图 7-4 　分散决策下采购大数据服务后制造商和零售商利润水平对比

由图 7-4 可进一步看出，渠道成员采购大数据，可以让 R 与 M 以及零售渠道整体都实现收益增长，关键在于结合实际条件确定单位支付费用 m 的数值。

四、集中决策下渠道成员采购大数据服务决策

1. 渠道成员不投资大数据服务利润模型

在集中决策下，渠道成员不采购大数据服务时，零售商以价格 p_D^a 向消费者提供产品，市场总体需求为 q_D^a，此时 $q_D^a = a - bp_D^a + (\eta + \beta)v$，零售渠道获得整体利润 π_D^a，则有：

$$\pi_D^a = [p_D^a - (c_1 + c_2 + s)]q_D^a \tag{7-16}$$

市场逆需求函数为：

$$p_D^a = [a + (\eta + \beta) * v - q_D^a]/b \tag{7-17}$$

根据逆向求解法，可得最优需求总量和零售价格为：

$$p_D^a = [a + b(c_1 + c_2 + s) + v(\beta + \eta)]/2b$$
$$q_D^a = [a - b(c_1 + c_2 + s) + v(\beta + \eta)]/2 \tag{7-18}$$

将式（7-18）代入式（7-16）可得：$\pi_D^a = [a - b(c_1 + c_2 + s) + v(\beta + \eta)]^2/4b$。

定理 6：在集中决策下，渠道成员不采购大数据服务时，参数（p_D^a，q_D^a）为渠道成员博弈均衡解；π_D^a 是零售渠道整体的最大期望收益。

在集中决策下，当零售渠道收益和市场需求量均为正值时，零售渠道才趋于稳定，此时保持稳定的必要条件为：

$$\begin{cases} q_D^a = [a - b(c_1 + c_2 + s) + v(\beta + \eta)]/2 > 0 \\ \pi_D^a = [a - b(c_1 + c_2 + s) + v(\beta + \eta)]^2/4b > 0 \end{cases}$$

解得：$[a + v(\beta + \eta)]/b > c_1 + c_2 + s \tag{7-19}$

定理 7：在集中决策下，制造商与零售商向消费者提供附加服务，转化的需求量与市场基准需求量收益之和大于 M 与 R 投入成本之和满足式（7-19）时，零售渠道合作才趋于稳定，否则制造商和零售商不会提供相关的附加服务，不会生产出售相关产品。

性质 3：在集中决策下，不采购大数据时，零售渠道整体利润 π_D^a 大于分散决策的整体利润 π_T^a，利润差额 $\Delta\pi^a = \pi_D^a - \pi_T^a$ 为 $\Delta\pi^a = [a - b(c_1 + c_2 + s) + v(\beta + \eta)]^2/16b$。此时，集中决策下的市场需求量 q_D^a 是分散决策下市场需求量

q^a 的两倍，出现该现象的原因是在集中决策下零售价格 $p_D^b p^a$ 比在分散决策下零售价格 p^a 低，价格差额为：$\Delta p^a = p_D^a - p^a = [b(c_1 + c_2 + s) - v(\beta + \eta) - a]/4b$。

2. 渠道成员集中决策采购大数据服务利润模型

在集中决策下，渠道成员采购大数据服务时，零售商以价格 p_D^b 向消费者提供产品，面临市场总体需求 q_D^b，此时 $q_D^b = a - b * p_D^b + (\eta + \beta) * v + \ln(t * F)$，大数据服务商选择努力程度 t_D^b，承担相应运营成本 $1/2g(t_D^b)^2$，大数据服务商利润 π_D^B 与零售渠道整体利润 π_D^b 有：

$$\pi_D^b = [p_D^b - (c_1 + c_2 + s)]q_D^b \tag{7-20}$$

$$\pi_D^B = mt - 1/2gt^2 - k \tag{7-21}$$

市场逆需求函数为：

$$p_D^b = [a + (\eta + \beta) * v - q_D^b + \ln(t * F)]/b \tag{7-22}$$

在集中决策下，零售商与制造商共同采购大数据服务，根据 Stackelberg 博弈规则，该博弈分为两个阶段：①制造商和零售商共同决定产品零售价格 p_D^b，面对市场需求量 q_D^b，支付单位费用 m 采购大数据服务；②大数据服务商参照支付水平 m，确定努力水平 t_D^b，整个博弈过程结束。根据逆向求解原则，制造商可预测到大数据服务商的努力水平 t_D^b，可得大数据服务商努力水平、零售价、市场需求量为：

$$t_D^b = m/g$$

$$p_D^b = [a + \ln((Fm)/g) + bc_1 + bc_2 + bs + \beta v + \eta v]/2b$$

$$q_D^b = [a + \ln((Fm)/g) - bc_1 - bc_2 - bs + \beta v + \eta v]/2 \tag{7-23}$$

将式（7-23）代入式（7-20）与式（7-21）可得：

$$\begin{aligned}
\pi_D^b = &[g\ln((Fm)/g)^2 + a^2g - 4bm^2 + b^2c_1^2g + b^2c_2^2g + b^2gs^2 + g\eta^2v^2 + \\
&g\beta^2v^2 + 2ag\ln((F*m)/g) + 2ag\beta v + 2ag\eta v + 2b^2c_1c_2g + 2b^2c_1gs + \\
&2b^2c_2gs + 2g\beta\eta v^2 - 2bc_1g\ln((Fm)/g) - 2bc_2g\ln((Fm)/g) - \\
&2bgs\ln((Fm)/g) - 2abc_1g - 2abc_2g + 2g\beta v\ln((Fm)/g) + \\
&2g\eta v\ln((Fm)/g) - 2abgs - 2bc_1g\eta v - 2bc_1\beta v - 2bc_2\beta v - 2bc_2g\eta v - \\
&2bg\beta sv - 2bg\eta sv]/4bg
\end{aligned}$$

$$\pi_D^B = (m^2 - 2gk)/2g \tag{7-24}$$

定理 8：在集中决策下，渠道成员采购大数据服务时，参数 (p_D^b, q_D^b, t_D^b)

为渠道成员博弈的均衡解；π_D^b 是零售渠道整体的最大期望收益，π_D^B 是大数据服务商的最大期望收益。

在集中决策下，当零售渠道收益和市场需求量均为正时，零售渠道合作才趋于稳定，此时保持稳定的必要条件为：

$$
\begin{cases}
\pi_D^B = (m^2 - 2gk)/2g > 0 \\
\pi_D^b = \left[p_D^b - (c_1 + c_2 + s) \right] q_D^b > 0 \\
q_D^b = \left[a + \ln((Fm)/g) - bc_1 - bc_2 - bs + \beta v + \eta v \right]/2 > 0
\end{cases}
$$

解得：
$$
\begin{cases}
\left[a + v(\beta + \eta) + \ln(Fm) \right]/b > s + c_1 + c_2 + (\ln g)/b \\
m > 2\sqrt{gk}
\end{cases}
\tag{7-25}
$$

定理9：在集中决策下，渠道成员选择采购大数据服务后的价值大于零售渠道运营和采购大数据付出的成本，且大数据服务商提供服务的临界条件为制造商单位支付 m 至少是成本系数的 $2\sqrt{gk}$ 倍，满足式（7-25）。

3. 渠道成员集中决策采购大数据服务的投资决策

在集中决策下，通过对比采购大数据服务前后，零售渠道整体参数和利润的变动情况，可以求出渠道成员采购大数据服务的边界条件。

性质4：对比式（7-18）(p_D^b, q_D^b) 和式（7-23）(p_D^b, q_D^b) 可得，渠道成员采购大数据服务后，零售价与市场需求量均有所增长，可得：

$$(\Delta p_D, \ \Delta q_D) = (\ln((Fm)/g)/2b, \ \ln((Fm)/g)/2) \tag{7-26}$$

记 $\Delta\pi_D$ 为采购大数据服务后零售渠道整体的利润变动，有 $\Delta\pi_D = \pi_D^b - \pi_D^a$，可得：

$$
\begin{aligned}
\Delta\pi_D = \big[& g\ln((Fm)/g)^2 + a^2 g - 4bm^2 - a^2 b^2 g + b^2 c_1^2 g + b^2 c_2^2 g - b^4 c_1^2 g - \\
& b^4 c_2^2 g + b^2 g s^2 - b^4 g s^2 + g\beta^2 v^2 + g\eta^2 v^2 + 2ag\ln((Fm)/g) + 2ag\beta v + \\
& 2ag\eta v - b^2 g\beta^2 v^2 - b^2 g\eta^2 v^2 + 2ab^3 c_1 g + 2ab^3 c_2 g + 2b^2 c_1 c_2 g - \\
& 2b^4 c_1 c_2 g + 2ab^3 gs + 2b^2 c_1 gs + 2b^2 c_2 gs - 2b^4 c_1 gs - 2b^4 c_2 gs + 2g\beta\eta v^2 - \\
& 2bc_1 g\ln((F*m)/g) - 2bc_2 g\ln((F*m)/g) - 2bgs\ln((F*m)/g) - \\
& 2abc_1 g - 2abc_2 g + 2g\beta v\ln((F*m)/g) + 2g\eta v\ln((F*m)/g) - \\
& 2abgs - 2b^2 g\beta\eta v^2 - 2bc_1 g\beta v - 2bc_1 g\eta v - 2bc_2 g\beta v - 2bc_2 g\eta v - \\
& 2bg\beta sv - 2bg\beta sv - 2ab^2 g\eta v - 2ab^2 g\beta v + 2b^3 c_1 g\beta v + \\
& 2b^3 c_1 g\eta v + 2b^3 c_2 g\beta v + 2b^3 c_2 g\eta v + 2b^3 g\beta sv + 2b^3 g\eta sv \big]/4bg
\end{aligned}
$$
$$\tag{7-27}$$

定理 10：在集中决策下，零售渠道满足运营条件式（7-25）时，渠道成员采购大数据服务的充分条件为 $\Delta\pi_D > 0$。

通过定理 10 可知渠道成员采购大数据服务的临界条件，由于直接通过解析式进行解析分析较为复杂，本部分将通过算例分析进行阐述。

首先，对集中决策和分散决策下渠道成员不采购大数据时，零售渠道整体利润差异，证明集中决策优于分散决策，不失一般性，通过控制变量法，选择质量敏感系数 η 和服务敏感系数 β 作为共同变量，考察分散决策和共同决策的利润差别，同图 7-3、图 7-4 相同，其他参数为：$a = 30$，$b = 0.6$，$c_1 = 1.4$，$c_2 = 1.6$，$s = 3$，$v = 9$，$F = 8$，$g = 2$，$m = 3$，则如图 7-5 所示。

从图 7-5 可以明显看出，分散决策时零售渠道整体收益低于集中决策时零售渠道整体收益，符合性质 3 的结论。

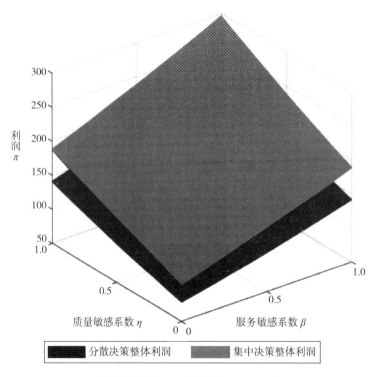

图 7-5　不采购大数据服务时集中决策和分散决策利润水平对比

其次，在考察集中决策时，渠道成员采购大数据服务前后利润对比，同样采取控制变量法，参数设置和变量选取同图 7-5，则如图 7-6 所示：

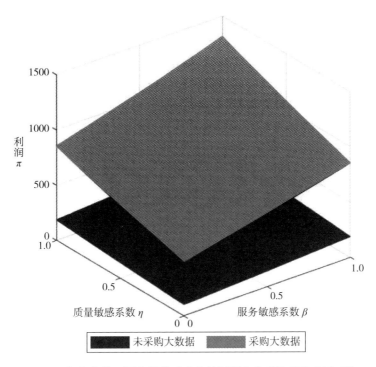

图 7-6　集中决策下零售渠道采购大数据服务前后的利润水平对比

从图 7-6 得出，渠道成员采购大数据服务后所得收益明显大于采购大数据服务前的收益；同时，消费者对质量和购物体验敏感度越高，零售渠道整体利润越大。

最后，选取大数据服务商努力水平作为变量，分别取三组数值：$m = 4$，$m = 5$；$g = 2$，$g = 4$；$k = 0.4$，考察制造商单位支付费用和大数据服务商成本系数对大数据服务商利润的影响，大数据服务商随努力水平变化的利润曲线如图 7-7 所示。

如图 7-7 所示，大数据服务商单位支付费用越高，大数据服务商会通过提高努力水平以增加利润；同时，能否将成本系数控制在合理范围内是大数据服务商利润多少的关键，因此在制造商单位费用一定时，要努力优化成本系数，以增加收益。

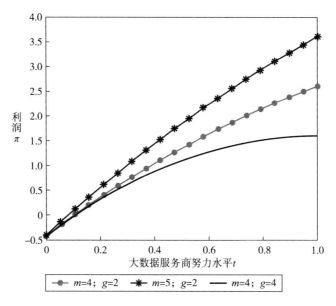

图7-7　随努力水平变化的大数据服务商利润水平

五、分散决策下渠道成员采购大数据服务的协调机制

集中决策且采购大数据服务对于零售渠道、制造商、零售商、消费者都存在利益，而在分散决策下，由于制造商与零售商都以实现个人利益最大化为目标，最终导致分散决策的零售价高于集中决策的零售价，因此分散决策下的市场需求量低于集中决策下的市场需求量，即表现出"双重边际化效应"。为了提升零售渠道整体利润水平，使渠道成员达到集中决策下的收益水平，本书在制造商主导的情形中引入数量折扣—两部定价契约 (w^c, T) 对零售渠道进行协调，其中 $w^c = w - \lambda * q^c$，w 是批发价格的最高值，$\lambda (0 < \lambda < 1)$ 是线性折扣系数，q^c 是零售商 R 的最终采购数量；制造商根据零售商的采购数量对批发价格给予线性的折扣，使分散决策下的采购量等于集中决策下的采购量。由于零售商免费搭乘了制造商采购大数据服务的好处，向制造商支付固定费用 T。由于分散决策与集中决策下采购大数据服务不影响大数据服务商利润，此时不考虑其利润。令 π_M^c 表示制造商 M 的收入，π_R^c 表示零售商 R 的收入，则有：

$$\pi_M^c = q^c(w - \lambda q^c - c_1 - c_2) - t^c m + T$$
$$\pi_R^c = q^c(p - w + \lambda q^c - s) - T \tag{7-28}$$

定理 11：在分散决策下，渠道成员采购大数据服务时，若 w^c 满足：

$$w^c = \frac{(1-\lambda b)(a + \ln((Fm)/g) + v(\eta + \beta))}{2b} + \frac{(1+\lambda b)(c_1 + c_2) + s(\lambda b - 1)}{2},$$

且 $T_{min} \leq T \leq T_{max}$

则可以实现零售渠道最大程度的协调，其中 T 的取值范围为：

$$
T_{min} = \left\{
\begin{aligned}
&[(4ab^2c_1g - 2b^3c_1^2g - 2b^3c_2^2g - 2b^3gs^2 - 2bg\ln((Fm)/g)^2 - \\
&2a^2bg - \ln((Fm)/g)(4abg - 4b^2c_1g - 4b^2c_2g - 4b^2gs + \\
&4bg\eta v + 4bg\beta v) + 4ab^2c_2g - 4b^3c_1c_2g + 4ab^2gs - 4b^3c_1gs - \\
&4b^3c_2gs - 2bg\eta^2v^2 - 2bg\beta^2v^2 - 4abg\eta v - 4abg\beta v + 4ab^2c_2g - \\
&4b^3c_1c_2g + 4ab^2gs - 4b^3c_1gs - 4b^3c_2gs - 2bg\eta^2v^2 - 2bg\beta^2v^2 - \\
&4abg\eta v - 4abg\beta v + 4b^2c_1g\eta v + 4b^2c_1g\beta v + 4b^2c_2g\eta v + 4b^2c_2g\beta v - \\
&4bg\eta\beta v^2 + 4b^2g\eta sv + 4b^2g\beta sv)\lambda + 8bm^2 - \ln((F*m)/g)^2 \times \\
&(-2gb^2 + g) - \ln((F*m)/g)(2ag + 2bc_1g + 2bc_2g - 2bgs + \\
&2g\eta v + 2g\beta v - 4ab^2g + 4b^3gs - 4b^2g\eta v - 4b^2g\beta v) - ga^2 + \\
&2ga^2b^2 + 3gb^2c_1^2 - 2gb^4c_1^2 + 3gb^2c_2^2 - 2gb^4c_2^2 - gb^2s^2 + 2gb^4s^2 - \\
&g\eta^2v^2 - g\beta^2v^2 - 8gtbm - 2ga\eta v - 2ga\beta v + 2gb^2\eta^2v^2 + 2gb^2\beta^2v^2 - \\
&4gb^4c_1c_2 + 6gb^2c_1c_2 - 4gab^3s + 2gb^2c_1s + 2gb^2c_2s - 2g\eta\beta v^2 - \\
&2gabc_1 - 2gabc_2 + 2gabs + 4gb^2\eta\beta v^2 - 2gbc_1\eta v - 2gbc_1\beta v - \\
&2gbc_2\eta v - 2gbc_2\beta v + 2gb\eta sv + 2gb\beta sv + 4gab^2\eta v + 4gab^2\beta v - \\
&4gb^3\eta sv - 4gb^3\beta sv]/(-8bg)
\end{aligned}
\right.
$$

$$
T_{max} = \left\{
\begin{aligned}
&[(\eta^2v^2 + \beta^2v^2 + \ln((F*m)/g)^2 + a^2 + \ln((F*m)/g) \times \\
&(2a - 2bc_1 - 2bc_2 - 2bs + 2\eta v + 2\beta v) + b^2c_1^2 + b^2c_2^2 + b^2s^2 + \\
&2\eta\beta v^2 - 2abc_1 - 2abc_2 - 2abs + 2a\eta v + 2a\beta v + 2b^2c_1c_2 + \\
&2b^2c_1s + 2b^2c_2s - 2bc_1\eta v - 2bc_1\beta v - 2bc_2\eta v - 2bc2\beta v - \\
&2b\eta sv - 2b\beta sv)\lambda + 2bs^2 - 2as - \ln((F*m)/g)(-2sb^2 + 2s) - \\
&64b - 2b^3s^2 + 2bc_1s + 2bc_2s - 2\eta sv - 2\beta sv + 2ab^2s - 2b^3c_1s - \\
&2b^3c_2s + 2b^2\eta sv + 2b^2\beta sv]/4
\end{aligned}
\right.
$$

证明：若使渠道成员采购大数据服务后的分散决策收益水平达到集中决策时的收益水平，需使：$q^c = [a + \ln((Fm)/g) - bc_1 - bc_2 - bs + \beta v + \eta v]/2$。

则有 $w^c = \dfrac{(1-\lambda b)(a + \ln((Fm)/g) + v(\eta + \beta))}{2b} + \dfrac{(1+\lambda b)(c_1 + c_2) + s(\lambda b - 1)}{2}$,

定理11前半部分得证。对于后半部分，令其满足 $\begin{cases} \Delta\pi_M^c = \pi_M^c - \pi_M^b + T > 0 \\ \Delta\pi_R^c = \pi_R^c - \pi_R^b - T > 0 \end{cases}$, 即

采取协调机制后，制造商和零售商所获收益要大于分散决策时双方所得收益，此时：

$$\Delta\pi_M^c = [\,(4ab^2c_1g - 2b^3c_1^2g - 2b^3c_2^2g - 2b^3gs^2 - 2bg\ln((Fm)/g)^2 -$$
$$2a^2bg - \ln((Fm)/g)(4abg - 4b^2c_1g - 4b^2c_2g - 4b^2gs + 4bg\eta v +$$
$$4bg\beta v) + 4ab^2c_2g - 4b^3c_1c_2g + 4ab^2gs - 4b^3c_1gs - 4b^3c_2gs -$$
$$2bg\eta^2v^2 - 2bg\beta^2v^2 - 4abg\eta v - 4abg\beta v + 4ab^2c_2g - 4b^3c_1c_2g +$$
$$4ab^2gs - 4b^3c_1gs - 4b^3c_2gs - 2bg\eta^2v^2 - 2bg\beta^2v^2 - 4abg\eta v - 4abg\beta v +$$
$$4b^2c_1g\eta v + 4b^2c_1g\beta v + 4b^2c_2g\eta v + 4b^2c_2g\beta v - 4bg\eta\beta v^2 + 4b^2g\eta sv +$$
$$4b^2g\beta sv)\lambda + 8bm^2 - \ln((F*m)/g)^2(-2gb^2 + g) - \ln((F*m)/g) \times$$
$$(2ag + 2bc_1g + 2bc_2g - 2bgs + 2g\eta v + 2g\beta v - 4ab^2g + 4b^3gs - 4b^2g\eta v -$$
$$4b^2g\beta v) - ga^2 + 2ga^2b^2 + 3gb^2c_1^2 - 2gb^4c_1^2 + 3gb^2c_2^2 - 2gb^4c_2^2 - gb^2s^2 +$$
$$2gb^4s^2 - g\eta^2v^2 - g\beta^2v^2 - 8gtbm - 2ga\eta v - 2ga\beta v + 2gb^2\eta^2v^2 + 2gb^2\beta^2v^2 -$$
$$4gb^4c_1c_2 + 6gb^2c_1c_2 - 4gab^3s + 2gb^2c_1s + 2gb^2c_2s - 2g\eta\beta v^2 - 2gabc_1 -$$
$$2gabc_2 + 2gabs + 4gb^2\eta\beta v^2 - 2gbc_1\eta v - 2gbc_1\beta v - 2gbc_2\eta v - 2gbc_2\beta v +$$
$$2gb\eta sv + 2gb\beta sv + 4gab^2\eta v + 4gab^2\beta v - 4gb^3\eta sv - 4gb^3\beta sv]/(8bg) + T$$

$$\Delta\pi_R^c = [\,(\eta^2v^2 + \beta^2v^2 + \ln((F*m)/g)^2 + a^2 + \ln((F*m)/g)$$
$$(2a - 2bc_1 - 2bc_2 - 2bs + 2\eta v + 2\beta v) + b^2c_1^2 + b^2c_2^2 + b^2s^2 + 2\eta\beta v^2 -$$
$$2abc_1 - 2abc_2 - 2abs + 2a\eta v + 2a\beta v + 2b^2c_1c_2 + 2b^2c_1s + 2b^2c_2s -$$
$$2bc_1\eta v - 2bc_1\beta v - 2bc_2\eta v - 2bc_2\beta v - 2b\eta sv - 2b\beta sv)\lambda + 2bs^2 - 2as -$$
$$\ln((F*m)/g)(-2sb^2 + 2s) - 64b - 2b^3s^2 + 2bc_1s + 2bc_2s -$$
$$2\eta sv - 2\beta sv + 2ab^2s - 2b^3c_1s - 2b^3c_2s + 2b^2\eta sv + 2b^2\beta sv]/4 - T$$

可知定理11后半部分得证，其中 T 值的具体取值取决于 M 与 R 的市场地位与谈判能力。

下文通过算例进行说明，为不失一般性，仍设 $a = 30$，$b = 0.6$，$c_1 = 1.4$，$c_2 = 1.6$，$s = 3$，$v = 9$，$F = 8$，$g = 2$，$m = 3$，$\eta = 0.6$，$\beta = 0.7$，此时在分散决策下采购大数据服务的最大收益为 $\pi_T^b = 143.9411$，制造商和零售商各自的收益为

$(\pi_{M}^{b},\ \pi_{R}^{b}) = (101.6543,\ 42.2868)$，批发价 $w^{b} = 13.2555$，最优商品采购量与零售价格为 $(p^{b},\ q^{b}) = (20.4232,\ 10.1462)$；在共同决策下采购大数据服务的最大收益为 $\pi_{D}^{b} = 166.7472$，最优商品采购量与零售价格为 $(p_{D}^{b},\ q_{D}^{b}) = (14.3355,\ 20.2925)$，可以看出，在分散决策下存在明显的双重边际化效应，即分散决策下的零售价格大于集中决策下的零售价，商品采购量低于集中决策下的采购量，同时零售渠道总收益低于集中决策时的总收益。

为了克服双重边际化效应，使分散决策下采购大数据服务时零售渠道得到优化，此时制造商根据零售商的采购量，给予其 λ 数量的线性折扣，零售商给制造商 T 数量的固定支付。这里假设 $\lambda = 0.2$，$T = 4$，则契约协调后的批发价格为 $w^{b} > w^{c} = 9.1970$，而在分散决策下最大收益有 $\pi^{c} = \pi_{D}^{b} = 166.7472$，可得最优商品采购量与零售价格为 $(p^{c},\ q^{c}) = (p_{D}^{b},\ q_{D}^{b}) = (14.3355,\ 20.2925)$，制造商和零售商各自的收益为 $(\pi_{M}^{b},\ \pi_{R}^{b}) < (\pi_{M}^{c},\ \pi_{R}^{c}) = (123.3520,\ 43.3952)$，这说明在分散决策下的零售渠道完全得到协调，达到集中决策下零售渠道收益水平。

为不失一般性，其他参数值保持不变，以 λ 与 T 作为变量，可得图 7-8：

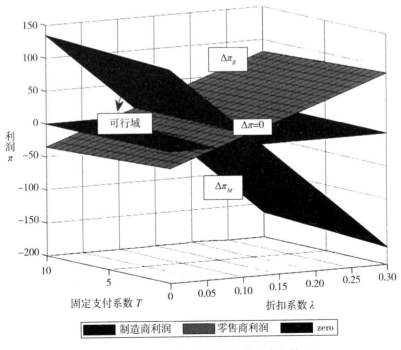

图 7-8　机制设计后渠道成员收益变化情况

如图 7-8 所示，随着折扣系数 λ 增大，M 利润减少，R 利润增加；相反，随着固定支付 T 增大，M 利润减少，而 R 利润增多。因此，零售渠道利益协调的关键在于找到可行的契约空间，如图 7-8 中箭头所指的可行域，协调后制造商和零售商均获得正收益，这说明参与主体得到协调，在分散决策下零售渠道得到优化。

六、结论

随着信息技术的应用，消费者需求不确定性增强，消费者个性化需求趋势明显。鉴于此，渠道成员通过大数据技术投资对消费者行为数据、交易数据、传感器数据进行挖掘、处理，精确捕获市场需求，增加产品销售量，从而使渠道成员收益增加。本书构建大数据服务商参与的零售渠道模型，经研究得出如下结论：

（1）无论分散决策还是集中决策，采购大数据服务后零售渠道整体收益高于采购前零售渠道整体收益，这说明大数据技术投资可以准确获知消费者画像，增加渠道成员的销量。同时采购大数据服务后，消费者对质量和购物体验敏感度越高，零售渠道整体利润越大。

（2）无论是否采购大数据，分散决策时零售渠道整体收益低于集中决策时零售渠道整体利润。在分散决策下存在明显的双重边际化效应，即分散决策下的零售价格高于集中决策下的零售价格，商品采购量低于集中决策下的商品采购量，同时零售渠道总收益低于集中决策时的总收益。

（3）大数据服务商单位支付费用越高，大数据服务商越会通过提高努力水平以增加利润；同时，能否将成本系数控制在合理范围内是大数据服务商利润多少的关键，因此在制造商单位费用一定时，要努力优化成本系数，以增加收益。

（4）由于分散决策存在双重边际化效应，零售渠道协调的关键在于找到可行的契约空间，实现分散决策下的渠道优化，并通过引入数量折扣—两部定价契约，可以有效解决分散决策问题，协调后制造商和零售商均获得正收益，满足参与约束与激励相容条件，渠道成员利益得到协调，分散决策下的零售渠道得到整合。

由于渠道成员间分散决策的存在，制约了大数据技术投资的实现。我们具体分析了采购大数据服务对渠道成员间利润的影响，结果表明采购大数据服务对零售渠道、渠道成员收益具有显著作用。在采购大数据情形下，决策方式（分散决策还是集中决策）对零售渠道以及渠道成员收益产生直接影响，结果表明集中决策有利于实现大数据技术投资的收益最大化，因此通过协调机制设计实现了从分散决策到集中决策的过程。本书仅仅考虑了大数据技术投资对信息共享的作用以及渠道整合的作用，在零售渠道整合过程中，还涉及中台技术、物联网技术、区块链技术、智能合约技术的投资决策场景，其经济学分析过程与大数据投资决策是一致的，都涉及分析分散决策与集中决策下投资收益的比较以及从分散决策到集中决策的协调过程。由于中台技术、物联网技术、区块链技术、智能合约技术作用于信息共享的机制不同，其从分散决策到集中决策所采取的协调机制（契约）可能存在差别，但其决策过程的经济学一般原理是相同的。

第二节　横向渠道冲突下需求信息共享的实现机制

在零售渠道整合过程中，制造商为了获取消费者需求信息，需要建立自营渠道，因此制造商与零售商之间存在直营渠道与零售商渠道冲突。与此同时，零售商向制造商采购商品，两者之间还存在渠道合作关系。冲突与合作的存在，导致零售商与制造商存在复杂的竞争合作关系。合作关系使制造商与零售商之间存在信息共享的激励，渠道冲突制约信息共享实现。本书重点考察在存在横向渠道冲突下，制造商与零售商之间消费者需求信息共享的决策过程。

一、问题描述

需求不确定性在消费者渠道选择过程中的主要体现是其"搭便车"行为，消费者"搭便车"行为导致零售商与制造商存在显著的渠道冲突。在 PC 互联网时代，策略性消费者通过线上渠道进行信息搜集、处理，在线下渠道进行体验，但由于线上渠道具有价格优势转而到线上渠道购买，因此导致大量的展厅现象出现。由于线下渠道可以与消费者直接接触，当实体店开展各种促销活动时，如投放电视广告、发传单、免费讲解试用等，促销引发的新消费者群体可以先到实体店体验产品，了解产品性能，最终可能选择网店购买产品。消费者的这种"搭便车"行为使零售商实体店沦为制造商线上渠道的试衣间和免费展厅。展厅现象的出现导致实体零售商不愿意尝试服务创新，改进消费体验。随着移动互联网的出现，消费者通过线上渠道进行信息的搜集、处理，由于线上渠道与线下渠道价格趋同，消费者往往在线下渠道进行体验购买，其结果是反展厅现象普遍存在，导致线上渠道不愿意改进消费体验。由于策略性消费者"搭便车"的行为，导致线上渠道与线下渠道冲突，如果线上渠道、线下渠道属于同一零售商，零售商可以通过内部一体化实现线上渠道与线下渠道利益的再协调。但普遍存在的情况是，制造商拥有线上自营渠道，同时其利用零售商线下渠道进行销售，难以通过内部一体化协调线上渠道与线下渠道的利益。消费者"搭便车"必然导致线上渠道与线下渠道价格竞争，由于市场份额与消费者需求是既定的，结果导致零和博弈的出现。此时迫切需要零售商与制造商通过需求信息共享，进行差异化策略，将标类商品在线上渠道销售，将非标类商品在线下销售，实现产品差异化与渠道差异化，实现合作博弈与零售渠道整合。

关于消费者"搭便车"对零售渠道成员的影响存在争议，如果消费者对渠道服务敏感，"搭便车"会对渠道成员造成负面影响（Antia et al.，2004）。良性"搭便车"可以刺激消费，缓解零售商与制造商的价格竞争（Wu et al.，2004）。部分学者认为消费者"搭便车"具有双向作用，消费者"搭便车"可以提高集中决策下渠道成员的利润，同时也会使分散决策下渠道成员利益受损（张昊昱、冯南平，2011）。关于"搭便车"的协调机制的研究，主要通过集中决策下定价策略解决，在消费者"搭便车"的前提下，根据渠道结构的差异，讨论了渠道成员整体利润最大化的定价策略，并通过收益共享契约、价格差额契约实现了不同决策条件下渠道成员的利益协调（丁正平、刘业政，2013）。罗美玲等（2014）考虑了制造商网络直销渠道服务成本对渠道成员决策的影响，其认为当服务成本较低时，制造商同时利用直销渠道与零售商渠道；当服务成本较高时，线上直销渠道只提供信息服务，为零售商"搭便车"提供便利，渠道成员利益普遍存在明显改善（罗美玲等，2014）。

部分学者考虑制造商线上渠道与零售商实体渠道情形下，认为消费者"搭便车"行为的存在使零售商更加回避信息共享，零售商只有在产品质量处于一定区间且批发价足够低时，才会披露质量信息。随着信息搜索成本增加、渠道间产品差异缩小以及消费者对渠道产品关注度的提升，都将抑制零售商披露信息的意愿，因而制造商必须通过利益补偿才能实现零售商信息共享（周建亨、赵瑞娟，2016）。有学者将消费者需求信息共享引入到双渠道供应链中，研究存在"搭便车"行为时双渠道供应链中零售商需求信息共享的价值以及"搭便车"系数对该决策的影响,结果表明零售商向制造商共享消费者需求信息有利于提高供应链整体利润水平,改善供应链整体绩效。消费者"搭便车"行为的存在,使原本在信息共享中就处于不利地位的零售商的处境更加艰难,零售商并不能从信息共享中获益,因而其缺乏信息共享的动力。基于此制造商必须设计信息共享激励机制,实现帕累托改进,但遗憾的是其没有给出具体的协调机制设计(Zhang et al.,2019)。

在零售渠道整合过程中,消费者"搭便车"普遍存在,所以本书考虑在消费者"搭便车"的情况下,探讨渠道成员间信息共享的决策。具体分析消费者"搭便车"行为对渠道成员收益的影响,同时考虑零售商需求信息共享对渠道成员收益的影响,分析在"搭便车"行为影响下零售商需求信息共享的决策过程与制造商协调机制设计过程,并通过制造商机制设计,实现零售商需求信息共享,进而实现横向渠道冲突(消费者"搭便车"带来的横向渠道冲突)协调与零售渠道整合的深化。

二、模型构建

在零售渠道整合过程中,最常见的横向渠道冲突场景是在消费者"搭便车"下制造商线上渠道与零售商线下渠道的冲突。因此,我们建立了在消费者"搭便车"情形下双渠道运营模式的模型(见图7-9)。

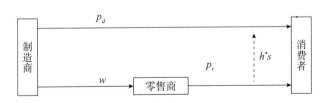

图 7-9 在消费者"搭便车"下双渠道运营模式

如图 7-9 所示,制造商通过自营线上渠道以价格 p_d 向消费者出售商品,以批发价 w 向零售商提供商品;零售商通过自营线下渠道销售商品,零售价为 p_r,形成完整双渠道运营模式。由于实体零售商更接近消费者,便于获取消费者需求信息,因此本书假定零售商获取消费者需求信息并进行预测更具有优势。

假设制造商线上渠道需求函数为:

$$D_m = a + \theta - p_d + e * p_r + h * s \tag{7-29}$$

假设零售商线下渠道需求函数为：

$$D_r = a + \theta - p_r + e * p_d + (1 - h) * s \tag{7-30}$$

制造商和零售商同时开辟零售渠道，形成线上零售渠道和线下零售渠道价格冲突，$e[e \in (0, 1)]$ 为消费者价格敏感系数，用于刻画价格因素导致消费者在渠道间的选择。零售商为了提升消费购物体验，付出服务努力水平 s，其成本为二次凸函数：$\frac{1}{2}ks^2$，k 为提供服务的成本系数，数值越小表明其提供服务的效率越高。由于网络购物的便捷性，在现实情况下消费者经常在实体店进行体验后，再从网络渠道进行购买，h 刻画消费者从线下体验到线上购买的"搭便车"系数。为突出模型针对性，本书将零售商销售成本与制造商生产成本标准化为零。

为体现需求不确定性，假定市场需求由两部分构成：$d = a + \theta$，a 是消费者对商品基准需求，θ 用于刻画市场不确定因素造成的需求波动，θ 的分布为公共知识，同时满足：$E[\theta] = 0$，$Var(\theta) = \sigma^2$。零售商根据经验和技术手段得到需求观测数据集合 Z（$Z = z_1, z_2, \cdots, z_i$），$i$ 是观测的样本个数，样本观测值 z_i 满足 $z_i = \theta + \gamma_i (i = 1, 2, \cdots, n)$，$\gamma_i$ 为样本观测值的波动项，服从 $\gamma_i \sim N(0, \sigma_\gamma^2)$ 且与 θ 相互独立，n 为样本观测容量。参照但斌等（2016）处理方式，以样本观测均值作为零售商对市场不确定需求所做的预测：$Z = \theta + \sum_{i=1}^{n} \gamma_i / n$，将 Z 视作零售商预测市场需求得到的私人信息。根据 Li Lode（1985）研究成果 $t_i = 1/E[Var(y_i \mid \theta)]$ 为需求预测精度，本书将需求预测精度设置为 $U = Var(\theta)/E[Var(Z \mid \theta)]$，又由：

$$E[Var(Z \mid \theta)] = E[Var(\theta + \sum_{i=1}^{n} \gamma_i \mid n)] = 1/n^2 E[Var(\sum_{i=1}^{n} \gamma_i \mid n)] = 1/n^2 E[n\sigma_\gamma^2] = \sigma_\gamma^2/n$$

有：$U = n\sigma^2/\sigma_\gamma^2 (U > 0)$，$U$ 越大，表明零售商对市场需求预测更准确。设 $\eta (0 \leqslant \eta \leqslant 1)$ 为零售商信息共享系数，制造商获得信息量 ηn，此时制造商对市场需求所作预测：

$$z = \theta + \sum_{i=1}^{\eta n} \gamma_i / \eta n$$

综上所述，制造商需求预测精度为：

$$\mu = Var(\theta)/E[Var(z \mid \theta)] = \eta(n\sigma^2/\sigma_\gamma^2) = \eta U$$

当 $\eta = 1$ 时，$\mu = U$，此时零售商和制造商完全共享消费者需求信息；当 $\eta = 0$ 时，$\mu = 0$，此时零售商拒绝共享消费者需求信息；当 $0 < \eta < 1$ 时，制造商获

得部分消费者需求信息。

参照 Li Lode 引理1：$E[\theta \mid z_i] = \dfrac{S_i}{1+S_i}z_i + \dfrac{R}{1+R}E[\theta]$。其中，$S_i = 1/[E[Var(z_i \mid \theta)]]$、$R = 1/Var(\theta)$，可得：

$$E[\theta \mid Z] = \frac{U}{(1+U)}Z \; ; \; E[\theta \mid z] = \frac{\mu}{(1+\mu)}z \; ; \; E[Z \mid z] = \frac{\eta(1+U)}{\eta U + 1}z$$

由条件方差公式 $Var(Y) = Var(E[X \mid Y]) + E[Var(X \mid Y)]$ 有：

$$E[Z^2] = E[Zz] = \frac{1+U}{U}\sigma^2 \; ; \; E[z^2] = \frac{1+\mu}{\mu}\sigma^2$$

本书的博弈顺序如下（见图7-10）：①销售期开始前，零售商观测需求数据，预测市场需求信息，决定是否共享需求信息及共享信息数量；②销售期开始，零售商将 ηn 份观测数据分享给制造商；③制造商与零售商进行 Stackelberg 博弈，制造商预测市场需求量，并决定批发价格 w 和直销价格 p_d；④零售商预测市场需求量，结合制造商决策决定零售价格 p_r、制造商实现利润 $E[\pi_m]$、零售商实现利润 $E[\pi_r]$，博弈结束。

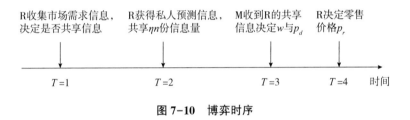

图7-10 博弈时序

三、需求信息共享的动态博弈过程

根据 Stackelberg 博弈规则，由逆向求解法求解均衡解。零售商的条件期望利润为：

$$E[\pi_r \mid Z] = (p_r - w) * [a + E[\theta \mid Z] - p_r + ep_d + (1-h)s] - \frac{1}{2}ks^2$$

$$(7-31)$$

由 $\partial^2 E[\pi_r \mid Z]/\partial p_r^2 = -2 < 0$ 得，假设 w、p_d 为给定值的条件下，存在使零售商利润最大的一阶条件为：

$$\frac{\partial E[\pi_r \mid Z]}{\partial p_r} = p_r(w, p_d) = \frac{1}{2}[a + E[\theta \mid Z] + w + ep_d + s(1-h)]$$

$$(7-32)$$

制造商依据预测需求 z，预期零售商最优定价为 $E[p_r(w, p_d) \mid z]$，此时制造商条件期望利润为：

$$E[\pi_m \mid z] = w * D_r + p_d * D_m$$
$$= w * [a + E[\theta \mid z] - E[pr(w, pd) \mid z] + ep_d + (1-h)s] + p_d *$$
$$(a + E[pr(w, pd) \mid z] - p_d + eE[pr(w, pd) \mid z] + hs)$$

$$(7-33)$$

又根据：$E[\theta \mid z] = \dfrac{\mu}{(1+\mu)}z$、$E[Z \mid z] = \dfrac{\eta(1+U)}{\eta U + 1}z$ 有：

$$E\{E[\theta \mid Z] \mid z\} = E[\frac{U}{(1+U)}Z \mid z] = \frac{U}{(1+U)}E[Z \mid z] = \frac{U}{(1+U)}\frac{\eta(1+U)}{\eta U + 1}$$

$z = \dfrac{\mu}{1+\mu}z = E[\theta \mid z]$ 得：$E[p_r(w, p_d) \mid z] = \dfrac{1}{2}[a + E[\theta \mid z] + w + ep_d + s(1-h)]$，代入式 (7-33) 有：

$$E[\pi_m \mid z] = \frac{1}{2}[(e^2 - 2)p_d{}^2 + (2a + 2E[\theta \mid z] + ae + es + 2hs + 2ew +$$
$$eE[\theta \mid z] - ehs)p_d - w^2 + (a + s + E[\theta \mid z] - hs)w]$$

$$(7-34)$$

$E[\pi_m \mid z]$ 关于 w、p_d 的 Hessen 矩阵为：

$$\begin{pmatrix} \dfrac{\partial^2 E[\pi_m \mid z]}{\partial p_d{}^2} & \dfrac{\partial^2 E[\pi_m \mid z]}{\partial p_d \partial w} \\ \dfrac{\partial^2 E[\pi_m \mid z]}{\partial w \partial p_d} & \dfrac{\partial^2 E[\pi_m \mid z]}{\partial w^2} \end{pmatrix} = \begin{pmatrix} e^2 - 2 & e \\ e & -1 \end{pmatrix}$$

由其各阶顺序主子式 $\mid H_1 \mid < 0$、$\mid H_2 \mid = 2 - 2e^2 > 0$ 可知：$E[\pi_m \mid z]$ 是关于 w、p_d 的联合凹函数，存在最优解。联立求解 $\dfrac{\partial E[\pi_m \mid z]}{\partial p_d} = 0$、$\dfrac{\partial E[\pi_r \mid z]}{\partial w} = 0$ 得制造商最优解 w^*、$p_d{}^*$ 为：

$$w^* = \frac{h(s - es) - s - ae - a}{2e^2 - 2} - \frac{(e+1)}{2e^2 - 2}E[\theta \mid z] \qquad (7-35)$$

$$p_d{}^* = \frac{e(hs - a - s) - hs - a}{2e^2 - 2} - \frac{(e+1)}{2e^2 - 2}E[\theta \mid z] \qquad (7\text{-}36)$$

将制造商最优解代入 $p_r(w, p_d)$，可得零售商的最优定价 $p_r{}^*$ 为：

$$p_r{}^* = \frac{hs(3 - 2e - e^2) - 3a - 3s - 2ae + ae^2 + e^2 s}{4e^2 - 4} +$$

$$\frac{(2e^2 - 2)}{4e^2 - 4}E[\theta \mid Z] - \frac{(e^2 + 2e + 1)}{4e^2 - 4}E[\theta \mid z] \qquad (7\text{-}37)$$

命题 1：w^*、$p_d{}^*$、$p_r{}^*$ 受到市场需求波动预测信息 $E[\theta \mid z]$ 的正向影响。

证明：$\dfrac{\partial w^*}{\partial E[\theta \mid z]} = \dfrac{\partial p_d{}^*}{\partial E[\theta \mid z]} = \dfrac{1}{2(1-e)} > 0$，$\dfrac{\partial p_r{}^*}{\partial E[\theta \mid z]} = \dfrac{e+1}{4(1-e)} > 0$。当零售商向制造商分享增长的波动信息时，制造商通过提高批发价和线上渠道的价格实现利润增长。相反，当零售商向制造商分享需求下降的波动信息时，制造商通过降低批发价，以保持零售商的批发需求，同时降低线上渠道零售价，刺激市场需求量，维持利润水平。

将所得均衡解代入期望利润函数，可得零售商和制造商期望利润为：

$$\prod\nolimits_r = E[\pi_r] = \frac{\mu\sigma^2}{16(1+\mu)} + \frac{s^2 h^2 - (2as + 2s^2)h}{16} + \frac{2as - 8ks^2 + a^2 + s^2}{16} \qquad (7\text{-}38)$$

$$\prod\nolimits_m = E[\pi_m] = \frac{(e^2 - 4e - 5)\mu\sigma^2}{(8e^2 - 8)(1+\mu)} - \frac{U\sigma^2}{4(1+U)} +$$

$$\frac{-(4a^2 e + 3a^2 + 2as + s^2 + a^2 e^2 + e^2 s^2 + 4aes + 2ae^2 s)}{8e^2 - 8} +$$

$$\frac{(-e^2 s^2 + 4es^2 - 3s^2)h^2 + (2s^2 - 4es^2 - 2as + 2e^2 s^2 + 2ae^2 s)h}{8e^2 - 8} \qquad (7\text{-}39)$$

$$\prod\nolimits_{TC} = \prod\nolimits_m + \prod\nolimits_r = \frac{(3e^2 - 8e - 11)\mu\sigma^2}{(16e^2 - 16)(1+\mu)} - \frac{U\sigma^2}{4(1+U)} +$$

$$\frac{(-e^2 s^2 + 8es^2 - 7s^2)h^2 + (6s^2 - 8es^2 - 2as + 2e^2 s^2 + 2ae^2 s)h}{16e^2 - 16} -$$

$$\frac{8a^2 e + 6as - 8ks^2 + 7a^2 + 3s^2 + a^2 e^2 + e^2 s^2 + 8e^2 ks^2 + 8aes + 2ae^2 s}{16e^2 - 16} \qquad (7\text{-}40)$$

命题 2：零售商选择提高线下服务水平的临界条件为：

$$k < \frac{1}{8}\left[h^2 - h + 1 + \frac{2as(1-h) + a^2}{s^2}\right] \tag{7-41}$$

证明：由式（7-38）可得，零售商选择提高线下服务水平的条件为：$s^2h^2 - (2as + 2s^2)h + 2as - 8ks^2 + a^2 + s^2 > 0$，求解可得式（7-41）。具体而言，只有当提供服务能产生正向收益，即服务成本系数控制在一定范围内，零售商才会继续改进服务。由式（7-41）可知，制造商"搭便车"系数 h 越大，服务成本系数的最大值越小，零售商改进服务的可能性区间越窄；市场基准需求 a 越大，则服务成本系数的范围越大，零售商改进服务的可能性区间越宽，这符合经营实际。

命题 3：当消费者存在"搭便车"行为时，制造商会获得消费者"搭便车"的正向收益。

由式（7-39）可得，当零售商改善线下购物体验，即 $s \neq 0$ 时，

$$\frac{(-e^2s^2 + 4es^2 - 3s^2)h^2 + (2s^2 - 4es^2 - 2as + 2e^2s^2 + 2ae^2s)h - (2as + s^2 + e^2s^2 + 4aes + 2ae^2s)}{8^2 - 8} > 0$$

恒成立，只要存在消费者"搭便车"行为，制造商便能攫取零售商给消费者创造的服务价值，从而增加收益。

四、需求信息共享和消费者"搭便车"行为的影响

1. 需求信息共享的影响

本部分用 $F_i(i \in \{m, r, TC\})$ 来表示信息共享给渠道成员带来的价值变动，由式（7-38）、式（7-39）、式（7-40）可得：

$$F_r = \frac{\mu\sigma^2}{16(1 + \mu)} = \frac{\eta U\sigma^2}{16(1 + \eta U)} \tag{7-42}$$

$$F_m = \frac{(e^2 - 4e - 5)\mu\sigma^2}{(8e^2 - 8)(1 + \mu)} = \frac{(e^2 - 4e - 5)\eta U\sigma^2}{(8e^2 - 8)(1 + \eta U)} \tag{7-43}$$

$$F_{TC} = \frac{(3e^2 - 8e - 11)\mu\sigma^2}{(16e^2 - 16)(1 + \mu)} = \frac{(3e^2 - 8e - 11)\eta U\sigma^2}{(16e^2 - 16)(1 + \eta U)} \tag{7-44}$$

命题 4：零售商预测需求波动并分享需求预测信息，给零售渠道成员带来正向收益。其中，随着信息分享系数 η 增大，即分享的信息量越大，制造商和零售商获得的收益不断增加，因此零售商向制造商共享需求信息并非总是对自

己不利；零售商对市场需求变动预测得越准确，制造商越能获得更多的收益。

证明：$\dfrac{\partial F_r}{\partial U} = \dfrac{\eta\sigma^2}{16(1 + \eta U)^2} > 0$、$\dfrac{\partial F_m}{\partial U} = \dfrac{(e - 5)\eta\sigma^2}{8(e - 1)(1 + \eta U)^2} > 0$

$\dfrac{\partial F_{TC}}{\partial U} = \dfrac{(3e^2 - 8e - 11)\eta\sigma^2}{(16e^2 - 16)(1 + \eta U)^2} > 0$、$\dfrac{\partial F_r}{\partial \eta} = \dfrac{U\sigma^2}{16(1 + \eta U)^2} > 0$

$\dfrac{\partial F_m}{\partial \eta} = \dfrac{(e - 5)U\sigma^2}{8(e - 1)(1 + \eta U)^2} > 0$、$\dfrac{\partial F_{TC}}{\partial \eta} = \dfrac{(3e^2 - 8e - 11)U\sigma^2}{(16e^2 - 16)(1 + \eta U)^2} > 0$

且 $F_r \geqslant 0$、$F_m \geqslant 0$、$F_{TC} \geqslant 0$。

具体而言，随着市场需求预测精度 U 与信息分享系数 η 不断提升，制造商获得更充分且精确的市场需求信息，并对选择策略进行调整，以获得更多利润，这与实际经营情况相符。但是，由于零售商处于跟随地位，其预测需求变动增加的收益远小于制造商，即随着 η、U 逐渐增大，制造商和零售商收益差额 $\Delta_\mu = F_m - F_r (\Delta_\mu > 0)$ 在不断增加。因此，从长期来看，零售商没有提高信息分享量及提高需求预测精度的激励，不利于零售渠道利润的长期增长。

2. 消费者"搭便车"行为的影响

本部分用 $S_i (i \in \{m, r, TC\})$ 表示零售商努力水平和"搭便车"系数给零售渠道成员带来的价值：

$$S_r = \frac{s^2h^2 - (2as + 2s^2)h}{16} \tag{7-45}$$

$$S_m = \frac{(-e^2s^2 + 4es^2 - 3s^2)h^2 + (2s^2 - 4es^2 - 2as + 2e^2s^2 + 2ae^2s)h}{8e^2 - 8} \tag{7-46}$$

$$S_{TC} = \frac{(-e^2s^2 + 8es^2 - 7s^2)h^2 + (6s^2 - 8es^2 - 2as + 2e^2s^2 + 2ae^2s)h}{16e^2 - 16} \tag{7-47}$$

命题 5：当消费者存在"搭便车"行为时，零售商缺乏提高服务水平、增加服务投入的激励。证明：当 $s \neq 0$ 时，$\dfrac{\partial S_r}{\partial h} = \dfrac{1}{16}\left[2s^2(h - 1) - 2as\right] < 0$ 恒成立，随着"搭便车"水平程度增加，零售商收益不断下降。此时，制造商因免费攫取了零售商给消费者创造的服务价值，且随着零售商不断提高服务水平，利润不断增长。

五、消费者"搭便车"下需求信息共享的协调机制

本部分采用收益共享协调契约对渠道成员收益情况进行调整，以促进长期合作的实现。由于消费者"搭便车"行为使零售商利润转移到制造商，同时由命题4可知，零售商分享需求预测信息对于零售渠道成员都存在收益。因此，本书设计制造商将线上渠道的销售收入部分分享给零售商的制造商收益共享机制，分享比例为 $\lambda[\lambda \in (0, 1)]$，以激励零售商提高信息分享量以及需求预测精度，同时对消费者的"搭便车"行为对零售商进行补偿，这符合经营实际，有利于零售渠道的长期协调发展。

制造商向零售商共享 λ 比例的线上渠道销售收入，实现激励相容约束 $\eta = 1$ 后，制造商零售商的利润函数为：

$$\prod_r^s = E[\pi_r^s \mid Z] = (p_r - w) * [a + E(\theta \mid Z) - p_r + ep_d + (1 - h)s] - \frac{1}{2}ks^2 + \lambda * p_d(a + E[\theta \mid Z] - p_d + ep_r + hs)$$

$$(7-48)$$

$$\prod_m^s = E[\pi_m^s \mid Z] = w * [a + E[\theta \mid Z] - p_r + ep_d + (1 - h)s] + (1 - \lambda) * p_d(a + E[\theta \mid Z] - p_d + ep_r + hs)$$

$$(7-49)$$

由逆向求解法，求解零售渠道成员的最优解，这里的求解过程与式（7-32）至式（7-39）相同，因此略去不写，此时制造商最优零售价和批发价为：

$$w^s = \frac{\lambda(ae + ae^2 + e^2s + ehs - e^2hs) - s - a - ae + hs - ehs}{2e^2 - 2} + \frac{\lambda(e^2 + e) - e - 1}{2e^2 - 2}E[\theta \mid Z]$$

$$(7-50)$$

$$p_d^s = \frac{ehs - a - ae - es - hs}{2e^2 - 2} - \frac{(e + 1)}{2e^2 - 2}E[\theta \mid Z] \qquad (7-51)$$

将式（7-50）、式（7-51）代入式（7-48）得出零售商最优线下零售价为：

$$p_r^s = \frac{3hs - 3s - 2ae - 3a + ae^2 + e^2s - 2ehs - e^2hs}{4e^2 - 4} + \frac{(e^2 - 2e - 3)}{4e^2 - 4}E[\theta \mid Z]$$

$$(7-52)$$

此时零售商的期望利润为：

$$\prod{}_r^s = E[\pi_r^s]$$

$$= \frac{\begin{array}{l} s^2(2h + 8k - 2e^2h - 8e^2k + e^2 - h^2 + e^2h^2 - 1) - s(2a - 2ah - 2ae^2 + 2ae^2h) - \\ \lambda[s^2(4e^2h^2 - 8e^2h + 4e^2 - 8eh^2 + 8eh + 4h^2) + 8a^2e + 4a^2 + 4a^2e^2 + \\ s(8ae + 8ah + 8ae^2 - 8ae^2h)] - a^2 + a^2e^2 \end{array}}{16e^2 - 16} +$$

$$\frac{(e^2 - \lambda(4e^2 + 8e + 4) - 1)U\sigma^2}{(16e^2 - 16)(1 + U)} \tag{7-53}$$

制造商的期望利润为：

$$\prod{}_m^s = E[\pi_m^s]$$

$$= \frac{\begin{array}{l} \lambda[s^2(2e^2h^2 - 4e^2h + 2e^2 - 4eh^2 + 4eh + 2h^2) + 4a^2e + 2a^2 + 2a^2e^2 + \\ s(4ae + 4ah + 4ae^2 - 4ae^2h)] - 4a^2e - s(2a + 4ae + 2ah + 2ae^2 - 2ae^2h) - \\ s^2(e^2h^2 - 2e^2h + e^2 - 4eh^2 + 4eh + 3h^2 - 2h + 1) - 3a^2 - a^2e^2 \end{array}}{8e^2 - 8} +$$

$$\frac{[\lambda(2e^2 + 4e + 2) - 4e - e^2 - 3]U\sigma^2}{(8e^2 - 8)(1 + U)} \tag{7-54}$$

在存在协调机制的情形下，对市场均衡进行理论证明较为复杂，因此本书将在下文中通过数值算例进行分析。

六、算例分析

本部分应用 Matlab 2018 软件对本书的结论和性质进行数值算例分析。对零售商分享需求预测信息对零售渠道成员利润的影响进行分析，如图 7-11 所示。

参照官子力的数值选取（杨希聪、陈淮莉，2016），将设置 $\sigma^2 = 0.36$，考察信息预测精度 U 和消费者价格敏感系数 e 及信息共享系数 η 对零售渠道利润的影响。从图 7-11 中的（1）至（3）可以看出，当信息共享系数从 0 增长至 1，$e = 0.3$ 保持不变时，需求预测精度从 1.2 增长至 1.8 时，制造商与零售商利润普遍存在增长趋势，说明零售商提高需求预测精度，有利于增加零售渠道整体利润；从图 7-11 中的（3）至（6）可以看出，当消费者价格敏感系数 e 从 0.3 增长至 0.5 时，渠道成员利润变化不大，说明其对渠道成员利润影响不显著；同时，从图 7-11 可以直观地看出，渠道成员的利润随着零售商信息共享系数的增长而增加，说明零售商共享信息能给零售渠道带来正收益，但是零售商分享需求预测信息的收益远低于制造商，因此零售商缺乏提高需求预测精度以及增加信息共享量的激励，不利于零售渠道长期稳定合作。图 7-11 与命题 4 的观点一致，说明了命题 4 的合理性。

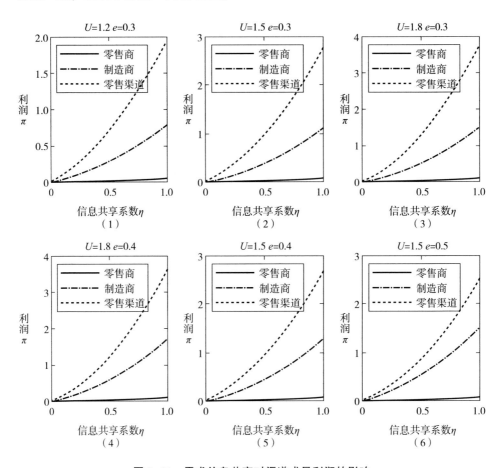

图 7-11　需求信息共享对渠道成员利润的影响

消费者"搭便车"和零售商努力水平与零售渠道成员利润的关系，如图 7-12 所示。

根据式（7-45）至式（7-47），考察搭便车系数 h 与消费者价格敏感系数 e 及市场基准需求量 a 在零售商努力水平从 0 提高到 10 的过程中，对于零售渠道成员利润的影响。从图 7-12 中的（4）、（5）可以直观地看出，当存在"搭便

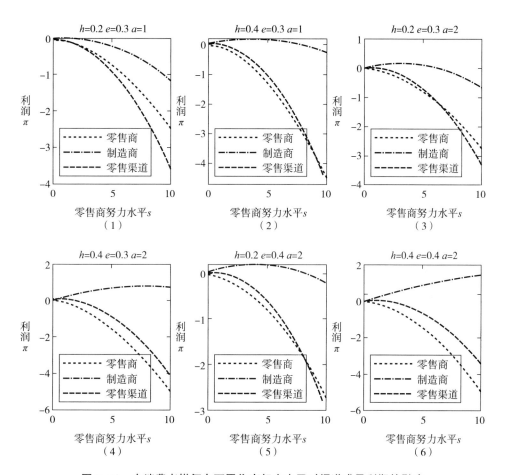

图7-12 在消费者搭便车下零售商努力水平对渠道成员利润的影响

车"系数时,零售商提高服务努力水平可以增加制造商利润,而且"搭便车"系数越高,制造商获得收益越多,而零售商收益则相应减少。从图7-12中的(4)、(6)中可以看出,当其他参数保持不变,消费者价格敏感系数 e 从0.3变为0.4时,制造商利润快速增长,同时拉动零售渠道总利润上升,这说明当存在"搭便车"时,消费者对价格越敏感,对制造商越有利,这符合线上价格相对较低、消费者从线下转移到线上的实际。除此之外,基准需求量是影响渠道成员利润大小的重要因素,从图7-12中的(1)、(3)中可以清晰看出,a 由1变为2,零售商、制造商利润存在较大程度变动。最后,从图7-12中的(1)至(6)中可以观察到,零售商不断提升努力水平,而其收益快速下降,有两个原因导致了这一结果:一方面是受制于服务成本参数 k,导致服务的收益增长小于成本增长，这也解释了零售渠道总利润曲线单调递减的现象；另一方面是消费者"搭便车"行为引起线下需求向线上转移，直接使零售商收入减少，利润下降。

比较引入收益共享契约前后，"搭便车"系数 h 在 $0 \sim 1$ 变化对于零售商和制造商利润水平的影响，如图 7-13 所示。

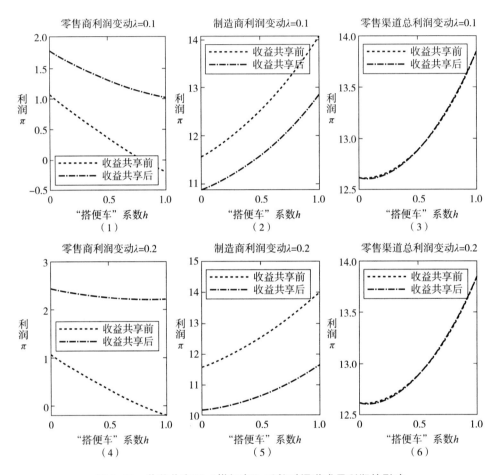

图7-13 收益共享下"搭便车"系数对渠道成员利润的影响

设置 $\sigma^2 = 0.36$、$a = 4$、$e = 0.2$、$U = 1.5$、$s = 2$、$k = 0.6$、$\eta = 1$，考查"搭便车"系数在 $0 \sim 1$ 变化时，收益共享系数 λ 对于渠道成员利润的影响，由图 7-13 中的（1）、（4）明显看出，收益共享之后零售商利润多于收益共享之前，随着收益共享系数从 0.1 增长至 0.2，零售商收益明显增加；同时，由图 7-13 中的（3）、（6）看出，收益共享并未改变零售渠道总利润，仅改变了利益在不同主体之间的分配比例，即制造商向零售商分享了一部分利润，但制造商利润仍随着"搭便车"系数的增长而增长，这与命题 5 的观点相吻合。在消费者"搭便车"的情况下，零售商缺乏提高服务水平的激励，因此引入收益共享契约有利于鼓励零售商提高线下服务水平，从而提升零售渠道总体利润水平，做大"蛋糕"后，再与制造商确定收益共享系数，这有利于零售渠道长期稳定合作。

比较引入收益共享契约前后，信息共享系数 η 在 0～1 变化对于零售商和制造商利润水平的影响，如图 7-14 所示。

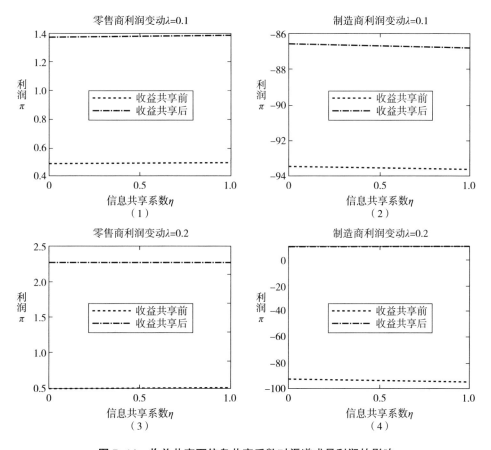

图 7-14 收益共享下信息共享系数对渠道成员利润的影响

设置 $\sigma^2 = 0.36$、$a = 4$、$e = 0.2$、$U = 1.5$、$s = 2$、$k = 0.6$、$h = 0.2$，考查信息共享系数在 0～1 变化时，收益共享系数 η 对于零售渠道成员利润的影响。图 7-14 的（1）、（3）表明收益共享让零售商收益增长，并随着制造商提高收益共享系数而进一步增长；从图7-14的（2）、（4）中可观察到，零售商向制造商共享需求信息时，制造商主动向零售商分享收益有利于自身利益的增长。结合实际，需求预测的效果取决于信息预测精度和共享信息量，零售商得到信息分享的收益后，会主动提高需求预测精度，并向制造商提供更多信息量，使零售渠道成员都能从信息共享中得到正向收益。这同命题1与命题4的观点一致，制造商对需求信息把握越充分，更能对经营策略进行适当调整，增加收益。

七、结论

本书在考虑存在横向渠道冲突（消费者"搭便车"）的情况下，零售商消费者需求信息共享的价值与协调机制。消费者"搭便车"是典型的需求不确定性的体现，其直接导致渠道冲突普遍存在，通过实证分析表明：

（1）消费者"搭便车"导致了零售商收益损失。当消费者存在"搭便车"行为时，零售商没有提高服务水平、增加服务投入的激励。随着消费者"搭便车"水平程度增加，零售商收益不断下降。此时，制造商因免费攫取了零售商给消费者创造的服务价值，随着零售商服务水平提高，制造商利润水平不断增长。

（2）零售商预测需求波动并分享需求预测信息，给零售渠道成员带来正向收益。零售商分享的信息量越大，制造商和零售商获得的收益越大，因此零售商向制造商共享需求信息并非总是对自己不利；零售商对市场需求变动预测得越准确，制造商越能获得更多的收益。

（3）在消费者"搭便车"情况下，零售商消费者需求信息共享，进一步损害自身利益，虽然零售商没有信息共享的激励，但消费者信息共享能实现消费者"搭便车"情形下零售渠道收益与制造商收益增加。因此，通过利益共享契约，制造商补偿零售商收益损失，使在存在消费者"搭便车"情形下信息共享得以实现，同时也保证了渠道成员间合作与渠道冲突的缓解，从而实现渠道整合深化。

（4）零售商向制造商共享需求信息时，制造商主动向零售商分享收益有利于自身利益的增长。引入收益共享契约后，有利于鼓励零售商提高线下服务水平，从而提升零售渠道总体利润水平，这有利于零售渠道长期稳定合作。

同样本书仅仅考虑了需求信息共享对渠道整合的作用，在零售渠道整合过程中还涉及库存信息、物流信息、地理位置信息等信息共享的决策，但其经济学分析过程与消费者需求信息决策过程是一致的，都涉及如何实现利益不一致的协调问题。由于库存信息、物流信息、地理位置信息等对零售渠道整合的作用不同，其协调机制（契约）可能存在差别，但其决策过程的经济学实质是相同的。通过横向渠道冲突下需求信息共享机制的分析，可以为渠道整合过程中信息共享机制的研究提供借鉴。

本章小结

　　本章对第五章提出的理论模型进行了实证检验，通过建立消费者"搭便车"下需求信息共享模型，验证了需求信息共享有助于渠道成员收益增加，实现信息配置的帕累托改进。但消费者"搭便车"行为的存在，使零售商缺乏信息共享的激励。通过收益共享契约协调，零售商需求信息共享得以实现，零售渠道冲突缓解，零售整合深化。同时，本章对第六章提出的信息技术作用模型进行了实证检验，大数据技术投资有助于提高共享信息的有效性，但在大数据技术投资过程中，大数据服务商、制造商、零售商之间存在有限理性与分散决策的限制，通过分散决策与集中决策下大数据投资的收益分析发现，集中决策能显著提高渠道收益。通过引入数量折扣—两部定价契约，可以有效协调零售商、制造商利益不一致问题，最终实现大数据投资与零售渠道整合。

第八章

结论与展望

第一节　研究结论

产业组织理论主要用于解释市场经济中企业行为与组织制度问题，其先后经历了 SCP 范式、博弈论范式、网络产业组织理论、行为产业组织理论阶段。随着信息技术发展，消费者异质性特征明显，消费者之间互动性增强，理性厂商会根据消费者行为变化提供相应的产品与服务，这意味着厂商的策略性行为实际上内生于消费者的行为过程。网络产业组织理论、行为产业组织理论将消费者纳入产业组织分析框架内，重点考察消费者与消费者、消费者与厂商、厂商与厂商之间的策略性行为，改变了传统结构—行为—绩效范式与博弈论范式主要对厂商间垄断与竞争行为的研究。本书从产业组织视角，重点讨论在消费者需求不确定性下，渠道成员的渠道整合行为与信息共享行为，考察渠道成员的策略性行为对资源优化配置的影响。在产业组织总体框架下，引入博弈论与信息经济学、治理机制理论、经济机制设计理论、契约理论研究领域的理论模型与实现方法，在问题提出—文献综述—理论模型—实证检验的基础上，本书得出以下结论。

（1）消费者需求不确定性是指消费者在购买行为过程中体现出的随机性本源行为和不可预期的变化，具体指消费者的需求特征、需求发生的时空状态等剧烈变化程度以及渠道成员对于消费者需求进行预测的困难程度。在微观经济学中，消费者需求函数是一系列受预算硬约束与商品价格约束的连续函数，不同消费者需求函数没有本质区别。然而在实际生活中，不同消费者的需求函数截然不同，消费者选择一个商品不仅受到其预算约束，而且受消费习惯、时尚流行、商家活动、时间空间等因素影响，消费需求往往具有随机性与偶然性。面对消费者需求不确定性，渠道成员需要根据消费者的个性化需求提供产品与服务。渠道成员策略性行为内生于消费者的行为过程，而零售渠道整合是渠道成员适应消费者需求不确定性的结果。通过零售渠道整合，可以保证渠道成员获取消费者有效信息，实现消费者信息熵减小，降低消费者需求不确定性，节约交易成本。通过零售渠道整合，消费者可以获取渠道成员产品与服务的有效信息，实现渠道成员信息熵降低，缓解渠道成员供给不确定性，节约交易成本。零售渠道整合基本动因是提供消费者与渠道成员双向匹配的信息传输通道，同时提升双向信息搜集、处理能力，实现零售系统信息熵降低，消除双向不确定性，提高零售系统的有序程度。零售渠道整合过程是从消费者、渠道成员无序开始的，通过信息交互，构建一种新的有序的过程。

（2）在零售渠道整合过程中，消费者需求不确定性将通过零售渠道在渠道成员间传导，消费者需求不确定性沿着社会网络中的利益链在关联的制造商、金融机构、物流服务商间大范围扩散。面对消费者需求不确定性的传导与扩散，要求渠道成员形成协调一致的网络组织，通过网络组织配置渠道资源，实现隐性知识显性化与共同学习，消除消费者需求不确定性。网络组织的合作与收益不是天然形成的，也可能带来负效应，导致资源配置失效。零售渠道冲突是典型的网络组织负效应的体现，零售渠道整合和冲突可以看作是同一个问题的两个方面，研究零售渠道冲突是为了实现零售渠道整合，更好地将冲突因素化解，实现渠道整合深化。

（3）信息共享是在消费者需求不确定性下渠道成员的策略性行为，在渠道成员利益关系拓扑图景中起到神经系统的作用。渠道整合而不进行信息共享，渠道整合就是无本之木，无源之水。信息共享而不加以渠道整合，信息共享的价值就得不到真实的体现，其成本也无法实现合理分担。信息共享作用于网络组织，可以消除消费者需求不确定性，缓解零售渠道冲突，优化渠道资源配置，实现全局均衡与零售渠道整合。通过构建零售渠道整合的信息集聚效应模型，利用讨价还价的动态多阶段博弈进行分析，结果表明，零售渠道成员间信息共享可以进一步降低交易成本，增加渠道成员收益，实现渠道整合过程的报酬递增，验证了信息共享作用于零售渠道整合的机制。

（4）信息共享可以消除不确定性，也会产生新的不确定性。在零售渠道整合过程中，渠道成员信息共享行为产生分散决策、利益分配不均衡、机会主义行为等新的不确定性。为了消除新的不确定，渠道成员间需要进行必要的信息共享机制设计，实现信息共享收益与信息共享成本的均衡。借助治理机制理论、机制设计理论、博弈论、不完全契约理论解释框架，信息共享实质是渠道成员间策略性行为博弈的结果，渠道成员按照博弈论所刻画的方式，进行成本与收益的经济规划，满足参与约束条件与激励相容条件，使博弈的均衡解接近零售渠道整合的目标，从而实现信息共享行为的帕累托改进。

（5）信息资源具有特殊性，信息共享的实现是在一定信息技术体系支撑下的结果，缺乏相关信息技术的投资与应用，信息共享无法实现。技术方案具有强制共享的特征，而协调机制设计是自愿选择的结果，只要信息共享收益水平足够高，技术方案的作用要优于协调机制。中台技术、物联网技术、区块链技术的应用，在渠道成员间形成互联互通的协同网络，保证了信息共享的物理运行基础架构形成。依托协调网络，渠道成员参与的现实世界和数据沉淀带来的虚拟世界构成平行系统，实体网络与数据网络相互映射、相互关联。依托实体网络产生的海量多元异构数据，通过大数据技术应用，可以实现渠道资源的离散化解构与全息化重构，原有既定的价值关联在离散化解构与全息化重构下得以重新体现，进而实现价值创造与产品、服务创新，达到信息共享的目的。信息技术投资与应用的过程，需要渠道成员承担实施成本，同时产生分散决策与机会主义行为，需要机制设计进行协调与抑制。智能合约技术通过信息技术手段实现的可自动执行的任务合约，从技术层面为信息技术投资、信息共享协调机制设计提供了一个与人无涉的契约环境，保证了契约的自动触发与执行，确保渠道成员能够有效履行契约，节约交易成本。

（6）在信息共享与信息技术投资过程中，需要协调机制设计才能保证其目标实现，信息共享、信息技术投资、协调机制设计三者是密不可分的。在大数据技术投资过程中，大数据服务商、制造商、零售商之间存在有限理性与分散决策的局限。通过分散决策与集中决策下大数据技术投资的收益对比分析，集中决策可以显著提高渠道收益，由于零售商收益甚微，其缺乏集中决策的激励。通过引入数量折扣—两部定价契约，可以有效协调零售商、制造商利益不一致的问题，最终实现集中决策与零售渠道整合。在考虑消费者"搭便车"情况下，建立零售商与制造商双渠道博弈模型。通过零售商需求信息共享，可以实现渠道成员收益的普遍增加，但零售商收益增长水平低于制造商。在消费者"搭便车"下需求信息共享损害零售商利益，零售商缺乏信息共享的激励。通过引入收益共享契约，可以有效协调零售商与制造商收益，最终实现在消费者"搭便车"情形下需求信息的共享。大数据技术与需求信息具有代表性，其他类型信息技术与信息内容对渠道整合的作用机制可能不同，其利益协调机制（契约）也可能存在差别，但其决策过程的经济学实质是相同的，博弈过程也是类似的，这是经济学研究与管理学研究的本质差异。

（7）信息共享与信息技术投资的协调主要通过组织间交易以及非正式的可自我执行的机制完成的，自我执行的协调机制属于非正式制度。除非正式制度之外，正式的产权制度、市场制度与标准制度同样有利于渠道成员信息共享。一项有效的正式制度之所以有助于渠道成员信息共享，主要原因是在正式制度结构下，渠道成员信息共享过程中的权利义务更加明确，渠道成员机会主义行为较少，规范了渠道成员的选择集。在正式制度约束下渠道成员能明确合理预期，减少信息共享过程的不确定，节约交易成本，提高信息资源配置效率。从政策建议看，政府应加快信息、数据产权制度建设，规范零售活动数据的产权归属与使用范围。推进信息、数据交易的市场体系建设，完善信息、数据的价格形成机制，通过完善的市场体系与交易价格实现渠道成员利益的再协调。推进零售指标体系、格式接口、开放共享等重点标准的制定，实现零售领域底层技术的趋同，为高效信息共享提供标准支持。

第二节　研究展望

尽管本书初步构建信息共享与零售渠道整合的互动机制模型，针对具体信息共享内容设计了协调机制，并对信息技术在信息共享过程中的应用场景与作用机制进行了前瞻性讨论，但由于本书的研究领域尚处于探索性研究阶段，以及笔者学术水平与可使用方法的局限，部分理论模型难以在方法上得到更好的检验，其主要体现在：

（1）消费者行为变化是零售渠道整合的基本动因，消费者需求信息共享有助于实现渠道资源优化配置。本书探讨了消费者主动信息共享的实现过程，由于消费者需求信息具有"公共物品"的属性，导致消费者主动信息共享的激励不足，需要零售渠道成员进行必要的机制设计。同时，零售渠道成员需要搭建高效的信息共享渠道，节约消费者主动信息共享的时间与精力。消费者主动信息共享的实现，是在高效信息共享渠道与合理信息共享机制共同作用下的结果。虽然本书初步构建了消费者主动信息共享理论模型，但由于缺乏相应的消费者主动信息共享的数据，没能进行相应的实证检验。在下一步的研究过程中，需要围绕消费者主动信息共享行为进行数据挖掘与量表开发，从而验证理论模型中的观点。

（2）在消费者决策过程模型的验证过程中，基于量表开发与结构方程模型，对消费者复杂决策网络、消费者决策数据智能、消费者信息搜集能力、消费者信息处理能力四个变量因果关系进行了验证，但仍然属于抽样的方式研究问题。由于技术的限制，没能利用大数据挖掘与分析，建立消费者决策过程中的全样本数据。在今后的研究过程中，笔者将继续探索利用数据挖掘的方法直接构建网络，克服传统抽样统计与量表开发的主观性，验证消费者在决策过程中发生的显著变化。同时在具体的消费者决策过程研究中，将对其购买商品类别因素进行有效控制，消费者商品购买介入程度的不一致可能导致信息获取与信息处理行为的差异。考察不同商品类别对消费者信息搜集、处理行为的影响，进一步验证消费者决策过程模型。

（3）在考察存在纵向渠道冲突下大数据投资决策时，本书假设制造商为渠道的领导者，由于在单渠道 Stackelberg 博弈时，如果假设零售商主导，其不存在均衡解，因此只研究了制造商主导的情形。但在现实中，存在零售商（特别是电商）处于博弈过程领导者的情形，在以后的研究中，将考虑利用其他博弈模型研究零售商主导的情形与机制设计。

参考文献

［1］ Aghion Bolton. An Incomplete Contracts Approach to Financial Contracting ［J］. Review of Economic Studies, 1992, 59 (6): 473-494.

［2］ Ajaya Kumar Swain, Ray Qing Cao. Using Sentiment Analysis to Improve Supply Chain Intelligence ［J］. Information Systems Frontiers, 2019, 21 (2): 469-484.

［3］ Albert Y. Ha, Shilu Tong. Contracting and Information Sharing under Supply Chain Competition ［J］. Management Science, 2008, 54 (4): 701-715.

［4］ Albert Y. Ha, Shilu Tong, Hongtao Zhang. Sharing Demand Information in Competing Supply Chains with Production Diseconomies ［J］. Management Science, 2011, 57 (3): 1-16.

［5］ Antia K. D., Frazier G. L. The Severity of Contract Enforcement in Inter-Firm Channel Relationships ［J］. Journal of Marketing, 2001, 65 (4): 67-81.

［6］ Anti K. D., Bergen M., Dutta S. Competing with Gray Markets ［J］. MIT Sloan Management Review, 2004, 46 (1): 63-69.

［7］ Aral S., Walker D. Creating Social Contagion through Viral Product Design: A Randomized Trial of Peer Influence in Networks ［J］. Management Science, 2011, 57 (9): 1623-1639.

［8］ Arthur W. B. Competing Technologies, Increasing Returns, and Lock-in by Historical Events ［J］. Economic Journal, 1989, 99 (39): 116-131.

［9］ Arvind Rangaswamy, Gerrit H., Van Bruggen. Opportunities and Challenges in Multichannel Marketing: An Introduction to the Special Issue ［J］. Journal of Interactive Marketing, 2005 (2): 5-11.

［10］ Asif Muzaffar, Shiming Deng, Muhammad Nasir Malik. Contracting Mechanism with Imperfect Information in a Two-Level Supply Chain ［J］. Operational Research, 2020, 20 (1): 349-368.

[11] Bangho Cho, Sung Yul Ryoo, Kyung Kyu Kim. Interorganizational Dependence, Information Transparency in Interorganizational Information Systems, and Supply Chain Performance [J]. European Journal of Information Systems, 2017, 26 (2): 185-205.

[12] Beck N., Rygl D. Categorization of Multiple Channel Retailing in Multi-Cross, and Omni-Channel Retailing for Retailers and Retailing [J]. Journal of Retailing and Consumer Services, 2015 (27): 170-178.

[13] Bendoly E., Blocher J. D., Bretthauer K. M., et al. Online/In-Store Integration and Customer Retention [J]. Journal of Service Research, 2016, 7 (4): 313-327.

[14] Berman B., Thelen S. A Guide to Developing and Managing a Well Integrated Multi-channel Retail Strategy [J]. International Journal of Retail & Distribution Management, 2004, 32 (3): 147-156.

[15] Blodgett J., Hill D. J., Tax X. X. The Effect of Distributive, Procedural, and Interactional Justice on Postcomplaint Behavior [J]. Journal of Retailing, 1997, 73 (2): 185-210.

[16] Bray R. L., Mendelson H. Information Transmission and the Bullwhip Effect: An Empirical Investigation [J]. Management Science, 2012, 58 (5): 860-875.

[17] Brian Uzzi. Social Structrue and Competition in Interfirm Networks: The Paradox of Embeddedness [J]. Administrative Science Quarterly, 1997, 42 (1): 35-67.

[18] Burdin T. Omni-Channel Retailing: The Brick, Click and Mobile Revolution [EB/OL]. [2013-01-05]. http: //www. cegid. com/retail.

[19] Cachon G. P. Supply Chain Coordination with Contracts [J]. Handbooks in Operations Research and Management Science, 2003 (11): 227-339.

[20] Cao L., Li L. Determinants of Retailers, Cross-Channel Integration: An Innovation Diffusion Perspective on Omni-Channel Retailing [J]. Journal of Interactive Marketing, 2018, 44 (10): 1-16.

[21] Chang chun Liu, Xi Xiang, Li Zheng. Value of Information Sharing in a Multiple Producers-Distributor Supply Chain [J]. Annals of Operations Research, 2020 (2): 121-148.

[22] Chatterjee P., Kumar A. Consumer Willingness to Pay Across Retail

Channels [J]. Journal of Retailing and Consumer Services, 2017 (1): 264-270.

[23] Chatterjee P. Multiple-Channel and Cross-Channel Shopping Behavior: Role of Consumer Shopping Orientations [J]. Marketing Intelligence and Planning, 2010 (1): 9-24.

[24] Chengalur-Smith I., Duchessi P., Gil-Garcia J. R. Information Sharing and Business Systems Leveraging in Supply Chains: An Empirical Investigation of One Web-Based Application [J]. Information & Management, 2012, 49 (1): 58-67.

[25] Cheng T. C. E., Wu Y. N. The Impact of Information Sharing in a Two Level Supply Chain with Multiple Retailers [J]. Journal of the Operational Research Society, 2005, 56 (10): 1159-1165.

[26] Chen J. The Impact of Sharing Customer Returns Information in Asupply Chain with and Without a Buyback Policy [J]. European Journal of Operational Research, 2011, 213 (3): 478-488.

[27] Chen L., Lee H. L. Information Sharing and Order Variability Control under a Generalized Demand Model [J]. Management Science, 2009, 55 (5): 781-797.

[28] Chen Y., Xu M., Zhang Z. A Risk-averse Newsvendor Model under the CVaR Criterion [J]. Operations Research, 2009, 57 (4): 1040-1044.

[29] Chongwatpol J., Shard A. R. RFID-Enabked Track and Traceability in Job-Shop Scheduling Environment [J]. European Journal of Operational Research, 2013, 227 (3): 453-463.

[30] Claes Fornell, David F., Larcker. Evaluating Structural Equation Models with Unobservable Variables and Measurement Error [J] Journal of Marketing Research, 1981, 18 (1): 39-50.

[31] Coughlan A., Anderson E., Stern L. W., et al. Marketing Channels [M]. Beijing: Tsinghua University Press, 2001.

[32] David C. Hall, Can Saygin. Impact of Information Sharing on Supply Chain Performance [J]. The International Journal of Advanced Manufacturing Technology, 2012 (1): 397-409.

[33] Delend, Hardgrave B. C., Sharda R. RFID for Better Supply Chain Management Through Enhanced Information Visibility [J]. Production and Operations Management, 2007, 16 (5): 613-624.

［34］ Desai P. S. Multiple Messages to Retain Retailers: Signaling New Product Demand ［J］. Marketing Science, 2000, 19 (4): 381-389.

［35］ Ding H., Guo B., Liu Z. Information Sharing and Profit Allotment Based on Supply Chain Cooperation ［J］. International Journal of Production Economics, 2011, 133 (1): 70-79.

［36］ Dominguez R., Cannella S., Framinan J. M. On Bullwhip-Limiting Strategies in Divergent Supply Chain Networks ［J］. Computers & Industrial Engineering, 2014, 73 (7): 85-95.

［37］ Emad Sane-Zerang, Jafar Razmi, Ata Allah Taleizadeh. Coordination in a Closed-Loop Supply Chain under Asymmetric and Symmetric Information with Sales Effort-dependent Demand ［J］. Journal of Business Economics, 2019 (10): 1-32.

［38］ Engle, D. T. Kollat, R. D. Blackwell. Comsumer Behavior (7th ed.) ［M］. Olando Florido: Dryden Press, 1993.

［39］ Eric K. Clemons, Michael C. Row. Limits to Interfirm Coordination through Information Technology: Results of a Field Study in Consumer Packaged Goods Distribution ［J］. Journal of Management Information Systems, 1993, 10 (1): 73-95.

［40］ Esmaeili M., Zeephongsekul P. Seller-Buyer Models of Supply Chain Management with an Asymmetric Information Structure ［J］. International Journal of Production Economics, 2010, 123 (1): 146-154.

［41］ Fangruo Chen. Echelon Reorder Points, Installation Reorder Points, and the Value of Centralized Demand Information ［J］. Management Science, 1998, 44 (12): 221-234.

［42］ Feldman N. M., Mller S. An Incentive Scheme for True Information Providing in Supply Chains ［J］. Omga, 2003, 31 (2): 63-73.

［43］ Fulgoni G. M. Omni-channel Retail Insights and the Consumer's Path-to-purchase: How Digital has Transformed the Way People Make Purchasing Decisions ［J］. Journal of Advertising Research, 2014 (4): 377-380.

［44］ Fu Y. H., Piplani R. Supply-Side Collaboration and Its Value in Supply Chains ［J］. European Journal of Operational Research, 2004, 152 (1): 281-288.

［45］ George A. Akerlof. The Market for "Lemons": Quality Uncertainty and the Market Mechanism ［J］. The Quarterly Journal of Economics, 1970 (8): 488-500.

［46］ Goersch D. Multi-Channel Integration and Its Implications for Retail Web Sites ［C］. Proceedings of the 10th European Conference on Information System, CT: ECIS Press, 2002: 748-758.

［47］ Grossman Hart. The Costs and Benefits of Ownership: A Theory of Vertical and Lateral Integration ［J］. Journal of Political Economic, 1986, 94 (4): 691-719.

［48］ Hal R. Varian. Buying, Sharing and Renting Information Goods ［J］. Journal of Industrial Economics, 2000, 48 (4): 473-488.

［49］ Hansen R., Sia S. K. Hummel's Digital Transformation Toward Omnichannel Retailing: Key Lessons Learned ［J］. MIS Quarterly Executive, 2015 (2): 51-66.

［50］ Haobin Li, Giulia Pedrielli, Loo Hay Lee, et al. Enhancement of Supply Chain Resilience through Inter-echelon Information Sharing ［J］. Flexible Services and Manufacturing Journal, 2017, 29 (2): 260-285.

［51］ Hardgrave B. C., Aloysius J. A., Goyal S. RFID Enabeled Visibility and Retail Inventory Record in Accuracy: Experiments in the Field ［J］. Production and Operations Management, 2013, 22 (4): 843-856.

［52］ Hart Moore. Property Rights and the Nature of the Firm ［J］. Journal of Political Economic, 1990, 98 (6): 1119-1158.

［53］ Haubl G., Trifts V. Consumer Decision Making in Online Shopping Environments: The Effects of Interactive Decision Aids ［J］. Marketing Science, 2000, 19 (1): 4-21.

［54］ Honggeng Zhou, W. C. Benton. Supply Chain Practice and Information Sharing ［J］. Journal of Operations Management, 2007, 25 (6): 1348-1365.

［55］ Jeffrey H. Dyer, Kentaro Nobeoka. Creating and Managing a High-Performance Knowledge-Sharing Network: The Toyota Case ［J］. Strategic Management Journal-Special Issue: Strategic Networks, 2000, 21 (3): 345-367.

［56］ Jinlou Zhao, Hui Zhu, Shuang Zheng. What is the Value of an Online Retailer Sharing Demand Forecast Information? ［J］. Soft Computing, 2018, 22 (16): 5419-5428.

［57］ John Maynard Keynes. A Treatise on Probability ［M］. London: Macmillan, 1921.

［58］ Joseph R. Carter, Lawrence D. Fredendall. Dollars and Sense of Electronic Data Interchange ［J］. Production and Inventory Management, 1990, 31 （2）: 22-26.

［59］ Kelly K. The Antitrust Analysis of Grocery Slotting Allowances: The Procompetitive Case ［J］. Journal of Public Policy & Marketing, 1991, 10 （1）: 187-198.

［60］ Khanm, Hussain M., Saber H. M. Information Sharing in a Sustainable Supply Chain ［J］. International Journal of Production Economis, 2016, 181 （11）: 208-214.

［61］ Kim Hua Tan, Wong W. P., Leanne Chung. Information and Knowledge Leakage in Supply Chain ［J］. Information Systems Frontiers, 2016, 18 （3）: 621-638.

［62］ Kiyoung Jeong, Jae-Dong Hong. The Impact of Information Sharing on Bullwhip Effect Reduction in a Supply Chain ［J］. Journal of Intelligent Manufacturing, 2019, 30 （4）: 1739-1751.

［63］ Kong G., Rajagopalan S., Zhang H. Revenue Sharing and Information Leakage in a Supply Chain ［J］. Management Science, 2013, 59 （3）: 556-572.

［64］ Lee H. H., Kim J. Investigating Dimensionality of Multi Channel Retailer's Cross-Channel Integration Practices and Effectiveness: Shopping Orientation and Loyalty Intention ［J］. Journal of Matketing Channels, 2010, 17 （4）: 281-312.

［65］ Lee H. L., Padmanabhan V., Whang S. Information Distortion in a Supply Chain: The Bullwhip Effect ［J］. Management Science, 1997, 43 （4）: 546-558.

［66］ Lee H. L., Padmanabhan V., Whang S. The Bullwhip Effect in Supply Chains ［J］. Sloan Management Review, 1997, 38 （3）: 93-102.

［67］ Leggatt H. Have You Met the Omni-Channel Shoppers ［Z］. Biz Report, 2009.

［68］ Leonid Hurwicz. The Design of Resource Allocation Mechanisms ［J］. American Economic Review, 1973, 63 （2）: 1-30.

［69］ Lih-Bin Oh, Hock-Hai Teo, Vallabh Sambamurthy. The Effects of Retail Channel Integration Through the Use of Information Technologies on Firm Performance ［J］. Journal of Operations Management, 2012, 30 （5）: 368-381.

［70］ Li Lode. Cournot Oligopoly with Information Sharing ［J］. The Rand Journal of Economics, 1985, 16 (4): 521-536.

［71］ Li S., Lin B. Accessing Information Sharing and Information Quality in Supply Chain Management ［J］. Decision Support System, 2007, 42 (3): 1641-1656.

［72］ Li T., Liu Y., Tian Y., et al. A Storage Solution for Massive IoT Data Based on NoSQL ［C］ //Proceedings of the 2012 IEEE International Conference on Internet of Things. Washington, DC: IEEE Computer Society, 2012: 50-57.

［73］ Liu J., Lu G., Wang H. Construction of Supply Chain Information Sharing Mode in Big Data Environment ［C］ //Big Data Analytics for Cyber-Physical System in Smart City, BDCPS 2019. Advances in Intelligent Systems and Computing, 2019, 1117: 203-211.

［74］ Liu P., Yi S. P. Pricing Policies of Green Supply Chain Considering Targeted Advertising and Product Green Degree in the Big Data Environment ［J］. Journal of Cleaner Production, 2017, 164: 1614-1622.

［75］ Lotfi Z., Mukhtar M., Sahran S., et al. Information Sharing in Supply Chain Management ［J］. Procedia Technology, 2013, 11 (6): 298-304.

［76］ Luo J., Fan M., Zhang H. Information Technology, Cross-Channel Capabilities, and Managerial Actions: Evidence from Theapparel Industry ［J］. Social Science Electronic Publishing, 2016, 17 (5): 308-327.

［77］ Mason Jones, Rachel Towill, Denis R. Total Cycle Time Compression and the Agile Supply Chain ［J］. International Journal of Production Economics, 1999, 62 (1-2): 61-73.

［78］ Michael O. Ball, Meng Ma, Louiqa Raschid, et al. Supply Chain Infrastructures System Integration and Information Sharing ［J］. ACM SIGMOD Record, 2002, 31 (1): 61-66.

［79］ Michael Rothschild, Joseph Stiglitz. Equilibrium in Competitive Insurance Markets: An Essay on the Economics of Imperfect Information ［J］. The Quarterly Journal of Economics, 1976, 90 (4): 629-649.

［80］ Milan Jocevski, Niklas Arvidsson, Giovanni Miragliotta, et al. Transitions Towards Omni-Channel Retailing Strategies: A Business Model Perspective ［J］. International Journal of Retail & Distribution Management, 2019, 47 (2): 78-93.

［81］ Montoya-Torres J. R., Ortiz-Vargas D. A. Collaboration and Information Sharing in Dyadic Supply Chains: A Literature Review over the Period 2000-2012 ［J］. Estudios Gerenciales, 2014, 30 (133): 343-354.

［82］ Moon Gyu Kim, Yoon Min Hwang, Jae Jeung Rho. The Impact of RFID Utilization and Supply Chain Information Sharing on Supply Chain Performance: Focusing on the Moderating Role of Supply Chain Culture ［J］. Maritime Economics & Logistics, 2016, 18 (1): 78-100.

［83］ Mostafa Setak, Hajar Kafshian Ahar, Saeed Alaei. Incentive Mechanism Based on Cooperative Advertising for Cost Information Sharing in a Supply Chain with Competing Retailers ［J］. Journal of Industrial Engineering International, 2018, 14 (2): 265-280.

［84］ Mukhopadhyay S. K., Yue X., Zhu X. A Stackelberg Model of Pricing of Complementary Goods under Information Asymmetry ［J］. International Journal of Production Economics, 2011, 134 (2): 424-433.

［85］ Nada R. Sanders, Robert Premus. Modeling the Relationship between Firm IT Capability, Collaboration, and Performance ［J］. Journal of Business Logistics, 2005, 26 (1): 1-23.

［86］ Neslin A., Grewal D., Leghorn R. Challenges and Opportunities in Multichannel Customer Management ［J］. Journal of Service Research, 2006, 9 (2): 95-112.

［87］ Oliver Hart, John Moore. Contracts as Reference Points ［J］. The Quarterly Journal of Economics, 2008, 123 (1): 1-48.

［88］ Ortis I., Casoli A. Technology Selection: IDC Retail Insights Guide to Enabling Immersive Shopping Experiences ［J］. IDC Retail Insights Report, 2009, 45 (1): 40-43.

［89］ Pan Liu, Shuping Yi. A Study on Supply Chain Investment Decision-Making and Coordination in the Big Data Environment ［J］. Annals of Operations Research, 2018, 270 (1-2): 235-253.

［90］ Pan Liu, Shuping Yi. Investment Decision-Making and Coordination of a Three-Stage Supply Chain Considering Data Company in the Big Data Era ［J］. Annals of Operations Research, 2018, 270 (1-2): 255-271.

［91］ Parker R., Hand L. Satisfying the Omni-channel Consumers Whenever and Wherever They Shop [J]. IDC Retail Insights Report, 2009, 45 (1): 31-35.

[92] Pauwels K., Neslin A. Building with Bricks and Mortar: The Revenue Impact of Opening Physical Stores in a Multichannel Environment [J]. Journal of Retailing, 2015, 91 (2): 182-197.

[93] Pentina I., Hasty R. W. Effects of Multichannel Coordination and E-Commerce Outsourcing on Online Retail Performance [J]. Journal of Marketing Channels, 2009, 16 (4): 359-374.

[94] Powell. Nerther Market Nor Hierarchy: Network Forms of Organization [J]. Research in Organizational Behavior, 1990 (12): 295-336.

[95] Rabinovich E., Bailey P. Physical Distribution Service Quality in Internet Retailing: Service Pricing, Transaction Attributes, and Firm Attributes [J]. Journal of Operations Management, 2004, 21 (6): 651-672.

[96] Rached M., Bahroun Z., Campagne J. Assessing the Value of Information Sharing and Its Impact on the Performance of the Various Partners in Supply Chains [J]. Computers & Industrial Engineering, 2015, 88 (10): 237-253.

[97] Ranjay Gulati. Alliances and Networks [J]. Strategic Management, 1998, 19 (4): 293-317.

[98] Raymond E. Miles, Charles C. Snow. Organizations: New Concepts for New Forms [J]. California Management Review, 1986, 3 (4): 62-73.

[99] Rekin Y., Sahin E. Exploring Inventory Systems Sensitive to Shrinkage Analysis of a Periodic Review Inventory under Service Level Constraint [J]. International Journal of Production Research, 2012, 50 (13): 3529-3546.

[100] Rigby D. The Future of Shopping [J]. Harvard Business Review, 2011 (12): 64-75.

[101] Robert J. Kauffman, Hamid Mohtadi. Information Sharing and Strategic Signaling in Supply Chains [J]. Journal of Systems Science and Systems Engineering, 2009, 18 (2): 129-158.

[102] Rochet J., Tirole J. Platform Competition in Two-sided Markets [J]. Journal of the European Economic Association, 2003, 1 (4): 990-1029.

[103] Saghiri S., Wilding R., Mena C. Toward a Three-dimensional Framework for Omni-Channel [J]. Journal of Business Research, 2017, 77 (1): 53-67.

[104] Schlapp J., Oraiopoulos N., Mak V. Resource Allocation Decisions

under Imperfect Evaluation and Organizational Dynamics [J]. Management Science, 2015, 61 (9): 2139-2159.

［105］Schramm-Klein H., Wagner G., Steinmann S., et al. Cross-channel Integration, Is It Valued by Customers? [J]. The International Review of Retail, Distribution and Consumer Research, 2011 (5): 501-511.

［106］Shannonce. A Mathematical Theory of Communication [J]. The Bell System Technical Journal, 1948, 27 (4): 623-656.

［107］Siddharth Mahajan, Venu Venugopal. Value of Information Sharing and Lead Time Reduction in a Supply Chain with Autocorrelated Demand [J]. Technology Operation Management, 2011, 2 (1): 39-49.

［108］Skinner R., Bryant T., Glenn R. Examining the Impact of Reverse Logistics Disposition Strategies [J]. International Journal of Physical Distribution and Logistics Management, 2008, 38 (7): 518-539.

［109］Spence Michael. Job Market Signaling [J]. The Quarterly Journal of Economics, 1973, 87 (3): 355-374.

［110］Stalk G. Time the Next Source of Competition Advantage [J]. Harvard Business Review, 1988, 66 (4): 41-51.

［111］Steinfield C., Bouwman H., Adelaar T. Integrating Brick and Mortar Locations with E-commerce: Understanding Synergy Opportunities [C]. Proceedings of the 35th Annual Hawaii International Conference on System Sciences. Hawaii: IEEE Press, 2002: 1-10.

［112］Sterman J. D. Modeling Managerial Behavior Misperceptions of Feedback in Adynamic Decision Making Experimen [J]. Management Science, 1989, 35 (3): 321-339.

［113］Stern Louis W., Adel I. EI-Ansary, Anne T. Coughlin. Marketing Channels (5th ed.) [M]. Upper Saddle River, NJ: Prentice-Hall, 1996.

［114］Sudhir K., Rao V. R. Are Slotting Allowances Efficiency-enhancing or Anti-competitive? [J]. Journal of Marketing Research, 2006, 43 (2): 137-155.

［115］Sullivan M. W. Slotting Allowances and the Market for New Products [J]. Journal Law & Economics, 1997, 40 (2): 461-494.

［116］Thomas A. V., Biswajit Mahanty. Dynamic Assessment of Control System Designs of Information Shared Supply Chain Network Experiencing Supplier Disruption

[J]. Operational Research, 2018 (10): 1-27.

[117] Tichy N. M., Tushman M. L., Fumbrun C. Social Network Analysis for Organizationg [J]. The Academy of Management, 1979, 4 (4): 507-519.

[118] Troyer C. EFR: Efficient Food Service Response [Z]. Paper Presented at the Conference on Logistics, 1996.

[119] Urst A., Leimbach M., Prigge K. Organizational Multichannel Differentiation: An Analysis of Its Impact on Channel Relationships and Company Sales Success [J]. Journal of Marketing, 2017, 81 (1): 59-82.

[120] Verhoef P. C., Kannan P. K., Inman J. J. From Multi – Channel Retailing to Omni – Channel Retailing: Introduction to the Special Issue on Multi – Channel Retailing [J]. Journal of Retailing, 2015, 91 (2): 174-181.

[121] Verhoef P. C., Venkatesan R., McAlister L., et al. CRM in Data-Rich Multichannel Retailing Environments: A Review and Future Research Directions [J]. Journal of Interactive Marketing, 2010, 24 (2): 121-137.

[122] Wang H., Malthhouse C., Krishnamurthi L. On the Go: How Mobile Shopping Affects Customer Purchase Behavior [J]. Journal of Retailing, 2015, 91 (2): 217-234.

[123] Williamson Olivier E. Comparative Economic Organization: The Analysis of Discrete Structural Alternatives [J]. Administrative Science Quarterly, 1991, 36 (6): 69-96.

[124] Wilson C. Insurance Markets with Incomplete Information [J]. Journal of Economic Theory, 1977, 16 (2): 167-207.

[125] Wu D., Ray G., Geng X., et al. Implications of Reduced Search Costand Free Riding in E-Commerce [J]. Market Science, 2004, 23 (2): 173-274.

[126] Wui L., Chuang C. H., Hsu C. H. Information Sharing and Collaborative Behaviors in Enabling Supply Chain Performance: A Social Exchange Perspective [J]. International Journal of Production Economics, 2014, 148 (1): 122-132.

[127] Wu I. L., Wu S. M. A Strategy-based Model for Implementing Channel Integration in E-commerce [J]. Internet Research, 2015, 25 (2): 239-261.

[128] Xu N. R., Liu J. B., Li D. X., et al. Research on Evolutionary Mechanism of Agile Supply Chain Network Via Complex Network Theory [J]. Mathematical

Problems in Engineering, 2016 (1): 1-9.

[129] Yan R., Cao Z., Pei Z. Manufacturer's Cooperative Advertising, Demand Uncertainty, and Information Sharing [J]. Journal of Business Research, 2016, 69 (2): 709-717.

[130] Yiyu Yao, Yaohua Chen, Xuedong Yang. A Measurement Theoretic Foundation of Rule Interestingness Evaluation [M]. Berlin: Springer, 2006: 41-59.

[131] Yu Qian, Jian Chen, Le Miao, et al. Information Sharing in a Competitive Supply Chain with Capacity Constraint [J]. Flexible Services and Manufacturing Journal, 2012, 24 (4): 549-574.

[132] Özer Ö., Zheng Y. Establishing Trust and Trustworthiness for Supply Chain Information Sharing [J]. Handbook of Information Exchange in Supply Chain Management, 2016 (10): 287-312.

[133] Özer Ö., Zheng Y., Ren Y. Trust, Trustworthiness, and Information Sharing in Supply Chains Bridging China and the United States [J]. Management Science, 2014, 60 (10): 2435-2460.

[134] Zhang N. R., Xiao T. T. Information Sharing in a Dual-channel Supply Chain with Consumers' Free Riding [C] // The 16th International Conference on Service Systems and Service Management. Leicester, U K: IEEE, 2019.

[135] Zhao J., Zhao H. Design of Prototype System for Multi-Agent Supply Chain Information Sharing Benefit Distribution Management [J]. Information Systems and E-business Management, 2018 (12): 1-22.

[136] Zhou M., Dan B., Ma S., et al. Supply Chain Coordination with Information Sharing: The Informational Advantage of GPOs [J]. European Journal of Operational Research, 2017, 256 (3): 785-802.

[137] 阿罗. 信息经济学 [M]. 何宝玉, 等译. 北京: 北京经济学院出版社, 1989.

[138] 艾兴政, 马建华, 陈忠, 等. 服务搭便车的电子渠道与传统渠道协调机制 [J]. 系统工程学报, 2011 (4): 507-514.

[139] 艾兴政, 唐小我, 马永开. 传统渠道与电子渠道预测信息分享的绩效研究 [J]. 管理科学学报, 2008, 11 (1): 12-21.

[140] 安妮·T. 科兰. 营销渠道 [M]. 蒋青云, 等译. 北京: 中国人民大

学出版社，2008.

［141］奥利弗·E.威廉姆森.治理机制［M］.北京：机械工业出版社，2016.

［142］卜琳华，刘家国.牛鞭效应及其信息共享的价值［J］.哈尔滨工业大学学报（社会科学版），2006（5）：101-104.

［143］蔡淑琴，梁静.供应链协同与信息共享的关联研究［J］.管理学报，2007，4（2）：157-162.

［144］常志平，蒋馥.供应链中信息共享的层级及其影响因素分析［J］.工业工程与管理，2003（2）：22-24.

［145］陈畴镛，鄢冰文.信息共享对供应链合作价值的影响［J］.杭州电子科技大学学报，2015（12）：1-5.

［146］陈华.社交网络结构对消费者行为的影响分析［J］.统计与决策，2016（10）：94-97.

［147］陈淮莉，魏云飞.考虑客户满意度的网络零售配送时隙定价策略［J］.计算机工程与应用，2016（19）：1-8.

［148］陈克文.论风险及其与信息和不确定性的关系［J］.系统辩证学学报，1998，6（1）：83-87.

［149］陈松劲，冯艳婷.供应链信息共享障碍问题研究［J］.现代管理科学，2013（3）：106-108.

［150］程丽娟，马斌，武毓涵.基于系统动力学的快速消费品供应链信息共享研究［J］.物流科技，2015，34（1）：216-219.

［151］代宏砚，张然子，张津，等.信息共享程度对我国服装供应链库存成本的影响［J］.运筹与管理，2014，23（5）：147-154.

［152］戴国良.供应链信息共享与竞争战略［J］.运筹与管理，2017，39（8）：107-108.

［153］但斌，周茂森，张旭梅.存在竞争性制造商的集团采购供应链需求预测信息的共享与激励［J］.中国管理科学，2016，24（3）：42-50.

［154］丁正平，刘业政.存在搭便车时双渠道供应链的收益共享契约［J］.系统科学学报，2013，28（3）：370-376.

［155］樊敏，艾兴政.供应链中共享信息精度的激励研究［J］.运筹与管理，2006，15（3）：71-75.

［156］菲利普·科特勒，凯文·莱恩·凯勒.营销管理［M］.上海：致格

出版社，2017.

[157] 冯华，聂蕾，海峰. 信息共享水平与供应链能力的相互作用关系研究——基于社会控制的中介效应 [J]. 南开管理评论，2018，21（4）：85-92.

[158] 冯芷艳，郭迅华，曾大军，等. 大数据背景下商务管理研究若干前沿课题 [J]. 管理科学学报，2013，16（1）：1-9.

[159] 弗兰克·奈特. 风险、不确定性与利润 [M]. 郭武军，刘亮，译. 北京：华夏出版社，2011.

[160] 高锡荣，蒋婉莹. 跨部门信息共享：基于制度激励与技术实现的对比分析 [J]. 科研管理研究，2016（18）：154-159.

[161] 葛琳，季新生，江涛，等. 基于区块链技术的物联网信息共享安全机制 [J]. 计算机应用，2019，39（2）：458-463.

[162] 宫晓林，杨望，曲双石. 区块链的技术原理及其在金融领域的应用 [J]. 国际金融，2017（2）：46-54.

[163] 官子力，张旭梅，但斌. 需求不确定下制造商服务投入影响销售的供应链信息共享与激励 [J]. 中国管理科学，2019，27（10）：56-65.

[164] 韩建新. 市场行为中的信息成本论 [J]. 图书与情报，2000（2）：8-14.

[165] 韩丽萍，滕英跃，孙保华，等. 信息共享对供应链时间压缩及成本的影响 [J]. 煤炭经济研究，2011（2）：52-56.

[166] 和征. 基于 Web 服务的集群供应链信息集成 [J]. 实验室研究与探索，2015，24（1）：107-112.

[167] 贺超，庄玉良，张岩. 面向"互联网+"的闭环供应链信息共享平台及其商业模式 [J]. 中国矿业大学学报（社会科学版），2018（1）：84-91.

[168] 胡东波，沈悦，衡如丹，等. B2B 供应链全局需求信息共享价值的仿真研究 [J]. 运筹与管理，2017，29（7）：1611-1624.

[169] 胡玮玮. 关于 Internet 市场信息搜集及对消费者的影响 [J]. 情报杂志，2003（1）：76-80.

[170] 胡雯雯，孙剑，黄梦思，等. 组织学习能力、线上线下渠道整合质量对企业绩效的影响——基于 238 家生鲜零售企业的调查 [J]. 软科学，2019，33（8）：138-144.

[171] 胡永利，朴星霖，孙艳丰. 多源异构感知数据融合方法及其在目标定位跟踪中的应用 [J]. 中国科学，2013，43（10）：1288-1306.

［172］黄宏伟. 整合概念及其哲学意蕴［J］. 学术月刊, 1995 (9): 12-17.

［173］霍春辉, 袁少锋, 吴雅轩. 网络推荐商品信息对消费者购买决策的影响［J］. 东北大学学报 (社会科学版), 2016, 18 (3): 262-269.

［174］嵇新浩. 博弈论视角的供应链信息共享机制分析［J］. 统计与决策, 2012 (10): 175-177.

［175］计国君, 余木红. 大数据驱动下的全渠道供应链服务创新决策框架［J］. 商业研究, 2016 (8): 152-162.

［176］贾根良. 网络组织: 超越市场与企业两分法［J］. 经济社会体制比较, 1998 (4): 13-19.

［177］姜奇平. 网络经济: 内生结构的复杂性经济学分析［M］. 北京: 中国财富出版社, 2018.

［178］姜奇平. 重读奈特《风险、不确定性与利润》［N］. 互联网周刊, 2019-11-05.

［179］姜荣, 陈敬贤, 杨琳. 服务供应链信息共享、合作关系与企业绩效的关系研究［J］. 现代情报, 2013, 33 (9): 25-28.

［180］蒋侃, 徐柳艳. 全渠道整合对渠道互惠的作用机制分析［J］. 企业经济, 2016 (9): 43-48.

［181］景熠, 李文川, 宋寒. 基于 RFID 技术的闭环供应链投资决策及协调策略［J］. 计算机集成制造系统, 2018, 24 (9): 2341-2348.

［182］郎艳怀. 信息共享的两级供应链优化模型［J］. 中国管理科学, 2014, 22 (11): 447-451.

［183］李波, 孙鹏, 李庆华. 双渠道供应链中信息共享价值研究［J］. 系统工程学报, 2015, 30 (4): 530-538.

［184］李翀, 刘思峰. 信息共享受限条件下的供应链网络系统牛鞭效应控制策略［J］. 控制与决策, 2012, 27 (12): 1787-1792.

［185］李飞, 李达军, 孙亚程. 全渠道零售理论研究的发展进程［J］. 北京工商大学学报 (社会科学版), 2018, 33 (5): 33-40.

［186］李飞. 全渠道零售的含义、成因及对策——再论迎接中国多渠道零售革命风暴［J］. 北京工商大学学报 (社会科学版), 2013, 28 (3): 1-12.

［187］李国刚, 宫小平. 大数据信息对二级供应链利润的影响与协调研究［J］. 统计与信息论坛, 2018, 33 (4): 32-39.

［188］李海舰, 袁磊. 论无边界企业［J］. 中国工业经济, 2005 (4): 94-

102.

[189] 李晓，刘正刚. 基于区块链技术的供应链智能治理机制 [J]. 中国流通经济，2017（11）：34-44.

[190] 李晓翔，胡梦. 供应链信息共享效用：基于企业层级、信息类型的视角 [J]. 中央财经大学学报，2017（2）：93-100.

[191] 林润辉，李维安. 网络组织——更具环境适应能力的新型组织模式 [J]. 南开管理评论，2000（3）：4-7.

[192] 刘刚. 企业成长之谜——一个演化经济学的解释 [J]. 南开经济研究，2003（5）：9-14.

[193] 刘汉民，郑丽. 网络组织的负效应及其规避 [J]. 现代管理科学，2013（5）：69-71.

[194] 刘念，马士华. 供应链中信息共享的时间价值研究 [J]. 工业工程，2007（3）：13-17.

[195] 刘三女牙，王红卫，孙建华. 供应链中共享信息价值的量化：基于 Agent 的仿真研究 [J]. 系统工程学报，2004（2）：66-73.

[196] 刘向东. 移动零售下的全渠道商业模式选择 [J]. 北京工商大学学报（社会科学版），2014（5）：13-17.

[197] 刘志硕，郭葆春. 面向供需链协同的信息共享价值分配机制 [J]. 计算机集成制造系统，2009（7）：1142-1149.

[198] 卢安文，刘佳奇. 物流服务供应链信息共享激励策略研究 [J]. 科技管理研究，2019（7）：221-225.

[199] 卢福财，胡平波，黄晓红. 交易成本、交易收益与网络组织效率 [J]. 财贸经济，2005（9）：19-23.

[200] 卢福财，胡平波. 网络组织成员合作的声誉模型分析 [J]. 中国工业经济，2005（2）：73-79.

[201] 卢艳峰，范晓屏，孙佳琦. 网购多线索环境对消费者信息处理过程的影响 [J]. 管理学报，2016（10）：1546-1556.

[202] 路琳. 现代信息技术对组织中知识共享的影响研究 [J]. 生产力研究，2007（5）：52-54.

[203] 罗宾·刘易斯，迈克尔·达特. 零售业的新规则 [M]. 高玉芳，等译. 北京：中信出版社，2012.

[204] 罗美玲，李刚. 双渠道供应链中双向搭便车研究 [J]. 系统管理学

报，2014（3）：314-323.

　　[205] 罗仲伟. 网络组织的特性及其经济学分析（上）[J]. 外国经济与管理，2000（6）：25-28.

　　[206] 马费成，裴雷. 信息资源共享及其效率分析 [J]. 情报科学，2004（4）：1-8.

　　[207] 马丽娟. 基于 Shapley 值的供应链信息共享收益分配研究 [J]. 上海管理科学，2014，36（2）：77-79.

　　[208] 马士华，刘念. 基于时间竞争的供应链信息共享模式 [J]. 物流技术，2005（8）：66-87.

　　[209] 马新安，张列平，田澎. 供应链中的信息共享激励：动态模型 [J]. 中国管理科学，2001，9（1）：19-24.

　　[210] 迈克尔·利维，巴顿·韦茨，杜鲁弗·格雷瓦尔. 零售管理（第9版）[M]. 刘亚平，译. 北京：机械工业出版社，2018.

　　[211] 林赛，诺曼. 人的信息加工 [M]. 北京：科学出版社，1987.

　　[212] 米加宁，章昌平，李大宇，等. 第四研究范式：大数据驱动的社会科学研究转型 [J]. 学海，2018（2）：11-27.

　　[213] 齐永智，张梦霞. SOLOMO 消费驱动下零售企业渠道演化选择：全渠道零售 [J]. 经济与管理研究，2015（7）：137-144.

　　[214] 齐永智，张梦霞. 全渠道零售：演化、过程与实施 [J]. 中国流通经济，2014（12）：115-121.

　　[215] 钱卫宁，邵奇峰，朱燕超，等. 区块链与可信数据管理：问题与方法 [J]. 软件学报，2018，29（1）：150-159.

　　[216] 任守纲，徐焕良，黎安，等. 基于 RFID/GIS 物联网的肉品跟踪及追溯系统设计与实现 [J]. 农业工程学报，2010（10）：229-235.

　　[217] 野中郁次郎. 知识创新型企业 [M]//彼得·德鲁克. 知识管理. 北京：中国人民大学出版社，2000.

　　[218] 山丽杰，吴林海，徐玲玲. 企业实施食品可追溯体系的投资意愿与投入水平研究 [J]. 华南农业大学学报（社会科学版），2011（4）：85-92.

　　[219] 珊娜·杜巴瑞. 全渠道购物者崛起 [N]. 中华合作时报，2012-08-24.

　　[220] 申悦，于瑞峰. 零售商 Bertrand 竞争下的供应链成本信息共享价值 [J]. 清华大学学报（自然科学版），2005，45（11）：1582-1584.

　　[221] 施蕾. 全渠道时代顾客购物渠道选择行为研究 [J]. 当代财经，

2014（2）：69-78.

［222］石小法，杨东援. 一种简单供应链中信息共享的价值［J］. 系统工程，2014（1）：43-47.

［223］土明军，王勇，但斌，等. 绿色供应链中不对称需求预测下的信息共享研究［J］. 中国管理科学，2019，27（4）：104-113.

［224］孙国强，石海瑞. 网络组织负效应的实证分析［J］. 科学学与科学技术管理，2011（7）：24-30.

［225］孙国强. 网络组织的内涵、特征与构成要素［J］. 南开管理评论，2001（4）：38-40.

［226］唐毅，张彬乐，王忠伟. 基于粗糙集 AHP 农产品供应链信息共享评价指标体系研究［J］. 中南林业科技大学学报，2016，36（6）：124-130.

［227］田野，袁博，李廷力. 物联网海量异构数据存储与共享策略研究［J］. 电子学报，2016，44（2）：247-257.

［228］汪寿阳，杨晓光，徐山鹰. 运筹学与系统工程新进展［M］. 北京：科学出版社，2002.

［229］王汉生. 数据思维：从数据分析到商业价值［M］. 北京：中国人民大学出版社，2018.

［230］王红春，刘帅，王文治. 大数据供应商参与竞争的供应链合作分析［J］. 物流技术，2016，35（12）：113-116.

［231］王虹，孙玉玲，石岢然. 全渠道零售研究述评与展望［J］. 商业经济研究，2018（12）：10-12.

［232］王丽丽. 网络视角的消费者信息搜索行为［D］. 济南：山东大学，2017.

［233］王童，马文平，罗维. 基于区块链的信息共享及安全多方计算模型［J］. 计算机科学，2019（9）：162-168.

［234］王先甲，周鑫. 包含信任的供应链预测信息共享问题研究［J］. 软科学，2014，28（7）：110-113.

［235］王迎军. 供应链管理实用建模方法及数据挖掘［M］. 北京：清华大学出版社，2001.

［236］王跃虎. 基于区块链的信息资源共享系统研究［J］. 图书情报导刊，2018，3（5）：42-47.

［237］维克托·迈尔-舍恩伯格，肯尼思·库克耶. 大数据时代［M］. 盛

杨燕，周涛，译. 杭州：浙江人民出版社，2013.

［238］翁怡诺. 新零售的未来［M］. 北京：北京联合出版社，2018.

［239］吴成霞，赵道致，潘新宇. 大数据服务商参与的三级供应链动态合作策略及其比较［J］. 控制与决策，2016，31（7）：1169-1177.

［240］吴汉洪. 西方产业组织理论在中国的引进及相关评论［J］. 政治经济学评论，2019（1）：4-21.

［241］吴锦峰，常亚平，侯德林. 多渠道整合对零售商权益的影响：基于线上与线下的视角［J］. 南开管理评论，2016（2）：172-183.

［242］吴林海，秦毅，徐玲玲. 企业投资食品可追溯体系的决策意愿与影响因素研究［J］. 中国人口·资源与环境，2013（6）：129-137.

［243］伍星华，艾兴政，聂佳佳. 规模不经济下低碳供应链的信息共享策略研究［J］. 中央财经大学学报，2017（3）：111-128.

［244］夏海洋. 批发价格与收益共享合约并存下的供应链信息泄露研究［J］. 运筹与管理，2017，26（6）：81-88.

［245］肖静华，汪鸿昌，谢康，等. 信息共享视角下供应链信息系统价值创造机制［J］. 系统工程理论与实践，2014（11）：2862-2870.

［246］谢毅. 多渠道服务管理研究述评［J］. 外国经济与管理，2012（12）：71-78.

［247］薛求知，阎海峰. 跨国公司新组织形态：网络组织［J］. 世界经济文萃，2001（1）：54-57.

［248］鄢章华，刘蕾，李倩. 区块链体系下平行社会的协同演化［J］. 中国科技论坛，2018（6）：50-58.

［249］颜波，石平，黄广文. 基于 RFID 和 EPC 物联网的水产品供应链可追溯平台开发［J］. 农业工程学报，2013（15）：172-183.

［250］杨德宏. 多渠道零售重在协同［J］. 富基商业评论，2012（1）：1-3.

［251］杨惠霄，张李浩. 基于 RFID 技术的供应链投资决策及协调［J］. 计算机集成制造系统，2017，4（1）：56-61.

［252］杨慧琴，孙磊，赵西超. 基于区块链技术的互信共赢型供应链信息平台构建［J］. 科技进步与对策，2018，33（3）：20-31.

［253］杨瑞龙. 企业间网络的效率边界：经济组织逻辑的重新界定［J］. 中国工业经济，2004（11）：5-13.

［254］杨希聪，陈淮莉. 时隙宽度约束下网络零售配送时隙定价研究［J］.

广西大学学报（自然科学版），2016（10）：1586-1593.

[255] 杨一翁，孙国辉，王毅. 消费者愿意采纳推荐吗？——基于信息系统成功—技术接受模型社交网络结构对消费者行为的影响分析 [J]. 中央财经大学学报，2016（7）：109-117.

[256] 叶飞，陈晓明，林强. 基于决策者风险规避特性的供应链需求信息共享价值分析 [J]. 管理工程学报，2012（3）：176-183.

[257] 袁旭梅，张旭. 技术能力对供应链信息共享程度的影响研究 [J]. 工业技术经济，2016（2）：3-8.

[258] 袁旭梅，张旭，张志军. 信息共享意愿、技术能力与共享水平：环境不确定性的影响 [J]. 企业经济，2014（8）：58-62.

[259] 曾敏刚，吴倩倩. 供应链设计、供应链整合、信息共享与供应链绩效的关系研究 [J]. 工业工程与管理，2012，17（4）：8-14.

[260] 曾敏刚，吴倩倩. 信息共享对供应链绩效的间接作用机理研究 [J]. 科学学与科学技术管理，2013，34（6）：22-29.

[261] 张庚森，陈宝胜，陈金贤. 营销渠道整合研究 [J]. 西安交通大学学报（社会科学版），2002（12）：45-48.

[262] 张昊昱，冯南平. 搭便车行为对双渠道供应链的影响分析 [J]. 价值工程，2011（17）：1-3.

[263] 张辑哲. 新论信息价值 [J]. 档案学通讯，2008（4）：20-23.

[264] 张李浩，范体军. 供应链企业投资 RFID 技术的成本分摊研究 [J]. 中国管理科学，2014（4）：25-35.

[265] 张李浩，范体军，杨惠霄. 基于 RFID 技术的供应链投资决策及协调策略研究 [J]. 中国管理科学，2015（8）：112-121.

[266] 张维迎. 产业组织理论的新发展——兼评吉恩·泰勒尔的《产业组织理论》[J]. 教学与研究，1998（7）：26-31.

[267] 张五常. 企业的契约性质 [C] //盛洪. 现代制度经济学. 北京：北京大学出版社，2003.

[268] 张翼成，吕琳媛，周涛. 重塑：信息经济的结构 [M]. 成都：四川人民出版社，2017.

[269] 张莹，江若尘，杜克田. 不同类型商品间消费者信息处理方式的特征研究 [J]. 现代管理科学，2009（11）：27-29.

[270] 张永林. 网络、信息池与时间复制——网络复制经济模型 [J]. 经

济研究, 2014 (2): 171-182.

[271] 张永林. 网络、信息元与屏幕化市场——现代网络经济理论模型和应用 [J]. 经济研究, 2016 (9): 147-161.

[272] 张玉林, 陈剑. 供应链中基于 Stackelberg 博弈的信息共享协调问题研究 [J]. 管理工程学报, 2004 (3): 118-120.

[273] 周建亨, 冉芸. 基于策略性竞争博弈的供应链信息共享策略 [J]. 中国管理科学, 2019, 27 (6): 88-102.

[274] 周建亨, 王晓敏. 收益共享机制下的供应链纵向信息共享策略 [J]. 系统管理学报, 2018, 27 (5): 971-980.

[275] 周建亨, 赵瑞娟. 搭便车效应影响下双渠道供应链信息披露策略 [J]. 系统工程理论与实践, 2016 (11): 2839-2852.

[276] 周树华, 张正洋, 张艺华. 构建连锁超市生鲜农产品供应链的信息管理体系探讨 [J]. 管理世界, 2011 (3): 1-6.

[277] 周涛. 为数据而生: 大数据创新实践 [M]. 杭州: 浙江人民出版社, 2016.

[278] 周雄伟, 马费成. 需求不确定环境下的供应链信息共享激励模型 [J]. 管理工程学报, 2010 (4): 122-126.

[279] 周彦莉. 消费者决策网络及应用研究 [D]. 济南: 山东大学, 2014.

[280] 周毅. 论信息资源配置的理性状态及其控制 [J]. 工业工程与管理, 2003 (11): 36-41.

[281] 朱礼龙. 反竞争情报技术系统视角的供应链情报泄密机理的研究 [J]. 现代情报, 2017, 37 (3): 26-31.

[282] 祝烈煌, 高峰, 沈蒙. 区块链隐私保护研究综述 [J]. 计算机研究与发展, 2017, 54 (10): 2179-2186.

[283] 庄贵军, 邓琪, 卢亭宇. 跨渠道整合的研究述评: 内涵、维度与理论框架 [J]. 商业经济与管理, 2019, 338 (12): 30-41.

[284] 庄贵军, 周筱莲, 王桂林. 营销渠道管理 [M]. 北京: 北京大学出版社, 2004.

附录　消费者决策行为问卷调查

非常感谢您在百忙之中抽出宝贵时间填写这份问卷。本调查旨在了解您在消费决策过程中对商品与服务信息搜集、处理的有关情况，用于研究和改善渠道行为与信息共享行为。此调查仅以科研为目的，您尽可如实填写。

A. 基本情况

A1. 性别

男	1	女	2

A2. 请问您的实际年龄

18~24 岁	1	45~54 岁	4
25~34 岁	2	55 岁以上	5
35~44 岁	3		

A3. 请问您的学历

初中及以下	1	本科及同等学力	4
高中/中专/技校	2	硕士及以上	5
大专及同等学力	3		

A4. 请问您每月的收入

2500 元及以下	1	7501~10000 元	4
2501~5000 元	2	10001 元及以上	5
5001~7500 元	3		

A5. 请问您平均每月网络购物次数

0 次	1	5~6 次	4
1~2 次	2	7 次及以上	5
3~4 次	3		

A6. 请问您平均每月线下购物次数

0 次	1	5~6 次	4
1~2 次	2	7 次及以上	5
3~4 次	3		

B. 消费者复杂决策网络

编号	题项	非常同意	同意	一般	不同意	非常不同意
B1	我在消费决策过程中经常参照我的朋友	5	4	3	2	1
B2	我在消费决策过程中经常与朋友沟通交流	5	4	3	2	1
B3	我喜欢与朋友分享商品或者服务的消费信息	5	4	3	2	1
B4	我经常在微信朋友圈分享体验过的商品与服务	5	4	3	2	1
B5	我与朋友经常对共同感兴趣的商品或服务进行讨论	5	4	3	2	1
B6	我的微信朋友圈能提供给我很多消费信息	5	4	3	2	1

编号	题项	非常同意	同意	一般	不同意	非常不同意
B7	我在消费决策过程中经常浏览购物评价	5	4	3	2	1
B8	我的微信群能给我提供很多消费信息来源	5	4	3	2	1
B9	我经常在微信群讨论商品与服务的消费体验	5	4	3	2	1
B10	我经常关注明星（网红）的穿搭体验和时尚生活	5	4	3	2	1
B11	我在购物后会对商品或服务进行客观评价	5	4	3	2	1
B12	我会主动和好友分享餐厅、理发等生活服务	5	4	3	2	1

C. 消费者决策数据智能

编号	题项	非常同意	同意	一般	不同意	非常不同意
C1	我在决策过程中愿意利用信息技术进行辅助	5	4	3	2	1
C2	我在生活中经常关注手机情景智能与智能推荐	5	4	3	2	1
C3	我在消费者决策过程中依赖可视化数量，如淘宝、京东、大众点评的评价统计	5	4	3	2	1
C4	我在消费者决策过程中依赖智能推荐系统，如京东、淘宝个性化商品推荐	5	4	3	2	1
C5	我经常体验线下智能应用，如皮肤检测、健康检测、智能试衣镜等	5	4	3	2	1
C6	我在消费者决策过程中依赖智能评分排名，如亚马逊图书排行榜、手机跑分软件等	5	4	3	2	1
C7	我购买过智能音响、智能手表等智能设备	5	4	3	2	1
C8	我近期有购买智能音响、智能手表等智能设备的打算	5	4	3	2	1
C9	我在购买电影票过程中经常购买推荐的最佳观影区域座位	5	4	3	2	1
C10	我愿意利用更多人工智能辅助我的消费决策	5	4	3	2	1

D. 消费者信息搜集能力

编号	题项	非常同意	同意	一般	不同意	非常不同意
D1	我愿意主动搜寻信息支撑消费决策	5	4	3	2	1
D2	我在信息搜集过程中能够明确所需的信息要点	5	4	3	2	1
D3	我在信息搜集过程中能确定信息搜寻的可能范围	5	4	3	2	1
D4	我在信息搜集过程中知晓信息的主要来源	5	4	3	2	1
D5	我在信息搜集过程能运用合理的信息搜集手段	5	4	3	2	1
D6	我在发现了信息不足时能重新进行大范围信息收集	5	4	3	2	1
D7	我在信息搜集过程中能判断信息的真伪	5	4	3	2	1
D8	我愿意进行深度搜集来理解复杂信息	5	4	3	2	1
D9	我在信息搜集过程中能快速排除干扰项确定有用信息	5	4	3	2	1
D10	我能辨别广告信息和诱导信息	5	4	3	2	1
D11	我能快速完成信息搜集任务	5	4	3	2	1

E. 消费者信息处理能力

编号	题项	非常同意	同意	一般	不同意	非常不同意
E1	我不会盲目听从线上、线下导购的购物建议	5	4	3	2	1
E2	我能快速进行信息整理筛选	5	4	3	2	1
E3	我能对线上线下商品的价格进行对比	5	4	3	2	1
E4	我能够对不同购物平台的价格进行比较	5	4	3	2	1
E5	我在"双十一"购物过程中能较好地运用各种满减、跨店优惠活动	5	4	3	2	1
E6	我能快速处理固定金额包邮商品的筛选和组合	5	4	3	2	1
E7	我能有效运用现有可视化数据验证得出的有效信息	5	4	3	2	1

续表

编号	题项	非常同意	同意	一般	不同意	非常不同意
E8	我在购买手机、电脑过程中能充分地进行参数对比	5	4	3	2	1
E9	我能利用收集的信息进行趋势预测	5	4	3	2	1
E10	我能熟练使用购物网站的排名与筛选系统	5	4	3	2	1
E11	我能快速地完成信息处理的过程	5	4	3	2	1